Duden

Prüfungstraining

Geschichte

Abitur

Dudenverlag
Mannheim · Leipzig · Wien · Zürich

Dein Passwort für den Download:

AbiGeschichte-z5ak

Bibliografische Information der Deutschen Nationalbibliothek
Die Deutsche Nationalbibliothek verzeichnet diese Publikation in der Deutschen Nationalbibliografie; detaillierte bibliografische Daten sind im Internet über http://dnb.ddb.de abrufbar.

Redaktionelle Leitung: Simone Senk
Redaktion: Martin Bredol (form&inhalt verlagsservice)
Autor: Asmut Brückmann

Herstellung: Tobias Kaase
Layout: Günther Nord
Umschlaggestaltung: Hemm-communication.design, Filderstadt
Satz: Kösel, Krugzell
Druck und Bindung: Heenemann GmbH & Co., Berlin
Printed in Germany

ISBN 978-3-411-73181-7

Wissen und Üben

Inhaltsverzeichnis

Trainingsklausuren

Lösungen

Prüfungstraining online

Original-Prüfungsklausuren und Lösungen unter
www.schuelerlexikon.de

- Surf auf www.schuelerlexikon.de
- Klick im Download-Center die Rubrik „Prüfungstraining Abitur“ an
- Wähle dein Fach und das Bundesland aus
- Klick auf die gewünschte Klausur / Lösung
- Gib das Passwort AbiGeschichte-z5ak für die Freischaltung ein

Viel Erfolg!

1 Die Amerikanische und die Französische Revolution

Die Revolutionen in Nordamerika und Frankreich markieren am Ende des 18. Jahrhunderts einen tief greifenden und für die Zukunft der Weltgeschichte bedeutsamen politischen und gesellschaftlichen Umbruch. Beide waren inspiriert vom Geist der Aufklärung und brachen mit den Grundsätzen der vorangegangenen Epoche. Ihre Wortführer proklamierten den Anspruch, ihren Völkern und darüber hinaus der ganzen Menschheit Freiheit und Fortschritt zu bringen.

Typische Aufgabenstellungen
- Vergleichen Sie die Ursachen der Amerikanischen und der Französischen Revolution miteinander.
- Erläutern Sie, inwiefern die europäische Aufklärung die Amerikanische und die Französische Revolution beeinflusst hat.
- Zeigen Sie die Unterschiede der Staatsordnung in Frankreich und Nordamerika nach Abschluss der Revolution auf.
- Beurteilen Sie die Folgen der Französischen Revolution für Europa und Deutschland.

1.1 Die Amerikanische Revolution

1.1.1 Ursachen und Motive der Revolution

Die seit dem 17. Jahrhundert an der Ostküste Nordamerikas gegründeten britischen Siedlungskolonien bildeten die Keimzelle der späteren USA. Die Siedler hatten ihre britische Heimat verlassen, wo sie oft wegen ihrer Überzeugungen verfolgt wurden, um in Übersee eine neue Bleibe zu suchen. Dort hofften sie, nach ihren Vorstellungen leben zu können. Die Mentalität dieser Menschen war geprägt von:
- ihrem puritanisch-calvinistischen Glauben und der Forderung nach religiöser Toleranz;

- der Überzeugung von einer göttlichen Erwählung und Sendung;
- dem Gedankengut der Aufklärung, das besonders bei den gebildeten Schichten verbreitet war;
- dem Streben nach Selbstverwaltung und Unabhängigkeit;
- der Ablehnung ständischer Schranken und einem ausgeprägten Individualismus;
- der Betonung des Leistungsprinzips, von Risikobereitschaft und Wagemut, Aufstiegsstreben und gesellschaftlicher Mobilität.

Wissen **Aufklärung**

Unter Aufklärung versteht man eine in Europa im 17. und 18. Jahrhundert entstandene geistige Bewegung, die von der Grundüberzeugung einer **autonomen menschlichen Vernunft** ausgeht. Ihr Anliegen ist es, alle gesellschaftlichen, politischen, religiösen, weltanschaulichen und ethischen Institutionen und Normen **kritisch zu überprüfen** und diejenigen zu beseitigen oder zu ignorieren, die sich nicht vernunftgemäß begründen lassen. Die Aufklärer hofften, so den **Fortschritt der Menschheit** und die **Freiheit des Einzelnen** voranzubringen. Wichtige Vertreter der Aufklärung waren die Franzosen Charles de Montesquieu (1689–1755), Voltaire (1694–1778) und Jean-Jacques Rousseau (1712–78), der Brite John Locke (1632–1704) und der Deutsche Immanuel Kant (1724–1804).

Aufgabe 1

Thomas Paine (1737–1809, aus England stammend, 1774 nach Amerika ausgewandert), in seiner Flugschrift „Common Sense“, 1776
Nennen Sie die Gründe, die nach Paine für eine Trennung der Kolonien von England sprechen.

Einige sagen, Britannien sei doch das Mutterland. Dann sollte es sich über sein Verhalten umso mehr schämen. Selbst wilde Tiere fressen ihre Jungen nicht, und Wilde führen keinen Krieg gegen ihre eigenen Familien. [...] Europa und nicht England ist das Mutterland Amerikas. Diese neue Welt ist für die verfolgten Freunde der bürgerlichen und der religiösen Freiheit aus allen Teilen Europas ein Asyl geworden. Hierher sind sie geflohen und nicht aus den zärtlichen Umarmungen einer Mutter, sondern vor den Grausamkeiten eines Ungeheuers. [...]

Unsere Sache ist der Handel, und wenn wir den nur gut besorgen, wird er den Frieden und die Freundschaft mit ganz Europa sichern, weil es im Interesse Europas liegt, Amerika als Freihafen zu haben. [...]

Ich fordere den hitzigsten Verfechter der Aussöhnung auf, nur einen einzigen Vorteil zu zeigen, der diesem Kontinent aus der Verbindung mit England erwächst. [...] Die Nachteile und der Schaden aber, die wir durch eine Verbindung erleiden, sind unzählbar, und unsere Pflichten sowohl gegenüber der Menschheit insgesamt wie gegen uns selbst lehren uns, die Verbindung aufzugeben. Denn jede Unterwerfung unter oder Abhängigkeit von Großbritannien wird geradewegs darauf abzielen, diesen Kontinent in europäische Kriege und Zänkereien zu verwickeln, uns in Gegensatz zu Nationen zu setzen, die sonst unsere Freundschaft suchen würden und denen gegenüber wir weder Unmut fühlen noch zu klagen hätten. Da Europa unser Handelsmarkt ist, sollten wir keine partiellen politischen Verbindungen mit dem einen oder anderen Teil eingehen. Es ist das wahre Interesse Amerikas, sich aus allen europäischen Zänkereien herauszuhalten, was es nie tun kann, solange es durch seine Abhängigkeit von Britannien zum entscheidenden Gewicht in der Waagschale britischer Staatskunst gemacht wird. Europa ist zu dicht mit Königreichen besetzt, als dass es lange in Frieden leben könnte, und sooft ein Krieg zwischen England und einer fremden Macht ausbricht, wird der

Handel Amerikas ruiniert, und zwar wegen seiner Verbindung mit Großbritannien. [...]
Alles, was richtig oder vernünftig ist, spricht für eine Trennung. Das Blut der Erschlagenen, die jammernde Stimme der Natur rufen überlaut: Es ist Zeit, voneinander zu scheiden. [...] England zu Europa: Amerika zu sich selbst.

Oh, ihr Freunde der Menschheit! Ihr, die ihr es wagt, euch nicht nur der Tyrannei, sondern auch dem Tyrannen zu widersetzen, tretet hervor! Jeder Fleck der Alten Welt ist von Unterdrückung bedeckt. Die Freiheit ist um den ganzen Erdball gejagt worden. Asien und Afrika haben sie längst ausgestoßen. Europa betrachtet sie als Fremdling, und England hat ihr zu verstehen gegeben, sie solle sich fortmachen. Oh! Empfangt den Flüchtling und bereitet der Menschheit rechtzeitig ein Asyl.

Methodik **Anforderungsbereich I**

Bei der Aufgabenstellung für Klausuren und Abituraufgaben werden drei verschiedene Anforderungsbereiche (AFBs) unterschieden, die im Schwierigkeitsgrad ansteigen und in der Regel aufeinander aufbauen.

Aufgabe 1 (S. 8) erfordert eine dem Anforderungsbereich I zugeordnete Leistung: **Wiedergabe** des Inhalts vorgegebener Texte oder gelernter historischer Sachverhalte und Zusammenhänge sowie die **Erklärung fachspezifischer Begriffe.** (AFB II ↑ S. 21, AFB III ↑ S. 29)

Konflikte zwischen dem Mutterland und den Kolonien

Nach dem Siebenjährigen Krieg (1756–63) kam es zu heftigen Spannungen zwischen den amerikanischen Siedlern und Großbritannien. Ursache war eine veränderte **britische Wirtschafts- und Finanzpolitik** gegenüber den Kolonien, und zwar:

- die Anwendung der **merkantilistischen Wirtschaftspolitik** und
- die **steuerliche Belastung der Kolonien** zur Deckung der hohen britischen Kriegsschulden.

Im Einzelnen bedeutete das für die amerikanischen Kolonien:

- merkantilistische Handelsbeziehungen mit Großbritannien: Ausfuhr von Rohstoffen und Agrarerzeugnissen aus den Kolonien, Einfuhr von Fertigprodukten aus England, amerikanische Handelsbeziehungen zu anderen Ländern ausschließlich über britische Häfen, verschärfte Kontrolle des Schmuggels;
- Erhöhung der an das Mutterland abzuliefernden Steuern durch neue Steuergesetze, z. B. „Quartering Act“ (Verpflichtung der Kolonisten, die Stationierungskosten für britische Truppen zu tragen), „Stamp Act“ (Besteuerung von Druckerzeugnissen) im Jahre 1765 und „Tea Act“ von 1773 (Teehandelsmonopol mit Amerika für die britische East India Company).

Reaktionen der Kolonisten:

- **Gewaltmaßnahmen** gegen britische Steuereintreiber und Vertreter der Krone;
- Einberufung des „Stamp Act Congress“ mit Delegierten aus neun Kolonien; Forderung „No taxation without representation“;

- **Boston Tea Party** (1773): verkleidete Bostoner Bürger warfen die Teeladung eines britischen Frachtschiffs ins Wasser.

Daraufhin erhöhte die britische Regierung den repressiven Druck auf die Kolonien, u. a. Zwangseinquartierung von Soldaten, Schließung des Bostoner Hafens und Aufhebung wichtiger Selbstverwaltungsrechte in Massachusetts.

1.1.2 Unabhängigkeitsbewegung und Krieg mit Großbritannien

Die als despotisch empfundenen Maßnahmen der Briten erregten den Unmut der politisch aktiven Kolonisten. Sie leiteten entschiedene Schritte zur Loslösung vom Mutterland und zur politischen Unabhängigkeit ein. Nicht wenige hielten allerdings weiterhin der Krone die Treue. Doch die Amerikanische Revolution war nun nicht mehr aufzuhalten:

- 1774 forderte der **Erste Kontinentalkongress** in Philadelphia mehrheitlich u. a. eine Volksbewaffnung und den Boykott britischer Waren.
- Nach ersten Gefechten zwischen britischen Truppen und amerikanischer Miliz beschloss der **Zweite Kontinentalkongress** 1775 die Aufstellung einer Armee, deren Oberbefehlshaber George Washington (1732–99) wurde.
- Angesichts der unnachgiebigen Haltung Englands und unter dem Einfluss von Thomas Paines Streitschrift „Common Sense“ erklärten 13 amerikanische Kolonien am 4. Juli 1776 ihre Unabhängigkeit.

Aufgabe 2

Thomas Jefferson (1743–1826): Einleitung der Unabhängigkeitserklärung der USA, 1776
Erläutern Sie den Begründungszusammenhang der amerikanischen Unabhängigkeitserklärung.

Wenn es im Laufe der Menschheitsgeschichte für ein Volk notwendig wird, die politischen Bande zu lösen, die es mit einem anderen Volke verbunden haben, und unter den Mächten der Erde den selbstständigen und gleichberechtigten Rang einzunehmen, zu dem natürliches und göttliches Gesetz es berechtigen, so erfordert geziemende Achtung vor den Ansichten der Menschen, dass es die Gründe darlegt, die es zur Absonderung bewegen.

Folgende Wahrheiten bedürfen für uns keines Beweises: Dass alle Menschen gleich geschaffen sind, dass sie von ihrem Schöpfer mit gewissen unveräußerlichen Rechten ausgestattet sind, dass dazu Leben, Freiheit und das Streben nach Glück gehören; dass zur Sicherung dieser Rechte Regierungen unter den Menschen eingesetzt sind, die ihre rechtmäßige Autorität aus der Zustimmung der Regierten herleiten, dass, wenn immer irgendeine Regierungsform diesen Zielen abträglich wird, das Volk berechtigt ist, sie zu ändern oder abzuschaffen und eine neue Regierung einzusetzen und diese auf solchen Prinzipien zu errichten und ihre Gewalten solchermaßen zu organisieren, wie es ihm zur Gewährleistung seiner Sicherheit und seines Glücks am ratsamsten erscheint. Die Vernunft gebietet freilich, dass seit Langem bestehende Regierungen nicht aus geringfügigen und flüchtigen Anlässen geändert werden sollten, und dementsprechend hat alle Erfahrung gezeigt, dass die Menschen eher geneigt sind zu leiden, solange die Missstände erduldbar sind, als sich durch die Beseitigung altgewohnter Formen Recht zu verschaffen. Aber wenn eine lange Reihe von Missbräuchen und Übergriffen, die ausnahmslos das gleiche Ziel verfolgen, die Absicht deutlich werden lässt, das Volk unumschränktem Despotismus zu unterwerfen, so ist es sein Recht wie auch seine Pflicht, eine solche Regierung zu beseitigen und durch neue schützende Einrichtungen für seine künftige Sicherheit Vorsorge zu treffen. Entsprechend haben unsere Kolonien geduldig ausgeharrt, und dementsprechend sind sie nun notgedrungen gezwungen, ihre bisherige Regierungsform zu ändern. Die Regierungszeit des jetzigen Königs von Großbritannien ist voll wiederholt begangenen Unrechts und ständiger Übergriffe, die alle unmittelbar auf die Errichtung einer unumschränkten Tyrannei über unsere Staaten abzielen.

Im folgenden, sieben Jahre dauernden Krieg konnten sich die Aufständischen letztlich durchsetzen. Die Gründe dafür waren die höhere Motivation der Amerikaner, die für ihr Land und ihre Freiheit kämpften, das militärische Geschick und der persönliche Einsatz George Washingtons und die starke Unterstützung durch englandfeindliche europäische Mächte wie vor allem Frankreich, aber auch Spanien und die Niederlande. Im **Frieden von Paris** (1783) erkannte Großbritannien die Unabhängigkeit der Vereinigten Staaten an.

1.1.3 Das politische System der USA

1787 wurde die im Wesentlichen bis heute gültige Verfassung der USA verabschiedet. Sie beruhte auf dem von Montesquieu formulierten Prinzip der **Gewaltenteilung.** Ihre hauptsächlichen Merkmale waren:

- Schaffung eines **Bundesstaates** (wesentliche Befugnisse in Bezug auf Steuern und Abgaben, Militär sowie Krieg und Frieden);
- **Kongress** als Legislative (Gesetzgebung und Budgetrecht); Zusammensetzung des Kongresses: Repräsentantenhaus als Volksvertretung (435 Mitglieder) und Senat als Vertretungsorgan der Einzelstaaten (100 Mitglieder, zwei aus jedem Bundesstaat);
- **Präsident** als Kopf der Exekutive mit weitreichenden Vollmachten: Staatsoberhaupt, Regierungschef, militärischer Oberbefehlshaber, aufschiebendes Vetorecht gegen Kongressbeschlüsse und Führung der Außenpolitik;
- **Oberster Gerichtshof** (Judikative) zur Auslegung der Verfassung und Kontrolle von bundes- und einzelstaatlichen Gesetzen.

1791 wurde die Verfassung durch die **Bill of Rights,** einen Katalog der Individual- und Grundrechte, ergänzt.

Die Lage der Sklaven blieb auch nach der Unabhängigkeit ungeklärt, sie gehörten offiziell nicht zu den Bürgern der USA. Erst nach dem Bürgerkrieg wurde 1865 ein Verbot der Sklaverei ausgesprochen. Doch die Rassendiskriminierung hielt vor allem in den Südstaaten noch lange an. Frauen erhielten erst 1920 politische Mitbestimmungsrechte.

1.2
Die Französische Revolution

1.2.1
Die Krise des Ancien Régime

Gegen Ende des 18. Jahrhunderts steckte Frankreich in einer tiefen gesellschaftlichen und politischen Krise. Die überkommene Ständegesellschaft entsprach nicht mehr den sozialen Realitäten, Privilegien und Lasten waren ungleich verteilt, bei Bürgern und Bauern wuchs die Unzufriedenheit. Das spätabsolutistische Regime des Königs war geschwächt und litt unter einer erheblichen Finanznot.

Wissen **Ständegesellschaft in Frankreich**

1. **Stand: Klerus;** wenige reiche Bischöfe, Äbte u. Ä., viele einfache, meist arme Geistliche; ca. 0,5 % der Bevölkerung
2. **Stand: Adel;** hoher und niedriger Geburts- oder Amtsadel; ca. 1,4 % der Bevölkerung
3. **Stand: Bürger und Bauern;** krasse Unterschiede zwischen reichen Großbürgern, städtischem Mittelstand, Kleinbürgern und der breiten Masse der meist bitterarmen Bauern und Landarbeiter; ca. 98 % der Bevölkerung (10 % Bürgertum, 88 % Bauern)

Probleme der Ständegesellschaft

- Klerus und Adel genossen weitgehende Steuerfreiheit und zahlreiche Privilegien, politische Führungspositionen hatte der Adel inne.
- Das Bürgertum kam zunehmend zu Wohlstand aus Überseehandel, Manufakturbetrieben usw., hatte aber kaum politischen Einfluss.
- Das wachsende Bildungsbürgertum eignete sich die Ideen der Aufklärung an.
- Millionen von verarmten Kleinbauern und Tagelöhnern auf dem Lande mussten an adlige oder geistliche Grundherren hohe Abgaben zahlen.
- Der dritte Stand musste hohe Steuern, Dienste und Abgaben leisten, mit denen der Staatshaushalt und das Leben der ersten beiden Stände fast ausschließlich finanziert wurden.

Aspekte der französischen Staatskrise

- Oppositionelle Aktivitäten der sog. Parlamente in Paris und den Provinzen schwächten die Stellung Ludwigs XVI. (1754–93). Die Parlamente waren Gerichtshöfe, die, von bürgerlichen Juristen und Adligen besetzt, gegen königliche Gesetze Einspruch erheben konnten.
- Wegen des hohen Haushaltsdefizits (u. a. infolge der Unterstützung des Freiheitskampfs der Amerikaner) drohte der Staatsbankrott.

- Steuer- und Finanzreformen scheiterten am Widerstand der Privilegierten.
- Wegen hoher Steuerbelastung, Missernten und steigender Brotpreise wuchs die Unzufriedenheit in der Bevölkerung.

Aufgabe 3

Aus einem französischen Flugblatt vom Dezember 1788
Bestimmen Sie den politischen Standpunkt des Verfassers und formulieren Sie sein Anliegen.

Bücher gehören sich für Männer und Katechismen [Handbücher der Glaubensunterweisung] für Kinder. Der dritte Stand ist noch ein sehr schwaches und unwissendes Kind. Dieser kleine Katechismus wird ihn sehr weise machen, wenn er ihm zeigt, was er anderen schuldig ist, und sehr mächtig, wenn er ihm zeigt, was die anderen ihm schulden. [...] Was bist du? Ein Bauer. – Was ist ein Bauer? Ein Mensch, ein Bürger, ein Glied des dritten Standes. – Was ist der dritte Stand? Der Nährvater des Staates, sein edelster Verteidiger. – Inwiefern ist er der Nährvater? Durch den Ackerbau, den Handel, die Gewerbe, die er allein treibt zum Vorteil aller. – Wieso sein edelster Verteidiger? Weil er sich allem widmet, indem er alles opfert, ohne andere Entschädigung noch Hoffnung als fünf Sous [kleine französische Münze], das Spital oder den Tod. – Bringen die beiden ersten Stände keine Opfer? Sie sollten es, zum Mindesten aus Gerechtigkeit und Dankbarkeit; sie sind die reichsten Grundherren, sie genießen alle Auszeichnungen, alle Vergünstigungen. – Aber zahlen sie denn keine Abgaben? Sehr wenig, so wenig und so ungern, mit so viel Einschränkungen, dass man sie nicht rechnen darf. – Aber noch einmal, was zahlen sie denn? Ungefähr den zwanzigsten Teil ihrer Einkünfte, den sie leicht ihrem Überfluss entnehmen, während der dritte Stand, überlastet, ausgemergelt, etwa den dritten Teil seines Einkommens zahlt und meist gezwungen ist, ihn seiner Lebensnotdurft zu entreißen.

Methodik **Perspektivität und Standortgebundenheit**

Historische Texte spiegeln in der Regel den Standpunkt ihrer Verfasser. Man darf sie nicht als objektive Wahrheit oder als allgemeingültig betrachten. Bei einer historischen Analyse oder Bewertung gilt es daher, die **Position des Autors,** seine Motive und Absichten herauszufinden. Für ein abgewogenes Gesamturteil müssen auch andere Stellungnahmen oder Urteile herangezogen werden.

1.2.2
Die bürgerliche Revolution

Die Französische Revolution 1789 bestand im Grunde aus drei Revolutionen, die verschiedene Ziele hatten und von unterschiedlichen Gruppen ausgingen. Im Sommer 1789 griffen diese revolutionären Impulse ineinander und bewirkten den Umsturz des Systems. Das waren
- die Revolution der Abgeordneten,
- die Revolution der Stadtbürger und
- die Revolution auf dem Lande.

Die Revolution der Abgeordneten

- **Einberufung der Generalstände** (Ständeversammlung mit jeweils knapp 300 Abgeordneten der ersten beiden Stände und knapp 600 für den dritten Stand) zur Behebung der Finanzkrise.
- Der **dritte Stand** forderte u. a. eine Verfassung, Bildung einer legislativen Volksvertretung, Abschaffung der Ständegesellschaft und Beschränkung der königlichen Macht; Abstimmung nach Köpfen, nicht wie bisher nach Ständen, mit nur einer Stimme pro Stand.
- In einem revolutionären Akt erklärte sich der dritte Stand zur **Nationalversammlung,** forderte die Mitglieder der anderen Stände auf, sich ihm anzuschließen, und beanspruchte nach dem Prinzip der Volkssouveränität politische Mitwirkungsrechte (Gesetzgebung, Steuerbewilligung).
- **Ballhausschwur** und Zusammenschluss aller drei Stände.

Wissen	Stationen der Französischen Revolution
17.6.1789	Der dritter Stand erklärt sich zur **Nationalversammlung.**
20.6.1789	**Ballhausschwur;** Abgeordnete schwören, erst nach Verabschiedung einer Verfassung auseinanderzugehen.
Juli/August 1789	Revolutionäre Unruhen auf dem Lande, die „Große Furcht“
14.7.1789	**Sturm auf die Bastille,** das königliche Gefängnis in Paris
August 1789	**Abschaffung der Feudalordnung und des Ständestaats,** Verzicht des Adels auf seine Privilegien, **Erklärung der Menschen- und Bürgerrechte**
1791	Verabschiedung einer **Verfassung,** Frankreich wird eine konstitutionelle Monarchie
1792	Krieg mit Österreich und anderen europäischen Mächten, Umwandlung Frankreichs in eine Republik
1793	Hinrichtung des Königs und Beginn der **Schreckensherrschaft** unter Maximilien de Robespierre (1758–94)
Juli 1794	Sturz und Hinrichtung Robespierres, Herrschaft des Direktoriums mit neuer Verfassung (ab 1795)
1799	Sturz des Direktoriums durch den Revolutionsgeneral Napoleon Bonaparte (1769–1821), Konsularverfassung
1804	Bildung des **französischen Kaiserreichs** und Selbstkrönung Napoleons zum Kaiser

Die Revolution der Stadtbürger und Bauernaufstände

- Die unter Arbeitslosigkeit und hohen Brotpreisen leidenden verarmten Handwerksgesellen und Arbeiter in Paris erhoben sich.
- **Sturm auf die Bastille,** das Symbol der Macht des verhassten Königtums: Verbündung von Militär und Stadtvolk, Offenbarung der Schwäche des alten Regimes, Bildung einer revolutionären Stadtverwaltung; ähnliche Aktionen in vielen anderen Städten.

- Auf dem Land fanden **lokale Revolten** gegen adlige Grundherren statt: Schlösser und Klöster wurden gestürmt, Dokumente über Abgaben und Dienste vernichtet.

Die Verfassung von 1791
Am Ende der ersten Phase der Französischen Revolution wurde eine Verfassung verabschiedet, die die Bildung einer konstitutionellen Monarchie vorsah und die Gewaltenteilung verwirklichte, aber durch das **Zensuswahlrecht** das besitzende Bürgertum bevorzugte:
- Wahl des **Parlaments,** der Legislative, von männlichen **Aktivbürgern,** die eine bestimmte Mindeststeuerleistung aufweisen mussten (ca. 4,5 Mio. Wahlberechtigte).
- Der **König** als Exekutive war an die Verfassung gebunden; Einrichtung von 83 selbstverwalteten Départements, Wahl von Beamten und Richtern durch Aktivbürger.
- **Geschworenengerichte** mit auf Zeit gewählten Laienrichtern neben den Berufsjuristen bildeten die Judikative.

1.2.3 Die Radikalisierung der Revolution

Die neue Ordnung wurde in mehrerlei Hinsicht gefährdet: von Aristokraten, die im In- und Ausland zum Umsturz rüsteten, von Priestern, die nicht mit der vom Parlament beschlossenen Verstaatlichung der Kirche einverstanden waren, von den alten europäischen Mächten, die den Emigranten Schutz boten und mit einem militärischen Eingreifen gegen das revolutionäre Frankreich drohten, und vom König, der bei einem Fluchtversuch ins Ausland festgenommen wurde.

In der Folge stürmten revolutionäre Stadtbewohner das königliche Stadtschloss, die „Tuilerien", ein Nationalkonvent wurde nach dem allgemeinen Männerwahlrecht gewählt, die Nationalversammlung setzte den König ab; Frankreich wurde **Republik.** Im Nationalkonvent bildeten sich politische Gruppen: die **Girondisten,** liberale Demokraten, die eine konstitutionelle Monarchie wollten und das Besitzbürgertum repräsentierten, und die **Jakobiner,** radikale Demokraten und Republikaner, die sich auf Kleinbürger und Arbeiter stützten. Weiterer Verlauf:
- die Jakobiner setzten das **Todesurteil gegen Ludwig XVI**. durch;
- Hinrichtung des Königs;
- **Kriegszüge** der europäischen Mächte gegen Frankreich, Hungersnöte, Inflation und königstreue Bauernaufstände in den Provinzen bedrohten die Revolution;
- Beginn der **Schreckensherrschaft;** Verhaftungen, Revolutionstribunale, Massenhinrichtungen, Zensur, Schließung von Kirchen, neue radikaldemokratische Verfassung ohne Gewaltenteilung.

Aufgabe 4

Maximilien Robespierre: Rede am 5. Februar 1794 (Auszug)
Ordnen Sie die Rede in den Verlauf der Französischen Revolution ein und erläutern Sie Robespierres Haltung zum Terror.

Welches ist nun der entscheidende Grundsatz der demokratischen Volksregierung, d. h. die Haupttriebfeder, die sie hält und in Bewegung setzt? Das ist die Tugend, und zwar die öffentliche Tugend, die in Griechenland und Rom Wunder erzeugte und die im republikanischen Frankreich noch viel erstaunlichere vollbringen wird; jene Tugend, die nichts anderes ist als die Liebe zum Vaterland und zu seinen Gesetzen.

Da aber das Wesen der Republik oder Demokratie die Gleichheit ist, so folgt daraus, dass die Liebe zum Vaterland notwendigerweise die Liebe zur Gleichheit in sich schließt. [...] Es folgt ferner, dass die erste Regel eurer politischen Haltung die sein muss, eure sämtlichen Handlungen auf die Erhaltung der Gleichheit und die Förderung der Tugend zu richten: Denn die erste Sorge des Gesetzgebers muss auf die Stärkung des Regierungsprinzips gerichtet sein. So müsst ihr alles, was die Liebe zum Vaterland wecken, die Sitten reinigen, die Seelen erheben, die Leidenschaften des menschlichen Herzens erziehen will, ergreifen oder dementsprechende Maßregeln treffen. [...]

Hier können wir die Entwicklung unserer Theorie beenden, wenn wir das Schiff der Republik nur bei Windstille zu steuern hätten; aber der Sturm braust, und der Zustand der Revolution, in dem wir uns befinden, erlegt uns eine andere Aufgabe auf. [...] Wenn die Triebkraft der Volksregierung im Frieden die Tugend ist, so ist in revolutionärer Zeit diese Triebkraft zugleich die Tugend und der Schrecken; die Tugend, ohne die der Schrecken unheilvoll wäre, der Schrecken, ohne den die Tugend ohnmächtig bliebe. Der Schrecken ist nichts anderes als die rasche, strenge, unbeugsame Gerechtigkeit; er ist also ein Ausfluss der Tugend; er ist weniger ein besonderes Prinzip als eine Folge des allgemeinen Prinzips der Demokratie in seiner Anwendung auf die dringendsten Bedürfnisse des Vaterlandes. [...] Die Regierung der Revolution ist der Despotismus der Freiheit im Kampf gegen die Tyrannei.

1.2.4
Direktorium und Herrschaft Napoleons

Nach dem Sturz und der Hinrichtung Robespierres zerfiel die Revolutionsregierung. Eine neue Verfassung sicherte die Interessen des Besitzbürgertums und reduzierte den Einfluss der breiten Volksmassen: Zensuswahlrecht, Gewaltenteilung, Trennung von Staat und Kirche wurden festgelegt, ein fünfköpfiges **Direktorium** als oberstes Exekutivorgan bestimmt. Das Direktorium blieb politisch schwach, machte sich durch Korruption unbeliebt und konnte die schlechte Finanzlage nicht bewältigen.

1799 bereitete der Revolutionsgeneral Napoleon Bonaparte der Herrschaft des Direktoriums durch einen Staatsstreich ein Ende und errichtete eine Art Militärdiktatur, die er durch Plebiszite bestätigen ließ. Nach Einführung der Konsularverfassung 1799 ließ sich Napoleon 1802 durch Plebiszit zum Konsul auf Lebenszeit wählen. Zwei Jahre später krönte er sich selbst zum **Kaiser der Franzosen.**

So wurde die Revolution beendet, zugleich aber wesentliche Errungenschaften der Revolution beibehalten. Das fand seinen Niederschlag z. B. im 1804 veröffentlichten **Code civil,** dem französischen Zivilgesetzbuch, das persönliche Freiheit, Rechtsgleichheit, Privateigentum, Wirtschafts- und Gewerbefreiheit, Trennung von Staat und Kirche, Zivilehe und Ehescheidung garantierte.

2
Deutschland zwischen Restauration und Revolution

Deutschland bewegte sich in der ersten Hälfte des 19. Jahrhunderts im Spannungsfeld von Restauration und Revolution. Den alten Dynastien und ihren Fürsten ging es um die Wiederherstellung ihrer durch die Herrschaft Napoleons erschütterten traditionellen Machtposition (Restauration) und um den Erhalt politischer Stabilität in Europa. Das stand im Gegensatz zu den Zielen der in den Befreiungskriegen gegen Napoleon geborenen deutschen Nationalbewegung. Deren Parolen lauteten: Sturz der alten Ordnung, stattdessen nationale Einheit, individuelle Freiheit, Verfassung und Volksvertretung. Zunächst konnten sich die alten Kräfte behaupten. Der revolutionäre Versuch, einen demokratischen deutschen Nationalstaat zu schaffen, scheiterte 1848/49.

Typische Aufgabenstellungen

- Erläutern Sie die Bedeutung der Französischen Revolution und der Befreiungskriege für die deutsche Nationalbewegung.
- Differenzieren Sie nationale und freiheitlich-demokratische Elemente des deutschen Liberalismus und erörtern Sie mögliche Konfliktpunkte.
- Stellen Sie die Entwicklung politischer Lager während der Revolution von 1848/49 dar.
- Begründen Sie die Schwierigkeiten der deutschen Nationalversammlung bei der Erarbeitung einer Verfassung für Deutschland.
- Erklären Sie das Scheitern der deutschen Revolution von 1848/49.

2.1
Die Auswirkungen der Französischen Revolution

2.1.1
Territoriale Veränderungen

Im **Frieden von Lunéville** (1801) setzte Napoleon nach siegreichen Feldzügen die Abtretung aller linksrheinischen Gebiete an Frankreich durch. Die deutschen Fürsten sollten für diese Verluste entschädigt werden.

Folgen für das Deutsche Reich waren:
- **Reichsdeputationshauptschluss** (1803): Umwandlung aller geistlichen Herrschaften in weltliche Gebiete **(Säkularisierung)** und Aufhebung der kleinen Reichsritterschaften und Reichsstädte **(Mediatisierung)** zugunsten Preußens, Bayerns, Badens und Württembergs.
- **Gründung des Rheinbunds** (1806) aus 16 süd- und südwestdeutschen Staaten unter der Schutzherrschaft Napoleons und Ausscheiden dieser Staaten aus dem Reich.
- 1806 staatsrechtliches Ende des **Heiligen Römischen Reiches Deutscher Nation;** Franz II. (1768–1835) legt die Kaiserkrone nieder.

2.1.2 Die preußischen Reformen

Nach der vernichtenden Niederlage in der **Schlacht bei Jena und Auerstedt** gegen Napoleons Armeen (1806) büßte Preußen die Hälfte seines Territoriums ein und musste eine enorme Kriegsentschädigung leisten. Nur drastische Reformen konnten das Überleben des Staates sichern. Ziel war es, die Wirtschaftskraft zu steigern, die Selbstständigkeit und Eigeninitiative der Bürger zu stärken, die Möglichkeiten politischer Teilhabe zu verbessern und das Nationalgefühl zu wecken.

Wissen **Reformer in Preußen**

- Karl vom und zum **Stein** (1757–1831) und Karl August von **Hardenberg** (1750–1822): Reformen in Wirtschaft, Gesellschaft und Verwaltung
- Gerhard von **Scharnhorst** (1755–1813), August von **Gneisenau** (1760–1831), Hermann von **Boyen** (1771–1848) und Karl von **Clausewitz** (1780–1831): Heeresreform
- Wilhelm von **Humboldt** (1767–1835): Bildungsreform

Preußische Reformen
- **Agrarreform** (ab 1807): u. a. Aufhebung der Erbuntertänigkeit der Bauern, Bauernbefreiung
- **Heeresreform** (1807–15): Einführung der allgemeinen Wehrpflicht, Öffnung der Offizierslaufbahn für Nichtadlige, Leistungsprinzip bei Beförderungen, Abschaffung der Prügelstrafe
- **Städteordnung** (1808): Einführung der kommunalen Selbstverwaltung
- **Verwaltungsreform** (1808): Einrichtung von fünf klar abgegrenzten Ressortministerien, Trennung von Justiz und Verwaltung, Verwaltungsneugliederung des Landes mit ständischer Mitbestimmung
- **Gewerbereform** (1810): Einführung der Gewerbefreiheit, Aufhebung der Zünfte, Wirtschaftsliberalismus
- **Steuerreform** (ab 1810): Aufhebung von adligen Steuerprivilegien

- **Bildungsreform** (ab 1810): Aufbau eines aus Volksschule, Gymnasium und Universität bestehenden Bildungssystems; Hebung der allgemeinen Volksbildung, Schaffung einer gesellschaftlichen Elite
- **Judenemanzipation** (1812): Rechtsgleichheit und wirtschaftliche Betätigungsfreiheit für Juden

Aufgabe 1

Karl August von Hardenberg: Denkschrift „Über die Reorganisation des preußischen Staates" vom 12. September 1807 (Auszug)
Stellen Sie die Vorgeschichte der Denkschrift dar und analysieren Sie ihre Motivation und Zielsetzung.

1 Die Französische Revolution, wovon die gegenwärtigen Kriege die Fortsetzung sind, gab den Franzosen unter Blutvergießen und Stürmen einen ganz neuen Schwung. Alle schlafenden Kräfte wurden geweckt; das Elende und Schwache, veraltete Vorurteile und Gebrechen wurden – freilich zugleich mit manchem Guten – zerstört. Die Benachbarten und Überwundenen wurden mit dem Strome fortgerissen. Unkräftig waren alle die Dämme, welche man diesem entgegensetzte. [...]

Der Wahn, dass man der Revolution am stärksten durch Festhalten am Alten und durch strenge Verfolgung der durch solche geltend gemachten Grundsätze entgegenstreben könne, hat besonders dazu beigetragen, die Revolution zu befördern und derselben eine stets wachsende Ausdehnung zu geben. Die Gewalt dieser Grundsätze ist so groß, sie sind so allgemein anerkannt und verbreitet, dass der Staat, der sie nicht annimmt, entweder seinem Untergange oder der erzwungenen Annahme derselben entgegensehen muss. Also eine Revolution im guten Sinne, geradehin führend zu dem großen Zwecke der Veredelung der Menschheit, durch Weisheit der Regierung und nicht durch gewaltsame Impulsion von innen oder außen – das ist unser Ziel, unser leitendes Prinzip. Demokratische Grundsätze in einer monarchischen Regierung – dieses scheint mir die angemessene Form für den gegenwärtigen Zeitgeist. War aber je ein Zeitpunkt günstig für solche Maßregeln, so ist es unstreitig der gegenwärtige, wo der Staat eine so große Veränderung erlitten hat und nach ganz neuen Grundsätzen handeln, einer gänzlichen Wiedergeburt unterliegen muss.

Methodik **Textquellen analysieren und interpretieren**

Eine Textquelle steht nicht isoliert im historischen Raum. Um sie ihrer Bedeutung entsprechend beurteilen zu können, muss man ihre **Vorgeschichte** bzw. ihre Entstehungsbedingungen und ihre **Nachgeschichte** bzw. ihre Wirkungen und Konsequenzen kennen.

2.2 Der Wiener Kongress

2.2.1 Die Neuordnung Europas

Unter der Leitung des österreichischen Außenministers Fürst **Metternich** (1773–1859) versammelten sich 1814/15 Fürsten und Diplomaten aus ganz Europa in Wien, um nach der Niederlage Napoleons die europäische Staatenwelt neu zu ordnen. Maßgebend waren dabei nicht die nationalen oder demokratischen Wünsche der Völker, sondern die Interessen der Fürsten. Bestimmend waren die drei Prinzipien Restauration, Legitimität und Solidarität.

Wissen **Politische Grundsätze des Wiener Kongresses**

- **Restauration:** Wiederherstellung der vorrevolutionären politischen und gesellschaftlichen Ordnung
- **Legitimität:** Herleitung aller Herrschaftsansprüche aus dynastischen Rechten und dem Gottesgnadentum
- **Solidarität:** enge Verbindung und Zusammenarbeit der europäischen Fürsten gegen revolutionäre bzw. demokratische „Umtriebe"

Die beschlossene territoriale Neuordnung sollte ein **Gleichgewicht der fünf europäischen Führungsmächte** Österreich, Preußen, Russland, Großbritannien und des wieder monarchisch regierten Frankreichs gewährleisten **(Pentarchie);** im Einzelnen bedeutete das:

- Gebietszuwächse für Preußen (u.a. Rheinland, Westfalen, nördliches Sachsen und Posen);
- Herrschaft des russischen Zaren über das neu errichtete Königreich Polen („Kongresspolen") in Personalunion;
- Verzicht Österreichs auf südwestdeutsche Gebiete, dafür Gebietserwerb in Norditalien, Galizien und Dalmatien;
- Bestätigung des Reichsdeputationshauptschlusses;
- Bildung der „Heiligen Allianz" der christlichen Fürsten Europas (Instrument der Restauration);
- Gründung des „Deutschen Bunds" auf dem Gebiet des alten Reichs.

2.2.2 Der Deutsche Bund

Der Deutsche Bund war ein Staatenbund von 34 selbstständigen, von Fürsten regierten Staaten und von vier freien Reichsstädten.

Merkmale des Deutschen Bunds

- organisatorisches Zentrum: **Bundestag** in Frankfurt a.M., der aus Gesandten der Mitgliedsstaaten bestand;
- im Kriegsfall Aufstellung eines **Bundesheers** aus Truppen der Einzelstaaten;
- **keine** gemeinsame **Volksvertretung;**
- drei Bundesstaaten in Personalunion mit auswärtigen Herrschern: Hannover/England, Holstein/Dänemark, Luxemburg/Niederlande;

- beträchtliche Landesteile von Österreich (Ungarn, Gebiete auf dem Balkan und in Italien) und Preußen (Ost- und Westpreußen, Posen) gehörten nicht zum Deutschen Bund;
- Österreich und Preußen als Führungsmächte des Bunds, beginnender innerdeutscher Dualismus;
- Geltung des monarchischen Prinzips in den Einzelstaaten;
- Ankündigung „landständischer Verfassungen" für die Einzelstaaten;
- Instrument gegen nationale Einheitswünsche und liberale Mitbestimmungsforderungen.

Wissen **Die Karlsbader Beschlüsse**

Die sogenannten Karlsbader Beschlüsse von 1819 waren ein Maßnahmenpaket des Deutschen Bunds zur Unterdrückung von liberalen und nationalen Bestrebungen.

- **Grund:** Furcht der deutschen Fürsten vor einer nationalen und demokratischen Revolution.
- **Anlass:** Attentat eines Studenten auf den Schriftsteller August von Kotzebue und verstärkte Aktivitäten der **Burschenschaften** an deutschen Universitäten (z.B. Wartburgfest 1817: Bundesakte, reaktionäre Schriften und Symbole werden verbrannt). Die studentischen Burschenschaften waren nach den Befreiungskriegen entstanden und setzten sich für einen deutschen Einheitsstaat mit einer demokratischen Verfassung ein.
- **Inhalt:** Verbot der Burschenschaften, Zensur von Presse und Schrifttum, Überwachung der Universitäten, Verfolgung sog. Demagogen, Berufsverbote für missliebige Professoren, Lehrer usw., Einrichtung einer zentralen Untersuchungskommission.
- **Folgen:** Bis 1848 herrschte im Deutschen Bund fast ständig ein Klima von Repression und Verfolgung, erst ab etwa 1830 meldeten sich die Reformkräfte langsam wieder zu Wort.

Aufgabe 2

Erläutern Sie die Bedeutung des Wiener Kongresses für Europa und Deutschland.

Methodik **Anforderungsbereich II**

Beim Anforderungsbereich II geht es um das **selbstständige Einordnen, Deuten, Vergleichen, Erklären oder Bearbeiten** von historischen Quellen oder Sachverhalten. Aufgabe 2 ist eine typische Aufgabe dieses Anforderungsbereichs. Andere mögliche Aufgabenstellungen: Ordnen Sie die Quelle in ihren historischen Zusammenhang ein; vergleichen Sie zwei bestimmte Textquellen miteinander. (AFB I ↑ S. 9, AFB III ↑ S. 29)

2.3
Die deutsche Nationalbewegung

Im 18. Jahrhundert hatten intellektuelle Schriftsteller und Philosophen die Vorstellung einer durch Volk und Sprache bestimmten deutschen Nation entwickelt. Sie fand während der französischen Besatzungszeit und der Befreiungskriege vor allem bei der studentischen Jugend weite Verbreitung.

- Die Befürworter eines deutschen Nationalstaates wollten Kleinstaaterei und Partikularismus überwinden.
- Sie strebten einen **Verfassungsstaat** mit **bürgerlichen Freiheitsrechten,** unabhängiger Justiz und repräsentativer Volksvertretung an.
- Durch die Julirevolution 1830 in Frankreich erhielt auch die deutsche Nationalbewegung erneut Auftrieb: **1832** fand das **Hambacher Fest** mit rund 30 000 Teilnehmern als erste politische Massendemonstration in Deutschland statt; Schriftsteller, unter ihnen Heinrich Heine und Ludwig Börne, traten publizistisch für liberale und demokratische Ideen ein (Literatenbewegung „Junges Deutschland").
- Der Deutsche Bund reagierte mit der Verschärfung der Zensur, dem Verbot politischer Vereine und der Verfolgung von Demokraten. Regimekritische Professoren wurden entlassen (1837 „Göttinger Sieben"; u. a. Gebrüder Grimm), viele Liberale gingen ins Exil.

2.3.1
Politische Richtungen im Deutschen Bund

<table>
<tr><th>Restauration</th><th colspan="2">Nationalismus und Liberalismus</th></tr>
<tr><td rowspan="3">Träger: Fürsten und Adel, Offiziere, hohe Beamte
Ziele: Wiederherstellung bzw. Erhalt der alten Ordnung (Gottesgnadentum des Fürsten, spätabsolutistische Herrschaft, dynastische Ordnung)</td><td colspan="2">Träger: Bürgertum, Arbeiterschaft
Ziele: Verfassung mit Freiheitsrechten und Volksvertretung; einheitlicher deutscher Nationalstaat</td></tr>
<tr><th>Gemäßigte Liberale</th><th>Radikale Demokraten</th></tr>
<tr><td>Träger: Großbürgertum, Beamte
Ziele: konstitutionelle Monarchie, politische Mitbestimmung, Grundrechte, Zensuswahlrecht
Politische Aktionsform: Reformpolitik</td><td>Träger: Akademiker, Freiberufler, Kleinbürger, Arbeiter
Ziele: Republik, Volkssouveränität, Gleichheit, gleiches Wahlrecht
Politische Aktionsform: Revolution</td></tr>
</table>

Aufgabe 3

Philipp Jakob Siebenpfeiffer (1789–1845, Publizist und Politiker): Verteidigungsrede vor Gericht, 1834
Ordnen Sie die Textquelle einer der zeitgenössischen politischen Richtungen Deutschlands zu; begründen Sie Ihre Einordnung am Text.

Was mich betrifft, ich bin Republikaner von ganzer Seele; nicht bloß der Theorie nach, sondern ich halte die Repräsentativ-Republik für die einzige Staatsform, die einem größeren Volk, das seine Würde fühlt, geziemt, für die alleinige, die heute möglich. Sie allein kann freies Denken, freies Handeln geben, somit den Zweck der Völkerbewegung erfüllen. [...] Die konstitutionelle Monarchie, welche Republik und Fürstlichkeit vereinen soll, ist mir praktisch ein Unding. Nur ein Wille kann Staaten regieren; jene stellt aber einen zweifachen auf: den Willen des Monarchen und den Willen des Volkes. So entsteht ein Doppelprinzip, das sich selbst feindselig bekämpft. Alle Gewalt strebt, wie man weiß, naturgemäß nach ihrer Erhaltung, Befestigung, Erweiterung: Ist die Regierung stark, so wird sie absolut, die Mitwirkung des Volkes wird ein Gaukelspiel sein; ist der Volksrat stark, so geht die Monarchie in der Republik unter. [...] Ich will, dass die Gesamtheit herrsche, d. h. Geist und Gang der Regierung regle. Wo eine herrschende Klasse, da ist auch eine dienende. Der herrschende Gesamtwillen, der freie Ausdruck aller Volksinteressen – dies ist meine Republik. So viel über Ziel und Inhalt meiner Bestrebungen. Nun über Art und Weise, wie ich es zu erreichen gesucht. [...] Zwar lassen sich diese Ansichten in zwei Hauptmeinungen zusammenfassen, wovon die eine die soziale Umgestaltung langsam, auf dem Weg allmählicher Reformen, die andere wesentlich auf einmal will. Inzwischen muss ich in Beziehung auf die letzte Partei sogleich die Beschränkung beifügen, dass dieselbe wohl zufrieden wäre, hätte man nur erst die Möglichkeit allmählicher Reformen errungen und sichergestellt. Ich selbst gehöre zu dieser Partei.

Kein Volk wünscht jemals Umsturz, Anarchie. Dass in jedem Volk ein Haufe von Leuten besteht, die sich in solchem Elemente wohlbefänden, ist wahr; Mangel an Aufklärung und Überfluss an Elend sind schuld: Die Staatsordnung, wogegen solcher Pöbel sich erhebt, hat ihn erzeugt; je zahlreicher und wilder er ist, desto verdammlicher erscheint die Ordnung der Dinge, die ihn erschaffen. Doch hütet euch, das sogenannte niedere Volk zu verdächtigen, ihr, die ihr den Pöbel nicht da sucht, wo er allein zu finden – in eueren Reihen, Pöbel in Glanz und Würden, in Palästen und im Überfluss!

2.4 Die Revolution von 1848/49

Trotz aller Unterdrückung blieb der Wunsch nach einem deutschen Nationalstaat mit einer Verfassung lebendig. Ein starkes Interesse daran hatten auch Kaufleute und Unternehmer, deren Aktivitäten unter den zahlreichen deutschen Binnenzöllen und Handelsschranken litten. Der Zusammenschluss vieler deutscher Staaten unter Führung Preußens zum **Deutschen Zollverein** 1834 sorgte für den Abbau der zwischenstaatlichen Zollgrenzen und war daher ein wichtiger Schritt zu einer künftigen Einheit Deutschlands.

Neue Hoffnungen weckte auch 1840 der **Regierungsantritt König Friedrich Wilhelms IV.** (1795–1861) in Preußen, der sich zunächst reformbereit zeigte. Einige der inhaftierten Patrioten wurden freigelassen, entlassene Göttinger Professoren rehabilitiert. Doch die hoffnungsvollen Träume der deutschen Nationalbewegung zerplatzten bald. In der zweiten Hälfte der 1840er-Jahre spitzte sich die Lage zu. Es kam zur Revolution.

Ursachen und Hintergründe der Revolution

- Verweigerung einer Verfassung durch Friedrich Wilhelm IV. und erneutes hartes Vorgehen gegen Regimekritiker;
- soziale Krise mit Massenarmut und Hungersnöten infolge schwerer Missernten Mitte der 1840er-Jahre; Arbeiterrevolten im Zusammenhang mit der Frühindustrialisierung, z. B. Aufstand der schlesischen Weber 1844;
- 1847 Beginn einer Wirtschaftskrise mit Bankenzusammenbrüchen und Firmenbankrotten;
- Revolution von Handwerkern, Bürgern und Arbeitern in Paris im Februar 1848, Absetzung des Königs und Verkündigung der Republik; Überspringen des „Funkens der Revolution“ auf Deutschland.

2.4.1 Schauplätze der deutschen Revolution

Die Revolution in Deutschland hatte mehrere Schauplätze. Neben den blutigen Aufständen in den Zentren Wien und Berlin gab es heftige Unruhen in den Hauptstädten der deutschen Mittel- und Kleinstaaten. Zudem rebellierte die Not leidende Landbevölkerung.

Gemeinsame Forderungen (Märzforderungen)

- Verfassung und Volksvertretung für Deutschland und für die Einzelstaaten, die noch keine Verfassung hatten (z. B. Preußen);
- Verantwortlichkeit der Regierung gegenüber dem Parlament;
- Pressefreiheit, Versammlungsfreiheit;
- Einrichtung einer Bürgerwehr und Volksbewaffnung;
- Einrichtung von Schwurgerichten;
- Abschaffung noch vorhandener Feudalrechte auf dem Land.

Erfolge der Revolution

- **Aufstand und bewaffnete Gefechte in Wien:** Sturz der Regierung und des Staatskanzlers Metternich; der Kaiser stimmte einer Verfassung zu;
- **blutige Barrikadenkämpfe in Berlin:** König Friedrich Wilhelm IV. versprach eine Verfassung und die Einberufung einer preußischen Nationalversammlung und bekannte sich zur deutschen Nation; Ernennung liberaler „Märzminister“;
- **Demonstrationen und Volksversammlungen** in vielen anderen deutschen Staaten; Berufung liberaler Regierungen;
- **schwere Unruhen auf dem Land,** die durch die rasche Abschaffung feudaler Dienste, Abgaben und Privilegien beendet wurden.

Aufgabe 4

„Michel kehrt aus!" Deutsche Karikatur aus dem Jahre 1848
Beschreiben Sie die Merkmale der Karikatur und erläutern Sie ihre Bedeutung.

2.4.2
Nationalversammlung und Verfassungsentwurf

- Ende März 1848 wurde ein **Vorparlament,** das sich aus Parlamentsmitgliedern der Einzelstaaten zusammensetzte und in dem die gemäßigten Kräfte dominierten, einberufen. Es fasste den Beschluss, Wahlen zu einer deutschen Nationalversammlung auszuschreiben.
- Ein **bewaffneter Aufstandsversuch** radikaldemokratischer Minderheiten in Baden scheiterte bald.
- Die **Wahlen zur Nationalversammlung** fanden nach dem allgemeinen und gleichen Wahlrecht statt (Frauen, in vier Ländern auch Tagelöhner und Gesellen, waren nicht wahlberechtigt).
- Am 18. Mai 1848 wurde in der **Frankfurter Paulskirche** die aus knapp 600 Abgeordneten bestehende Nationalversammlung eröffnet.

In der Nationalversammlung dominierte deutlich das Bildungsbürgertum **(Honoratiorenparlament);** fast 80 % waren Akademiker. Es gab

- einen hohen Anteil an Juristen, Beamten und Freiberuflern: Professoren (Juristen, Germanisten, Historiker), Richter, Staatsanwälte, hohe Verwaltungsbeamte, Landräte, Geistliche, Anwälte, Ärzte, Journalisten;

- knapp zehn Prozent Vertreter aus dem Wirtschaftsbürgertum: Verleger, Kaufleute, Industrielle, Bankiers, Reeder;
- kaum Abgeordnete aus dem Handwerk oder der Bauernschaft;
- keinen Abgeordneten aus der Arbeiterschaft.

Ausbildung politischer Lager

In den 1840er-Jahren entwickelten sich allmählich politische Lager, die ihren Niederschlag auch in der Nationalversammlung fanden. Fünf politische „Parteien", die aber zunächst noch keine feste organisatorische Struktur aufwiesen, bildeten sich heraus:

- **Konservative:** weitgehender Erhalt des Status quo in Deutschland, Verfassung mit Bewahrung der monarchischen Autorität und eingeschränkten Mitwirkungsrechten des Parlaments; Anhänger: Adel, Offiziere, hohe Beamte, Teile der protestantischen Geistlichkeit und der Bauern.
- **Katholiken:** Ablehnung der Verweltlichung in Staat und Gesellschaft und der Prinzipien des Liberalismus (Vernunftglaube, Freiheit des Individuums); Anhänger: katholische Geistliche, Bürger und Landbewohner.
- **Liberale:** Errichtung eines Verfassungsstaats mit Grundrechten; Anhänger: Akademiker, Groß- und Wirtschaftsbürgertum.
- **Demokraten:** Errichtung einer Republik auf der Basis der Volkssouveränität, Mehrheitsherrschaft, allgemeine Gleichheit; Anhänger: Bildungsbürgertum (Schriftsteller, Rechtsanwälte, Lehrer) und Kleinbürgertum (Handwerker, Händler, einfache Beamte).
- **Sozialisten:** Republik und Vergesellschaftung der Produktionsmittel; Anhänger: kleine Teile des Bildungsbürgertums, Handwerker, Arbeiter.

Wissen **Volkssouveränität**

Unter Volkssouveränität versteht man die in der Zeit der Aufklärung entwickelte Vorstellung, nach der **alle Staatsgewalt vom Volke** als dem obersten Souverän des Staates **ausgeht.** Das Volk könne seinen Willen durch Abstimmung oder Wahl von Repräsentanten in ein Parlament äußern. Die Ausübung von Herrschaft hänge also von der Zustimmung des Volkes ab. Der Grundsatz der Volkssouveränität steht im Widerspruch zur Legitimation von Herrschaft durch göttliche Bestimmung (Gottesgnadentum).

Die nationale Frage: großdeutsch oder kleindeutsch?

Ein wesentliches Problem der Nationalversammlung bestand darin, die Grenzen des künftigen deutschen Staates zu bestimmen. Die zentrale Frage lautete, wie im Hinblick auf die nicht deutschen, aber zu Österreich-Ungarn gehörenden Gebiete in Süd- und Osteuropa zu verfahren sei. Zwei Lösungen standen zur Debatte:

- **großdeutsche Lösung:** Einbeziehung von Deutsch-Österreich, Böhmen, Mähren und Südtirol ins Reich, Angliederung der nicht deutschen Gebiete in Personalunion; Problem: Auflösung der staatlichen Einheit Österreich-Ungarns, daher Ablehnung durch Wien;
- **kleindeutsche Lösung:** Zusammenschluss aller deutschen Länder ohne Österreich; Preußen als Führungsmacht, Ausscheiden Österreichs aus dem Reich.

Verfassungsentwurf der Nationalversammlung

Der Verfassungsentwurf sah ein **kleindeutsches Reich** und eine **konstitutionelle Monarchie** mit einer **Mischung aus zentral- und bundesstaatlichen Elementen** vor: ein nach dem allgemeinen Wahlrecht gewähltes „Volkshaus" als Repräsentant der Gesamtbevölkerung und ein „Staatenhaus" als Vertreter der Länder. An der Spitze des Staates sollte ein Erbkaiser stehen.

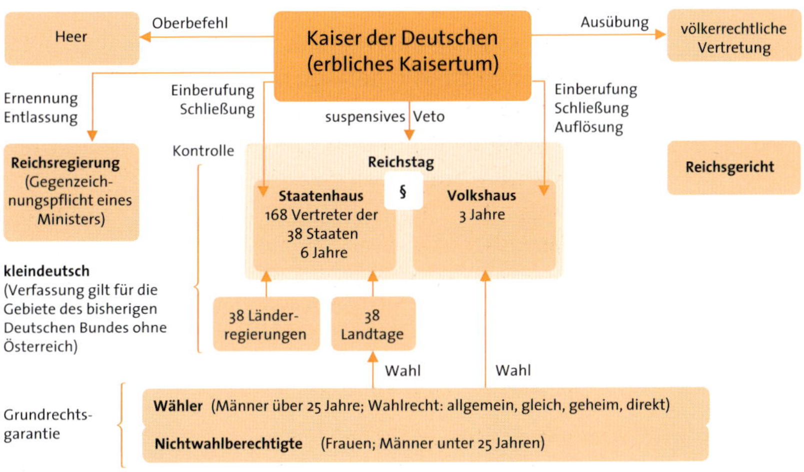

▶ *Der Verfassungsentwurf der deutschen Nationalversammlung vom März 1849*

Aufgabe 5

Bestimmen Sie in dem Verfassungsentwurf von 1849 die Legislative, die Exekutive und die Judikative. Begründen Sie, welche dieser drei Gewalten die stärkste Stellung in dieser Verfassung einnimmt.

2.4.3 Das Scheitern der Revolution

Bereits im Herbst 1848 begann die **Gegenrevolution:**
- Besetzung Wiens durch kaiserliche Truppen, Auflösung des Reichstags und Erlass einer konservativen Verfassung;
- Einmarsch königlicher Truppen in Berlin, Auflösung der preußischen Nationalversammlung und Erlass einer neuen Verfassung;
- Ablehnung der Kaiserkrone durch Friedrich Wilhelm IV. von Preußen;
- gewaltsame Auflösung der deutschen Nationalversammlung.

Danach wurden revolutionäre Errungenschaften zurückgenommen sowie vorrevolutionäre Herrschaftsstrukturen und der Deutsche Bund wiederhergestellt. In Preußen wurde das Dreiklassenwahlrecht eingeführt.

Ursachen des Scheiterns der Revolution waren u. a.:
- Erhalt der militärischen Macht der alten Dynastien, bei gleichzeitigem
- Fehlen ausreichender Machtmittel aufseiten der Revolutionäre;
- Uneinigkeit und geringe politische Erfahrung im bürgerlichen Lager;
- Furcht des Bürgertums vor sozialer Revolution;
- keine ausreichende soziale Basis in der Masse der Bevölkerung.

Wissen	**Stationen der Revolution von 1848/49**
März 1848	Bewaffnete Aufstände bzw. Protestversammlungen in Wien und Berlin sowie in allen deutschen Mittel- und Kleinstaaten erzwingen Verfassungsversprechen und liberale „Märzregierungen“.
April 1848	Ein radikalrepublikanischer Aufstand in Baden wird niedergeschlagen.
18.5.1848	Die erste deutsche Nationalversammlung in der Frankfurter Paulskirche wird eröffnet.
September/ Oktober 1848	Erneute revolutionäre Unruhen in Berlin, Sachsen, Thüringen, Baden und im Rheinland; kaiserliche Truppen erobern Wien zurück.
5.12.1848	Der König löst die preußische Nationalversammlung auf und zwingt eine Verfassung „von oben“ auf.
27.3.1849	Die Nationalversammlung verabschiedet die kleindeutsche Reichsverfassung.
3.4.1849	König Friedrich Wilhelm IV. lehnt die deutsche Kaiserkrone ab.
Mai/Juni 1849	Volksbewegungen zugunsten der neuen Verfassung in West- und Südwestdeutschland werden niedergeschlagen, preußische Truppen lösen das nach Stuttgart ausgewichene Restparlament auf.

Methodik **Anforderungsbereich III**

Der Anforderungsbereich III ist der anspruchsvollste Bereich. Hier geht es um eine **kritische Überprüfung, Bewertung oder Erörterung** historischer Quellen oder Probleme. Für eine Bewertung im zweistelligen Punktebereich werden in der Regel auch sinnvolle Ausführungen zu diesem Anforderungsbereich erwartet. In der folgenden Aufgabe 6 wird erwartet, dass Sie zu den vorgetragenen konträren Urteilen eine eigene Argumentation entwickeln, die auf der Basis verschiedener Perspektiven zu einer begründeten Bewertung führt.

Aufgabe 6

Wolfgang Schieder und Thomas Nipperdey (deutsche Historiker): Über die Gründe für das Scheitern der Revolution von 1848/49
Setzen Sie sich mit beiden Positionen und ihrer jeweilige Begründung auseinander.

Wolfgang Schieder: Die Revolution ist gescheitert am Widerstand der alten Dynastien, der königstreuen Offiziere und Beamten, die ihre soziale Basis im Adel hatten. Sie ist auch gescheitert an der Lethargie der bäuerlichen Massen, die 1848 in Deutschland immer noch bei Weitem den Hauptanteil der Bevölkerung stellten. Der alte Obrigkeitsstaat wurde durch die Revolution zwar schwer erschüttert, aber nicht in seinem Kern getroffen. Er konnte sich nach der Revolution daher erneut durchsetzen. Die Revolution ist aber auch gescheitert an der inneren Schwäche der revolutionären Bewegung; das deutsche Bürgertum war in sich nicht geschlossen. Daher war es von vornherein nicht zu einheitlichem Handeln fähig, als es von der Revolution überrascht wurde. Erst recht nicht war es dazu in der Lage, mit anderen, übrigens ebenso wenig homogenen sozialen Klassen gegen den vom Adel beherrschten Obrigkeitsstaat zu kooperieren. Für ein im historischen Rückblick auch noch so wünschenswertes Bündnis von Bürgertum und Volksmassen bestand 1848 keine reale Chance. Bürgerliche Liberale und Demokraten gingen in der Revolution auseinander und kämpften jeweils mit einer eigenen Strategie gegen die etablierten Mächte. Weder der liberale Weg der Vereinbarung noch der demokratische der Konfrontation führten zum Ziel. Am Ende waren sowohl Liberale wie Demokraten geschlagen. Siegreich war allein die konservative Gegenrevolution.

Thomas Nipperdey: Die Revolution ist nicht am Zwiespalt zwischen Linken und Mitte gescheitert. Der Zwiespalt hat, gewiss, die Gegenrevolution begünstigt, die Polarisierung hat die Revolution, die vom Verrinnen der Zeit bedroht war, geschwächt; aber er war nicht die wesentliche Ursache für ihr Scheitern. Auch ein gemeinsames Vorgehen, eine revolutionäre „Volksfrontpolitik" hätte […] keine besseren Chancen gehabt, weder ein gemäßigteres noch ein geschlosseneres Auftreten der Gesamtrevolution. Gewiss, es gab zu viel und zu wenig Revolution; zu wenig, um die alten Gewalten ganz zurückzudrängen – aber das wollten die Bürger in ihrer Mehrheit nicht und das hatte wenig Chancen –, und zu viel, weil die radikalen Demokraten die gemeinsame Front zerstörten und die Mitte im Effekt nach rechts drängten, die Revolution diskreditierten […]. Darum ist die Schuldzuweisung zwischen Republikanern und Liberalen im Grunde irrelevant. Ihr Gegensatz war legitim, unvermeidlich, tragisch. […] Das Scheitern eines politischen Handelns, und einer Revolution also, muss nicht die Schuld der Scheiternden sein, nicht ihrer – vermeidbaren – Fehler, nicht ihrer unvermeidbaren Grundeinstellungen; die Besiegten sind nicht immer schuld an ihrer Niederlage. Die eigentliche Ursache des Scheiterns ist, dass die Widerstände zu vielfältig und zu groß waren […] und zu gegensätzliche und sich überkreuzende Probleme anstanden. […] Wenn man unter den einzelnen Ursachen für das Scheitern in Deutschland gewichten will, so muss man meiner Meinung nach sagen, dass es das großdeutsch-kleindeutsche Problem und das Problem des österreichischen Nationalitätenstaates und seiner Konflikte waren, die am meisten zählten. Sie haben schon eine schnelle Entscheidung im Sommer unmöglich gemacht, haben die ersten großen Siege der Gegenrevolution in Österreich ermöglicht, haben die Einheit der Revolution seit dem Herbst so erschüttert, dass ein gemeinsames Handeln nicht mehr möglich war, haben die Entscheidung dann auf Preußen zugespitzt. Sie letzten Endes haben die Revolution in den Wettlauf mit der Zeit gebracht, den sie nicht gewinnen konnte.

3
Die Industrielle Revolution und die soziale Frage

Ausgehend von Großbritannien vollzog sich etwa ab der Mitte des 18. Jahrhunderts in weiten Teilen Europas und den USA ein grundlegender Wandel von der durch die traditionelle Landwirtschaft und das alte Handwerk bestimmten Form des Lebens und Wirtschaftens zur modernen Industriegesellschaft. Technische Neuerungen, die Nutzung neuer Energiequellen (Kohle) und Veränderungen in der Arbeitsorganisation bewirkten ein rasantes Wirtschaftswachstum und eine Umwälzung der Lebensbedingungen der Menschen.

Typische Aufgabenstellungen

- Erklären Sie die Rolle Großbritanniens für die Industrielle Revolution.
- Erläutern Sie die Bedeutung der liberalen Wirtschaftstheorie für das Wirtschaftsgeschehen.
- Beschreiben Sie die gesellschaftlichen Veränderungen, die durch die Industrielle Revolution bewirkt wurden.
- Vergleichen Sie die verschiedenen Lösungsvorschläge für die soziale Frage hinsichtlich ihrer Zielsetzung.
- Arbeiten Sie die Bedeutung der marxistischen Geschichtstheorie für die Arbeiterbewegung heraus.

3.1
Merkmale, Voraussetzungen und Bedingungsfaktoren der Industriellen Revolution

Die Industrielle Revolution weist folgende **Hauptmerkmale** auf:

- Einsatz von Arbeits- und Energieerzeugungsmaschinen,
- Massenproduktion in Fabriken,
- intensive Nutzung der Rohstoffe Kohle und Eisen,
- arbeitsteilige Fabrikarbeit und enorme Steigerung der Produktivität,
- starke Zunahme der freien Lohnarbeit,
- große Bevölkerungsverschiebungen (Landflucht, Verstädterung).

Der Übergang von der traditionellen Produktionsweise zur Industrieproduktion war an folgende **Voraussetzungen** geknüpft:
- keine Produktionsbeschränkungen und Regulierungen durch Zünfte o. Ä. (Gewerbefreiheit),
- freie und für alle zugängliche Märkte,
- technische Neuerungen zur Verwirklichung von Massenproduktion,
- Vorhandensein von genügend Rohstoffen, vor allem von Kohle und Eisenerz,
- Verfügbarkeit von Kapital für Investitionen (Maschinen/Fabriken).

Es ist kein Zufall, dass die Industrielle Revolution ausgerechnet in **Großbritannien** begann. Die entscheidenden Voraussetzungen dafür waren dort im 18. Jahrhundert gegeben. Vergegenwärtigt man sich diese, darf man nicht von einer linearen Abfolge von Ursachen und Wirkungen ausgehen, sondern muss berücksichtigen, dass sich die verschiedenen Faktoren wechselseitig beeinflussten **(Interdependenz).**

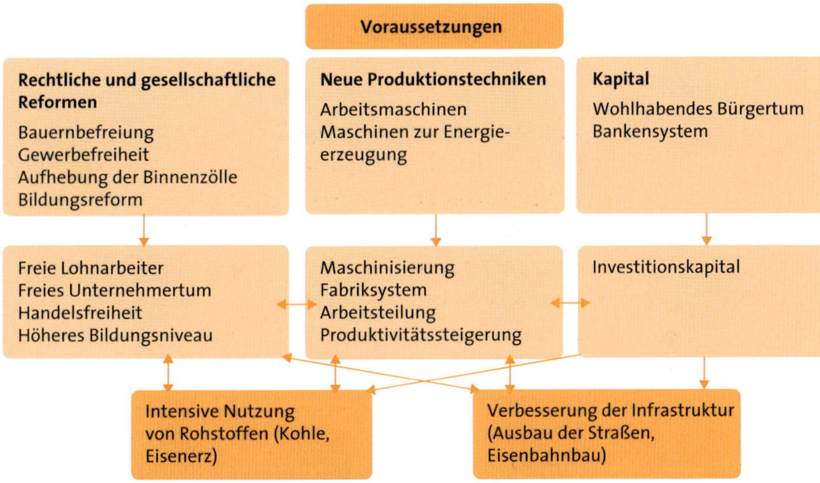

▶ *Die Industrielle Revolution in Deutschland*

- In Großbritannien gab es damals keine ständischen und zünftigen Hemmnisse wie Leibeigenschaft, Schollengebundenheit, Zunftzwang usw. Das ermöglichte eine hohe **gesellschaftliche Mobilität.**
- Die sog. **Agrarrevolution** (Zusammenlegung kleiner und verstreut liegender Felder sowie Erschließung bisher brachliegender Flächen und von Allmendeland durch Großgrundbesitzer, dadurch Möglichkeit rationellerer Produktionsmethoden durch Maschineneinsatz und Fruchtwechsel) setzte Arbeitskräfte für die Arbeit in den städtischen Fabriken frei. Gleichzeitig schuf sie die Nahrungsgrundlage für die durch verbesserte Ernährung und hygienische Fortschritte rasch

wachsende Bevölkerung **(Bevölkerungsanstieg).** Diese wiederum benötigte ständig mehr Industrieprodukte.

- **Technische Neuerungen** wie die mechanische Spinnmaschine, der mechanische Webstuhl und besonders die Dampfmaschine förderten die Arbeitsproduktivität und verbesserten die Transportmöglichkeiten.
- Die Erschließung der reichlich vorhandenen **Kohle- und Eisenerzlager** lieferte Energie und Rohstoffe für die Eisen- und Stahlerzeugung (Maschinen- und Eisenbahnbau).
- Durch den Überseehandel und die Ausbeutung der Kolonien waren in Großbritannien große **Kapitalvermögen** entstanden. Diese konnten gewinnversprechend in der jungen Industrie investiert werden. Darüber hinaus existierte ein funktionierendes **Bank- und Kreditwesen,** das Kapital für die Industrie bereitstellen konnte.
- Großbritannien verfügte über einen **offenen Binnenmarkt** ohne hemmende Zollgrenzen und ein **effektives Transportsystem** (umfangreiches und engmaschiges Kanalnetz, Küstenverkehr), das im 19. Jahrhundert durch ein Eisenbahnnetz ergänzt wurde, von dem wiederum weitere Impulse zur Industrialisierung ausgingen.
- Das britische Bürgertum war von der **calvinistischen Wirtschaftsethik** geprägt, wonach ein mit Fleiß und sittlichem Verhalten gepaartes Streben nach Reichtum Gott wohlgefällig war. Wirtschaftlicher Erfolg wurde als Zeichen der göttlichen Gnade angesehen. Diese Grundhaltung förderte Unternehmertum und Gewinnstreben.
- Die politischen Rahmenbedingungen, v.a. der **Schutz des Einzelnen und seines Besitzes vor staatlicher Willkür,** sicherten das wirtschaftliche Engagement der Bürger.
- Der britische Ökonom Adam Smith (1723–90) entwickelte in seinem 1776 veröffentlichten Werk „Untersuchungen über die Natur und die Wurzeln des Nationalreichtums“ die Grundsätze des **Wirtschaftsliberalismus.** Demnach könnten sich in freier Konkurrenz und bei ungehinderten Handelsmöglichkeiten (Abbau von Zollschranken) ohne staatliche Eingriffe die Wirtschaft und das Allgemeinwohl am besten entfalten.

Methodik **Regeln zur Textwiedergabe**

- **Keine Nacherzählung** des Textes, sondern die **wesentlichen Aussagen** und **Schlüsselbegriffe** deutlich hervorheben und ihre Zusammenhänge bzw. die Argumentation des Autors deutlich machen.
- **Eigene Formulierungen** benutzen; Zitate nur sparsam gebrauchen und durch Anführungszeichen kenntlich machen.
- Im **Präsens** und in **indirekter Rede** schreiben.
- **Knapp** formulieren und **klar** gliedern.
- **Keine Bewertungen** oder **Interpretationen** vornehmen.

Aufgabe 1

Adam Smith: Über die liberale Wirtschaftstheorie, 1776
Geben Sie mit eigenen Worten die Thesen und die Argumentation von Adam Smith wieder.

Der Einzelne ist stets darauf bedacht, herauszufinden, wo er sein Kapital, über das er verfügen kann, so vorteilhaft wie nur irgend möglich einsetzen kann. Und tatsächlich hat er dabei den eigenen Vorteil im Auge und nicht etwa den der Volkswirtschaft. [...] Da aber jeder Mensch Kapital zur Unterstützung eines Erwerbsstrebens nur mit Aussicht auf Gewinn einsetzt, wird er stets bestrebt sein, es zur Hilfe für solche Gewerbe anzulegen, deren Ertrag voraussichtlich den höchsten Wert haben wird oder für den er das meiste Geld oder die meisten anderen Waren bekommen kann. Nun ist aber das Volkseinkommen eines Landes immer genauso groß wie der Tauschwert des gesamten Jahresertrages oder, besser, es ist genau dasselbe, nur anders ausgedrückt. Wenn daher jeder Einzelne so viel wie nur möglich danach trachtet, sein Kapital zur Unterstützung der einheimischen Erwerbstätigkeit einzusetzen, und dadurch diese so lenkt, dass ihr Ertrag den höchsten Wertzuwachs erwarten lässt, dann bemüht sich auch jeder Einzelne ganz zwangsläufig, dass das Volkseinkommen im Jahr so groß wie möglich werden wird. Tatsächlich fördert er in der Regel nicht bewusst das Allgemeinwohl [...]. Wenn er es vorzieht, die nationale Wirtschaft anstatt die ausländische zu unterstützen, denkt er eigentlich nur an die eigene Sicherheit, und wenn er dadurch die Erwerbstätigkeit so fördert, dass ihr Ertrag den höchsten Wert erzielen kann, strebt er lediglich nach eigenem Gewinn. Und er wird in diesem wie auch in vielen anderen Fällen von einer unsichtbaren Hand geleitet, um einen Zweck zu fördern, den er zu erfüllen in keiner Weise beabsichtigt hat. Auch für das Land selbst ist es keineswegs immer das Schlechteste, dass der Einzelne ein solches Ziel nicht bewusst anstrebt. Ja, gerade dadurch, dass er das eigene Interesse verfolgt, fördert er häufig das der Gesellschaft nachhaltiger, als wenn er wirklich beabsichtigt, es zu tun. Alle, die jemals vorgaben, ihre Geschäfte dienten dem Wohl der Allgemeinheit, haben meines Wissens niemals etwas Gutes getan. [...]

Gibt man daher alle Systeme der Begünstigung und Beschränkung [von staatlicher Seite] auf, so stellt sich ganz von selbst das einsichtige und einfache System der natürlichen Freiheit her. Solange der Einzelne nicht die Gesetze verletzt, lässt man ihm völlige Freiheit, damit er das eigene Interesse auf seine Weise verfolgen kann [...].

Aufgabe 2

Erläutern Sie den Begriff „Wirtschaftsliberalismus“ mithilfe des Textauszugs von Adam Smith.

3.2 Der Verlauf der Industriellen Revolution in Großbritannien und Deutschland

3.2.1 Großbritannien – Mutterland der Industrie

Ausgangspunkt der Industrialisierung in Großbritannien war die Textilindustrie. Technische Innovationen ermöglichten es ab Mitte des 18. Jahrhunderts, den durch das Bevölkerungswachstum bedingten erhöhten Bedarf an Textilien zu befriedigen. Die kostengünstige Massenproduktion vor allem von Baumwollstoffen hatte zur Folge, dass sich der Import von Baumwolltuchen aus Indien nicht mehr lohnte. James Hargraves’ (um 1740–78) **Spinnmaschine** „Spinning Jenny" und Edmund Cartwrights (1743–1823) **mechanischer Webstuhl** revolutionierten die Textilherstellung und führten zur **Fabrikproduktion.** Als Energiequelle nutzte man zunächst noch die Wasserkraft, seit dem Ende des 18. Jahrhunderts zunehmend die von James Watt (1786–1819) erfundene **Dampfmaschine.**

Diese Neuerungen bewirkten eine ungeheure **Ausweitung der Produktionsmenge** und eine enorme **Erhöhung der Arbeitsproduktivität.** Gleichzeitig sanken die Preise für Textilien, die so auch für die breite Masse zunehmend erschwinglicher wurden. England wurde zum Importeur von Rohbaumwolle und zum weltgrößten Exporteur von Baumwolltextilien. Das bisher führende indische Baumwollgewerbe dagegen wurde durch den Import billiger britische Fabrikware zerstört.

Zum zweiten Zentralbereich der Industriellen Revolution entwickelten sich seit Beginn des 19. Jahrhunderts **Bergbau und Hüttenindustrie**. Die Erschließung der reichlich vorhandenen Rohstoffe Kohle und Eisenerz sowie die Einführung des „Puddelverfahrens" (1784) zur Herstellung hochwertigen Stahls beflügelten die britische Schwerindustrie. Sie produzierte zunächst vornehmlich für den Staat (Rüstung), dann aber immer mehr auch für den Maschinenbau und vor allem für den **Eisenbahnbau.** Dieser verbesserte die Transportmöglichkeiten enorm, schuf viele Arbeitsplätze und bewirkte eine starke Nachfrage nach Kohle für die Feuerung sowie hochwertigem Eisen. Mitte des 19. Jahrhunderts war Großbritannien die führende Industrienation der Welt und besaß noch bis Ende des Jahrhunderts einen technologischen Vorsprung.

Wissen	**Neuerungen der Industriellen Revolution**
1764	J. Hargreaves erfindet eine Spinnmaschine für Baumwolle („Spinning Jenny").
1769	J. Watt entwickelt eine funktionsfähige Dampfmaschine.
1785	E. Cartwright konstruiert einen mechanischen Webstuhl.
1825	Eröffnung der ersten Eisenbahnlinie in Nordengland.

3.2.2 Verspätete Industrialisierung in Deutschland

In Deutschland kam die Industrialisierung erst ab etwa 1830 in Gang. Die Gründe dafür waren vielfältig:

- Deutschland war noch um 1800 in über 300 weitgehend souveräne Territorien zersplittert. Es gab keinen einheitlichen Wirtschaftsraum. Zahlreiche Zollschranken hinderten den Warenaustausch.
- Staatliche Eingriffe und Bestimmungen regelten das Wirtschaftsgeschehen. Es gab Zölle, Produktionsmonopole, Ein- und Ausfuhrbeschränkungen mit dem Ziel, die Wirtschaft des Landes zu schützen

und dem Staat möglichst große Einnahmen zu bescheren **(merkantilistische Wirtschaftsweise).**

- Ständische und zünftige Hemmnisse (Leibeigenschaft, Schollenbindung, Zunftzwang) verhinderten gesellschaftliche Mobilität und Aufstiegsambitionen.
- Ein unternehmerisch gesonnenes Stadtbürgertum und ein leistungsfähiges Bank- und Kreditwesen fehlten weitgehend.

Die Niederlage Preußens gegen Napoleon 1806 offenbarte drastisch die gesellschaftliche, politische und wirtschaftliche Rückständigkeit Deutschlands. Von Preußen gingen auch die Impulse zur Modernisierung aus. Die **preußischen Reformen** von 1807/10 schufen wichtige Voraussetzungen für den wirtschaftlichen Aufschwung und die Industrialisierung. Als ihr geistiger Kopf gilt der preußische Staatsminister Freiherr vom Stein (1757–1831). Kernpunkte der Reformbestimmungen:

- Durch die **Agrarreform** (1807) wurden die Leibeigenschaft und die Schollenbindung der Bauern aufgehoben. Dadurch entstand ein riesiges Arbeitskräftepotenzial für die Industrie.
- Mit der Einführung der **Gewerbefreiheit** (1810) wurde der Zunftzwang beseitigt. Damit konnte jeder, der es wollte, wirtschaftlich aktiv werden. Innovationen lohnten sich.

Die Schaffung eines großen und offenen Marktes war eine weitere wichtige Voraussetzung für die Industrialisierung. Bereits in den ersten Jahrzehnten des 19. Jahrhunderts schafften wichtige deutsche Staaten wie Bayern, Baden, Württemberg und Preußen ihre Binnenzölle ab. Den entscheidenden Schub gab dann die **Gründung des Deutschen Zollvereins** 1834. Unter preußischer Führung schloss sich ein großer Teil der deutschen Staaten mit rund 32 Millionen Einwohnern zu einem einheitlichen Wirtschaftsraum zusammen. Zwischen den verschiedenen Landeswährungen wurde ein fester Wechselkurs festgelegt, der norddeutsche „Taler“ fungierte als „Leitwährung“. Diese Maßnahmen reduzierten die staatlichen Verwaltungskosten und steigerten die Einnahmen aus Außenzöllen. Vor allem aber schufen sie einen großen Markt mit erheblichen Nachfrage- und Angebotsperspektiven, die Produktion und Investitionen, Handel und Konsum anregten. Der rasche Erfolg des Zusammenschlusses führte dazu, dass sich die meisten deutschen Staaten (außer Österreich und den Hansestädten) in den folgenden Jahren dem Zollverein anschlossen. Gleichzeitig war das von ihm eingerichtete **Zollparlament,** das in den Jahren 1868 bis 1870 tagte, ein wichtiger Motor einer künftigen deutschen Einigung.

Anders als in Großbritannien entwickelte sich in Deutschland die **Schwerindustrie** (Bergbau, Eisen- und Stahlindustrie) zum **Leitsektor der Industrialisierung.** Das zu Preußen gehörende Ruhrgebiet mit seinen riesigen Kohlevorkommen wuchs in der zweiten Hälfte des 19. Jahrhunderts zu Deutschlands „industriellem Herz“ heran. Die Erzeugung von Eisen und Stahl beflügelte den Bau von Maschinen und Eisenbahnen. 1835 fuhr die erste **Eisenbahn** zwischen Nürnberg und Fürth; bereits 15 Jahre später hatte das deutsche Streckennetz eine Länge von 5875 km, die überwiegend privat gebaut und finanziert waren. Das Kapital stammte größtenteils von neu entstandenen **Großbanken und Aktiengesellschaften.**

Ab der Mitte des 19. Jahrhunderts begann ein rasantes Wachstum der deutschen Industrie, das allerdings ab Mitte der 1870er-Jahre durch die sog. **Gründerkrise** unterbrochen wurde. Darauf folgte eine etwa zwei Jahrzehnte dauernde Phase der Depression. Erst Mitte der 1890er-Jahre erholte sich die deutsche Wirtschaft wieder, jetzt angeführt von der **Elektro- und Chemieindustrie.**

Wissen **Zünftige und kapitalistische Produktionsweise**

Zunfthandwerk	**kapitalistische Produktionsweise**
Zunftzwang	Gewerbefreiheit
angemessenes Einkommen für alle	möglichst großer Gewinn für den Einzelunternehmer
keine gegenseitige Konkurrenz	freier Wettbewerb
Regulierung von Produktionsmenge, Qualität und Arbeitszeiten	keine Produktionsbeschränkungen
Lehrlingsausbildung	
solidarische Hilfe in Notfällen	
Verhinderung technologischer Neuerungen	Steigerung der Produktivität sowie von Menge und Qualität der Produkte durch technologische Innovationen
kaum Arbeitsteilung	hohe Arbeitsteilung
Handwerksbetrieb	Fabriksystem mit Maschinen

Aufgabe 3

Friedrich List: „Eingabe an den König von Preußen“. Das Schreiben vom 22. November 1819 verfasste List für den deutschen Handels- und Gewerbeverein.
Erläutern Sie Lists Konzept und stellen Sie seine Argumente thesenartig zusammen.

[Nach der Aufhebung der Kontinentalsperre 1811] entspann sich ein Kampf zwischen den englischen und deutschen Fabrikaten, in welchem diese notwendig unterliegen mussten, weil die Privaten und die Regierung Englands kein Opfer scheuten, um ihre jugendlichen Nebenbuhler zugrunde zu richten. So geschah es, dass im Laufe eines Jahrzehnts nicht nur die Ausfuhr der deutschen Fabrikate vernichtet, sondern auch die Fabrikation, welche das innere Bedürfnis befriedigte, zugrunde gerichtet wurde. Noch vor wenigen Jahren hat Deutschland die südlichen Reiche Europas und Amerika fast ausschließlich mit Leinwand versorgt; heute sehen wir die irländische Leinwand der heimischen den vaterländischen Boden streitig machen. [...]

Betrachtet man Deutschland in seinem gegenwärtigen Handelsverhältnis zu fremden Nationen, so wird man auf den ersten Anblick gewahr, dass es an einem tiefen Abgrund steht. Unsern Erzeugnissen sind die Grenzen aller europäischen Staaten verschlossen, wir aber werden durch die Douanen [Zölle] der einzelnen Lande vor Überschwemmung fremder Fabrikate nicht geschützt, vielmehr wird dadurch nur jeder höhere Aufschwung unserer Industrie gehemmt, weil Handel und Gewerbe nur in dem Maße aufblühen können, als ihnen freier Spielraum auf weiten Erdflächen, ungehinderte Befahrung der Flüsse und freie Ausfahrt in die Meere eröffnet ist. Dadurch wird der innere Verkehr in Deutschland unsicher, beschwerlich, ja man darf sagen, ein verdrießliches Geschäft. [...]

Neue Unternehmungen oder Vervollkommnung alter sind ein Hazardspiel [Glücksspiel] geworden, weil man in steter Furcht schweben muss, ohne sein Verschulden, bloß durch einen Zolltarif des Nachbarlandes, in Untätigkeit versetzt zu werden. Und wie oft ist die Natur der Fabrikation eben in denjenigen Gegenden am günstigsten, wo unser Markt durch die nahen Grenzen beschränkt ist? Endlich wird dem deutschen Fabrikanten durch die deutschen Regierungen selbst die Konkurrenz mit dem Ausländer erschwert. [...]

Von gänzlicher Verarmung der Nation [...] steht aber das Ärgste zu fürchten, und dagegen ist keine andere Hilfe, als wenn beizeiten das Übel in der Quelle verstopft, wenn der deutschen Industrie durch Aufhebung der Zölle im Innern freier Spielraum verschafft und Deutschland gegen den Andrang ausländischer Fabrikate durch Retorsionsmaßregeln [Vergeltungsmaßnahmen] geschützt wird.

3.3 Die soziale Frage

3.3.1 Kennzeichen der sozialen Frage

Die Industrialisierung wurde von tief greifenden gesellschaftlichen Veränderungen begleitet:

- Bevölkerungswachstum (in Deutschland zwischen 1816 und 1910 Zunahme von 23 auf 65 Mio. Einwohner),
- Verstädterung/Landflucht,
- Entstehung der neuen Gesellschaftsschicht der Lohnarbeiter und
- Massenarmut (Pauperismus) aufgrund der schlimmen Arbeitsbedingungen während der Frühindustrialisierung.

Die erbärmlichen Arbeits- und Lebensverhältnisse der Industriearbeiterschaft und ihrer Familien waren eine ernst zu nehmende Herausforderung für die Gesellschaft. Viele verantwortungsbewusste Zeitgenossen stellten die sog. **soziale Frage:** Wie kann den im Elend lebenden Arbeitern zu einem menschenwürdigen Dasein verholfen werden und wie können sie einen angemessenen Platz in der Gesellschaft finden?

Die **Arbeitsbedingungen** in den Fabriken während der ersten Jahrzehnte der Industrialisierung waren vor allem gekennzeichnet durch:

- kein Arbeitsschutz, Lärm, Hitze, Kälte, Staub, viele Arbeitsunfälle,

- lange Arbeitszeiten (bis zu 17 Stunden täglich an sechs Wochentagen), z. T. weite Wege zum Arbeitsplatz,
- strenge Zeit- und Verhaltensdisziplin,
- keine Entschädigungen bei Unfall, Krankheit oder Kündigung,
- niedrige Löhne vor allem in der Frühphase der Industrialisierung, als das Angebot an Arbeitskräften die Nachfrage überstieg,
- vielfach weniger qualifizierte und schlechter bezahlte Frauen- und Kinderarbeit.

Wohnbedingungen der Industriearbeiterschaft im 19. Jahrhundert

- „Mietskasernen“ in den überfüllten Städten,
- oft brechend volle Einraum- oder Kellerwohnungen,
- miserable und ungesunde hygienische Verhältnisse,
- „Schlafgängertum“ (Vermietung von Betten an alleinstehende Arbeiter oder Arbeiterinnen).

Aufgabe 4

Friedrich Engels: Über die Lebens- und Wohnverhältnisse der Arbeiter in Manchester, 1845

Informieren Sie sich über Friedrich Engels. Stellen Sie anschließend die von Engels genannten Missstände zusammen und ordnen Sie diese nach selbst gewählten Kriterien.

[Friedrich Engels zitiert zunächst aus dem Bericht einer amtlichen Kommission, die die Wohnverhältnisse in den Arbeiterbezirken von Manchester untersucht hat.]

„Oft ist eine ganze irische Familie in *einem* Bett zusammengedrängt; oft verbirgt ein Haufen schmutziges Stroh und Decken von altem Sackleinen alle in einem ununterscheidbaren Haufen, wo jeder durch Mangel, Stumpfsinn und Liederlichkeit gleich erniedrigt ist. Oft fanden die Inspektoren in einem Hause mit zwei Zimmern zwei Familien; in dem einen Zimmer schliefen sie alle, das andere war gemeinsames Esszimmer und Küche; und oft wohnte mehr als eine Familie in einem einstubigen feuchten Keller, in dessen pestilenzialischer Atmosphäre zwölf bis sechzehn Menschen zusammengedrängt waren; zu diesen und anderen Quellen von Krankheiten kamen noch, dass Schweine darin gehalten wurden und andere Ekelhaftigkeiten der empörendsten Art sich vorfanden.“

Wir müssen hinzufügen, dass viele Familien, die selbst nur ein Zimmer haben, darin Kostgänger und Schlafgenossen für eine Entschädigung aufnehmen, dass solche Kostgänger von beiden Geschlechtern nicht selten sogar mit dem Ehepaar in einem und demselben Bette schlafen und dass z. B. der eine Fall, dass ein Mann, seine Frau und seine erwachsene Schwiegerin in *einem* Bette schliefen, nach dem „Bericht über den Gesundheitszustand der Arbeiterklasse“, in Manchester sechs- oder mehrmal vorgefunden wurde. Die gemeinen Logierhäuser sind auch hier sehr zahlreich; Dr. Kay gibt ihre Zahl 1831 auf 267 im eigentlichen Manchester an, und seitdem muss sie sich sehr vermehrt haben. Diese nehmen jedes zwischen zwanzig und dreißig Gäste auf und beherbergen also zusammen jede Nacht zwischen fünf- und siebentausend Menschen; der Charakter der Häuser und ihrer Kunden ist derselbe wie in den andern Städten. Fünf bis sieben Betten liegen in jedem Zimmer ohne Bettstellen auf der Erde, und darauf werden so viel Menschen gelegt, wie sich finden, und alles durcheinander. Welche physische und moralische Atmosphäre in diesen Höhlen des Lasters herrscht, brauche ich wohl nicht zu sagen. Jedes dieser Häuser ist ein Fokus des Verbrechens und der Schauplatz von Handlungen, die die Menschlichkeit empören [...].

Methodik **Wie findet man Kriterien?**

Am besten schreibt man zunächst die genannten Missstände in einer Liste heraus. Anschließend fasst man diejenigen, die einem zusammengehörig oder ähnlich erscheinen, separat zusammen. Für die so entstehenden Begriffsgruppen sucht man dann einen gemeinsamen Oberbegriff.

Aufgabe 5

Beurteilen Sie das Konzept des Wirtschaftsliberalismus von Adam Smith vor dem Hintergrund der Lebens- und Arbeitsbedingungen der Fabrikarbeiter im 19. Jahrhundert.

3.3.2 Lösungsvorschläge zur sozialen Frage

Lösungsvorschläge zur Behebung der sozialen Not der Arbeiterschaft kamen von verschiedenen Seiten. Je nach Standpunkt fielen sie höchst unterschiedlich aus. Vorschläge und Hilfsmaßnahmen kamen von Unternehmern und Kirchen, vom Staat und von den Arbeitern selbst.

Unternehmer

- **Motive:** patriarchalisches Verantwortungsgefühl, ökonomisches Interesse (höhere Arbeitsmotivation, bessere Leistungen, geringere Fluktuation), oft auch christliche Nächstenliebe.
- **Konkrete Maßnahmen:** Bereitstellung von günstigen Werkswohnungen und Schulen, Einrichtung von Kranken- und Pensionskassen sowie von Konsumanstalten (z. B. der Ruhrindustrielle Alfred Krupp [1812–87]).
- **Erwartung:** Respekt und Gehorsam, Betriebstreue und Verzicht auf gewerkschaftliche oder politische Aktivitäten aufseiten der Arbeiter.

Kirchen

- **Motive:** traditionelles karitatives Engagement der Kirchen.
- **Konkrete Maßnahmen:** Adolph Kolpings (1813–65) **katholische Gesellenvereine** (Vereinsheime für junge Männer mit der Möglichkeit zur Geselligkeit, zur Weiterbildung und zum religiösen Unterricht); die vom Mainzer Erzbischof Emmanuel von Ketteler (1811–77) initiierte Gründung gewerkschaftsähnlicher **christlicher Arbeitervereine;** die 1891 von Papst Leo XIII. (1878–1903) in der **Enzyklika** „Rerum novarum“ formulierten Grundzüge der katholischen Soziallehre (gerechte Löhne, Organisationsrecht der Arbeiter, Pflichttreue bei der Arbeit, Gewaltlosigkeit, Recht auf Eigentum). Johann Hinrich Wicherns

(1808–81) protestantische „Innere Mission", die die Not der Menschen lindern, sie zum Christentum zurückführen und moralisch wieder stabilisieren wollte; das von ihm in Hamburg 1833 gegründete „Rauhe Haus", eine Anstalt „zur Rettung verwahrloster und schwer erziehbarer Kinder"; Friedrich von Bodelschwinghs (1831–1910) **Anstalten für körperlich und geistig behinderte Menschen** in Bethel bei Bielefeld und seine **Arbeiterkolonien** für Obdachlose und Vagabunden.
- **Erwartung:** Linderung der sozialen Not, Erneuerung und Vertiefung des christlichen Glaubens.

Staat
- **Motive:** Sicherstellung der Schulbildung von Kindern und Jugendlichen; Erhaltung der Gesundheit junger Männer für den Militärdienst; Schwächung der Arbeiterbewegung und der Sozialdemokratie; später: staatliche Fürsorgepflicht angesichts der sozialen Misere.
- **Konkrete Maßnahmen: Verbot der Kinderarbeit** in Preußen (1839 für Kinder unter neun Jahren, 1853 für unter Zwölfjährige); Einstellung von Fabrikinspektoren zur Überwachung; zwischen 1883 und 1889 vom deutschen Reichstag beschlossene Gesetze zur **Kranken-, Unfall-, Alters- und Invaliditätsversicherung** als eine für ihre Zeit moderne Sozialgesetzgebung.
- **Erwartung:** Linderung der sozialen Not, Hebung der Volksgesundheit, Integration der Arbeiterschaft in den Staat.

Arbeiterbewegung

Die sich seit der Mitte des 19. Jahrhunderts entwickelnde Arbeiterbewegung hatte zwei Flügel:
- die **Gewerkschaften,** die sich aus traditionellen Gesellen- und Handwerkerverbrüderungen entwickelt haben, und die
- politischen **Arbeiterparteien,** die sich ab 1863 bildeten.

Gewerkschaften
- **Motive:** Verbesserung der Aufstiegschancen ihrer Mitglieder durch Bildungsangebote; gegenseitige Hilfe in Notzeiten; Verbesserung der Arbeitsbedingungen (Arbeitszeit, Löhne) und Lebensbedingungen der Arbeiter (Sozialgesetzgebung, Arbeitsschutz u. Ä.).
- **Maßnahmen:** Zusammenschluss zu organisierten Interessenverbänden der Lohnarbeiterschaft (ab 1869 **Koalitionsfreiheit** im Norddeutschen Bund); Zusammenarbeit mit den Arbeiterparteien; Verhandlungen mit den Fabrikherren; **Streiks** zur Durchsetzung von Forderungen, dazu Einrichtung von Streik- und Unterstützungskassen.
- **Erwartung:** allmähliche Verbesserung der Arbeits- und Lebensverhältnisse der Arbeiterschaft, Anerkennung als gleichberechtigte Partner.

Wissen **Marxistische Geschichts- und Gesellschaftstheorie**

Nach der von **Karl Marx** (1818–83) und **Friedrich Engels** (1820–95) formulierten Geschichtstheorie läuft die Geschichte nach bestimmten Gesetzen ab. Diese lauten:

- Die Geschichte ist eine **Abfolge von Klassenkämpfen.**
- Diese werden bestimmt durch die Verfügungsgewalt über die **Produktionsmittel** (Land, Arbeitsgeräte, Maschinen, Kapital) und die damit einhergehende **Ausbeutung.**
- Im Ablauf der verschiedenen **Gesellschaftsformationen** (Urgesellschaft, antike Sklavenhaltergesellschaft, mittelalterliche Feudalgesellschaft und bürgerlich-kapitalistische Gesellschaft) gab es immer die Klasse der Ausbeuter, die über die Produktionsmittel verfügten, und die Klasse der Ausgebeuteten (Sklaven, abhängige Bauern, Arbeiter bzw. Proletarier), die nur ihre Arbeitskraft besaßen.
- Die **Entwicklung der Produktivkräfte** (Werkzeuge, Maschinen) und die ständige **Ausbeutung** führen immer wieder zu Spannungen zwischen den beiden Klassen.
- Diese entladen sich in einer **Revolution,** die die bisher unterdrückte Klasse an die Macht bringt, die eine neue Gesellschaftsordnung etabliert.
- Das Industriezeitalter wird durch den Gegensatz zwischen **Bourgeoisie** und **Proletariat** bestimmt.
- Nach einer **sozialistischen Revolution,** durch die die Proletarier in den Besitz der Produktionsmittel gelangen, muss als Übergangsphase eine **Diktatur des Proletariats** errichtet werden.
- Diese entwickelt sich nach und nach zur **klassenlosen Gesellschaft,** wobei der Staat gleichzeitig abstirbt.

Arbeiterparteien

- **Motive:** Verbesserung der Lage der Arbeiterschaft; politische Beeinflussung von Staat und Gesellschaft; Übernahme der marxistischen Lehre.
- **Maßnahmen:** Anfangs gab es zwei Arbeiterparteien, die für zwei unterschiedliche politische Richtungen standen:
  (1) Der von Ferdinand Lassalle (1825–64) gegründete **Allgemeine Deutsche Arbeiterverein** (ADAV) von 1863. Kennzeichen: Hilfe für die Arbeiter durch staatliche Reformen; Forderung nach dem allgemeinen und gleichen Wahlrecht (für Männer); Einrichtung staatlich geförderter Produktivgenossenschaften der Arbeiter, durch die diese zu eigenen Unternehmern werden konnten.
  (2) Die von August Bebel (1840–1913) und Wilhelm Liebknecht (1826–1900) in Eisenach 1869 gegründete **Sozialdemokratische Arbeiterpartei** (SAP). Kennzeichen: marxistische und internationale Orientierung, Überwindung der Klassengegensätze und Besserung der Lage des Proletariats durch einen revolutionären Umsturz.

- **Erwartung:** Machtübernahme der Arbeiterklasse in Staat und Wirtschaft durch allgemeines Wahlrecht (ADAV) bzw. Revolution (SAP).

Die Entwicklung der Arbeiterparteien bis 1914

- 1875 Zusammenschluss der beiden Parteien zur **Sozialistischen Arbeiterpartei Deutschlands** (SAPD) in Gotha; Programm: Mischung von marxistischem Gedankengut (Enteignung der Produktionsmittel, Errichtung einer sozialistischen Gesellschaft), reformerischen Ideen Lassalles (Wahlrecht, Verzicht auf Gewalt) und liberalen Forderungen (kostenlose Schulpflicht, Abschaffung von Ausnahmegesetzen u. Ä.).
- 1878–90 Verbot von Parteiorganisation und -presse der SAPD durch das **Sozialistengesetz;** wachsender Zusammenhalt und zunehmende Wahlerfolge (Teilnahme an Wahlen war möglich) trotz Verfolgung.
- 1890 Umbenennung in **Sozialdemokratische Partei Deutschlands** (SPD); rasches Anwachsen der Mitglieder- und Wählerzahlen; seit etwa 1900 sog. **Revisionismusstreit** zwischen dem marxistischen und dem reformistischen Flügel der Partei: Hinwendung zu einer pragmatischen Reformpolitik („Revisionisten“) oder Festhalten an der marxistisch-revolutionären Orientierung.

Wissen	**Deutsche Arbeiterparteien**
1863	Gründung des „Allgemeinen Deutschen Arbeitervereins“ (ADAV) durch Ferdinand Lassalle
1869	Gründung der marxistischen „Sozialdemokratischen Arbeiterpartei“ durch August Bebel und Wilhelm Liebknecht
1875	Vereinigung von ADAV und SAP zur „Sozialistischen Arbeiterpartei Deutschlands“ (SAPD)
1878	„Sozialistengesetz“: Verbot von Parteiorganisation und Presse der SAPD durch den Deutschen Reichstag
1890	Keine Verlängerung des „Sozialistengesetzes“ Umbenennung der SAPD in „Sozialdemokratische Partei Deutschlands“
1891	„Erfurter Programm“ der SPD: Verbindung von marxistischer Theorie und pragmatischer Reformpolitik
1912	SPD bei Reichstagswahlen stärkste Partei

Aufgabe 6

Vergleichen Sie die unterschiedlichen Lösungsansätze zur Behebung der sozialen Not hinsichtlich ihrer Motivation und ihrer Auswirkung auf die Betroffenen.

Methodik **Interpretation von Karikaturen**

Karikaturen sind übertreibend, verzerrend, plakativ und oft auch witzig oder ironisch. Sie offenbaren die Einstellung des Zeichners und ergreifen Partei. Sie wollen auf ein Problem hinweisen, vor etwas warnen oder etwas bloßstellen. Bei der Interpretation von Karikaturen ist auf folgende Punkte zu achten:

- ihren **Gegenstand:** Wer oder was wird abgebildet?
- ihren **zeitgenössischen Kontext:** Worauf nimmt die Karikatur Bezug, welche weiteren Bezüge weist sie auf?
- ihre **Aussage:** Was will der Zeichner zum Ausdruck bringen?

Aufgabe 7

A. Staehle: „Kapitalistische Wohlthaten"; aus *Der wahre Jakob*, 1905.

1. Beschreiben Sie die vorliegende Karikatur.
2. Interpretieren Sie sie und formulieren Sie ihr Anliegen.

„Der Kapitalist: So! Der läuft mir nicht mehr davon!"

4
Das Deutsche Kaiserreich

Das Deutsche Kaiserreich, das 1871 von den deutschen Fürsten im Spiegelsaal von Versailles gegründet wurde, war eine konstitutionelle Monarchie, doch der Reichstag hatte nur eingeschränkte Rechte. Über die Regierung und die Armee bestimmte der Kaiser. Gleichwohl hatten die politischen Parteien die Möglichkeit, durch Gesetzesinitiativen beträchtliche Aktivitäten zu entfalten. In der Gesellschaft des Kaiserreichs konnte der Adel seine sozialen Privilegien größtenteils behaupten und das Militär spielte weiterhin eine prägende Rolle. Mit wachsendem ökonomischem Erfolg wuchs allerdings das gesellschaftliche und politische Gewicht des Bürgertums, das sich häufig mit den alten Eliten arrangierte.

Typische Aufgabenstellungen

- Zeigen Sie die Folgen des Gründungsprozesses des Deutschen Reichs für dessen politischen und sozialen Charakter auf.
- Begründen Sie, inwiefern die Reichsverfassung von 1871 ein Kompromiss ist.
- Erläutern Sie die Ursachen und die Konsequenzen der Spaltung des deutschen Liberalismus.
- Vielfach wird die Gesellschaft des Kaiserreichs als „feudale Industriegesellschaft“ bezeichnet. Erklären Sie diese These.

4.1
Der Weg zur Reichsgründung

Die Gründung des Deutschen Reichs hatte zwei verschiedene Wurzeln:

- die **liberale und demokratische deutsche Nationalbewegung,** die nach dem Scheitern der Revolution von 1848/49 zwar geschwächt war, aber durch den wachsenden wirtschaftlichen Erfolg des Bürgertums neue Kraft gewann;
- die Absicht des preußischen Ministerpräsidenten Otto von Bismarck (1815–98), den preußisch-österreichischen Dualismus zu überwinden und **Preußen** die **Führungsrolle** in Deutschland zu sichern.

4.1.1 Der deutsche Liberalismus nach 1848/49

Nach der Niederlage von 1848/49 bedingte vor allem das Erstarken des Wirtschaftsbürgertums im Zuge der fortschreitenden Industrialisierung, dass sich der deutsche Liberalismus wandelte:

- Erwartung einer allmählichen Machtverschiebung zugunsten des Bürgertums durch Reformen statt Revolution;
- Hinwendung zur sog. Realpolitik, einem flexiblen Umgang mit den politischen Verhältnissen;
- Hauptziel: Errichtung eines deutschen Nationalstaats.
- **Deutscher Nationalverein** von 1859 und **Deutsche Fortschrittspartei** von 1861 als Interessenvertretungen des deutschen Liberalismus.

Tipp

Bei der Beurteilung eines Textes ist es wichtig, den **Autor,** den **Adressaten** und den **historischen Kontext** genauer ins Auge zu fassen. Hilfreiche Fragen: Welche Interessen des Autors werden deutlich; was will er erreichen; welche Rolle spielt dabei der Adressat; in welchem historischen Zusammenhang steht der Text; welche **Konsequenzen** zeichnen sich ab?

Aufgabe 1

Württembergische „Centralstelle für Gewerbe und Handel": Bericht an das Finanzministerium vom 17. Dezember 1851

1. Formulieren Sie in einem Satz die Position zu einem Zollanschluss des Landes an Preußen bzw. Österreich.
2. Nennen Sie die zentralen Argumente und beurteilen Sie sie.

[Die Frage ist:] ob es für Württemberg gerathen sey, den Zollverein mit Preußen zu verlängern oder eine Zolleinigung mit Oesterreich anzustreben? [...]

Wir unserer Seits sind über den bei jener Alternative anzurathenden Weg nicht im Ungewissen. Der Zug des württembergischen Handels geht in der Hauptsache nach der Nordsee. Mit der Nordsee sind Württemberg, Baden und die industriellen Landestheile von Bayern durch die vortheilhaftesten Communikationsmittel verbunden. Für den Absatz ihrer Industrieproducte nach überseeischen Ländern werden die genannten Staaten jederzeit hauptsächlich auf jenen Zug angewiesen sein. Eine Trennung vom Zollverbande mit Preußen [...] würde die nachtheiligsten Störungen im Handel herbeibringen. Zwar ist die Rheinschiffahrt frei. Wie aber trotz dieser Freiheit der Verkehr auf Strömen durch alle möglichen Plackereien von Polizei- und Steuercontrolbehörden belästigt und gehemmt werden, wie namentlich dem großartigen Holzhandel vom Schwarzwald aus ein tödtlicher Stoß versetzt werden könnte, werden wir nicht auszuführen brauchen. [...]

Keine Zeit aber wäre ungeeigneter, solche Störungen und Verluste zu erlangen, als gerade die gegenwärtige Periode, in welcher der Übergang der kleinen Industrie zum großen und fabrikmäßigen Betrieb sich vollziehen soll und wo eben darum viele Handwerker so gerne geneigt sind, den Regierungen die Schuld von demjenigen zuzuschreiben, was Folge einer naturgemäßen Entwicklung des Gewerbelebens ist, und von den Regierungen Abhülfe-Maßregeln zu verlangen, durch welche, ohne daß den betreffenden Gewerben geholfen wäre, die verderblichste Stagnation geschaffen würde.

4.1.2
Der preußische Verfassungskonflikt

Bismarcks Konzept einer deutschen Einigung unter preußischer Führung und ohne Österreich barg **doppeltes Konfliktpotenzial:**

- **mit den Liberalen,** die nicht in einem preußisch dominierten, konservativen und undemokratischen Obrigkeitsstaat leben wollten;
- **mit Österreich,** das seine dominierende Rolle in Deutschland verlieren würde; hier drohte sogar eine militärische Auseinandersetzung.

Im **preußischen Verfassungskonflikt** zähmte Bismarck die Liberalen und schuf ein schlagkräftiges Heer für den Konflikt mit Österreich.

- **Inhalt:** Streit zwischen preußischer Regierung und Landtag um die nötigen Etatmittel für eine Heeresreform.
- **Verlauf:** Liberale Mehrheit im preußischen Landtag lehnt Heeresetat ab; Bismarck regiert ohne parlamentarisch bewilligten Etat (ohne Legitimation durch Verfassung und Parlament, begründet durch sog. Lückentheorie).
- **Ergebnis:** kein Widerstand der liberalen Landtagsmehrheit: politische Schwächung der Liberalen; Durchführung der Heeresreform.

4.1.3
Krieg mit Österreich und Norddeutscher Bund

Militärische Erfolge Preußens bahnten den Weg zur Reichsgründung im Sinne Bismarcks:

- **Deutsch-Dänischer Krieg:** Nachdem der dänische König Schleswig annektiert hatte, besiegten preußische und österreichische Truppen gemeinsam die Dänen. *Ergebnis:* Verzicht Dänemarks auf Schleswig-Holstein; erfolgreiche Bewährungsprobe des reformierten preußischen Heers; Steigerung des deutschen Nationalgefühls.
- **Preußisch-Österreichischer Krieg:** Konflikte bei der gemeinsamen Verwaltung Schleswig-Holsteins und Bismarcks Plan, den Deutschen Bund zuungunsten Österreichs zu reformieren, provozierten den Krieg. *Kontrahenten:* Preußen und die kleineren norddeutschen Bundesstaaten auf der einen und Österreich, die süddeutschen Staaten, Sachsen und Hannover auf der anderen Seite. Preußischer Sieg in der Schlacht bei Königgrätz. *Ergebnis:* Neuordnung Deutschlands nach preußischen Vorstellungen: Preußen annektierte große Gebiete der österreichischen Bundesgenossen nördlich der Mainlinie, der Deutsche Bund wurde aufgelöst, Österreich musste außer Venetien keine weiteren territorialen Verluste hinnehmen, aber auf eine Teilnahme an der Neugestaltung Deutschlands verzichten.

- **Gründung des Norddeutschen Bunds:** Staatlicher Zusammenschluss Preußens mit den anderen nord- und mitteldeutschen Staaten nördlich der Mainlinie auf Basis der von Bismarck konzipierten Verfassung (Festschreibung der königlichen Souveränität, Dominanz von Bundesrat und Bundeskanzler, beschränkte Rechte des Parlaments, allgemeines, gleiches, direktes und geheimes Männerwahlrecht).
- **Indemnitätsvorlage in Preußen:** Bismarcks Antrag auf nachträgliche Billigung (Indemnität) des Verfassungsbruchs von 1862 findet nach den militärischen Erfolgen Preußens 1867 im Landtag eine Mehrheit. Folge: Spaltung der Liberalen, Gründung der Nationalliberalen Partei, die mit Bismarck kooperierte.

Methodik **Arbeitsschritte bei der Wiedergabe einer Textquelle**

1. Den Text einmal ganz durchlesen.
2. Den Text ein zweites Mal lesen und wichtige Wörter, Sätze oder Formulierungen unterstreichen.
3. Die zentrale These des Autors farblich hervorheben und aufschreiben.
4. Argumente und Begründungen des Autors für diese These in anderer Form (z. B. andere Farbe, Unterstreichen, Unterkringeln, Marginaltitel) markieren.
5. Konsequenzen und Folgerungen des Autors ebenfalls separat kennzeichnen.
6. Mit eigenen Worten von der Zentralthese ausgehend die Argumentation des Autors wiedergeben und mit kurzen Zitaten belegen.

Aufgabe 2

Johann Jacoby (1805–77, liberaler Abgeordneter): Rede im preußischen Abgeordnetenhaus im August 1866

1. Erläutern Sie mithilfe des Texts die Kritik Jacobys an der Gründung des Norddeutschen Bunds.
2. Charakterisieren Sie Jacobys politische Grundhaltung.

Auch ich, meine Herren, anerkenne in vollem Maße die heldenmütige Tapferkeit des Heeres, wie die Großartigkeit der kriegerischen Erfolge. Allein in den freudigen Siegesruf [...] der Regierungspartei vermag ich nicht einzustimmen. Die Volkspartei hat – nach meiner Ansicht – weder ein Recht dazu noch auch einen triftigen Grund – (Lebhafter Widerspruch.) kein Recht, denn der Krieg ist ohne, ja gegen den Willen des Volkes unternommen, – (Widerspruch.) keinen triftigen Grund, denn nicht der Volkspartei, nicht der Freiheit kommt der errungene Sieg zugut, sondern dem unumschränkten Herrschertum, der Machtvollkommenheit des obersten Kriegsherrn. (Große Unruhe und Murren.) Meine Herren! Seit einem Vierteljahrhundert kämpfe ich für den Rechts- und Verfassungsstaat, für bürgerliche und staatliche Freiheit. Sie werden es mir schon zugutehalten, wenn ich auch heute mich nicht dazu verstehen kann, an die Ereignisse der Gegenwart einen anderen Maßstab anzulegen als den altgewohnten der Freiheit. Tue ich dies aber, so muss ich meine innige, aufrichtige Überzeugung dahin aussprechen, dass der eben beendete Krieg, gegen Deutsche geführt, [...] trotz aller Siege des tapferen Heeres – dem preußischen Volk weder zur Ehre (Lebhaftes anhaltendes Murren.), noch dem gesamten deutschen Vaterland zum Heile gereicht. (Erneuter Widerspruch.) [...] Meine Herren! Täuschen wir uns doch nicht über die politische Bedeutsamkeit kriegerischer Erfolge. Mögen immerhin andere Völker Europas auf dem Wege der Gewalt, durch eine Art Blut- und Eisenpolitik zu ihrer staatlichen Einheit gelangt sein, das deutsche Volk, eine tausendjährige Geschichte bezeugt es, hat von jeher allen solchen Einigungsversuchen erfolgreich Widerstand geleistet. Zwangseinheit, Einheit ohne Freiheit, ist eine Sklaveneinheit, die weder Wert hat noch Bestand, am allerwenigsten aber kann man sie [...] als eine Vorstufe zur Freiheit betrachten. Der Herr Ministerpräsident selbst hat Ihrer Kommission erklärt, vor allem komme es darauf an, „die Hausmacht Preußens zu stärken“. Dem spezifisch-preußischen Sonderinteresse mag dies vielleicht entsprechen, vom deutschen Standpunkte, d.i. vom Standpunkte der Freiheit aus, kann ich die Stärkung preußischer Hausmacht durch Zwangserwerb deutschen Ländergebiets, die Ausbreitung des Militärstaats Preußen über ganz Norddeutschland nicht als ein glückverheißendes Ereignis begrüßen.

Wissen	Stationen der Reichsgründung
1862	Preußischer Verfassungskonflikt
1864	Deutsch-Dänischer Krieg unter Führung Preußens und Österreichs
1866	Sieg Preußens über Österreich; Ende des Deutschen Bunds
1867	Gründung des Norddeutschen Bunds
1870/71	Deutsch-Französischer Krieg und Gründung des Deutschen Kaiserreichs (zum 1. Januar 1871)

4.1.4 Deutsch-Französischer Krieg und Reichsgründung

Das Machtstreben und die militärischen Erfolge Preußens wurden besonders von Frankreich als Bedrohung empfunden. Bismarck wiederum war davon überzeugt, dass ein nationaler Zusammenschluss des Norddeutschen Bunds mit den Preußen skeptisch gegenüberstehenden süddeutschen Staaten (konfessionelle, partikularistische und liberale Vorbehalte) nur im Falle eines Krieges mit Frankreich zu verwirklichen war. Dabei setzte er auf die auch im Süden lebendigen nationalen Gefühle.

- **Anlass:** Bei einem Streit zwischen Preußen und Frankreich um die Kandidatur eines Hohenzollernprinzen für den spanischen Königsthron provozierte Bismarck Frankreich durch eine beleidigend zugespitzte Kürzung eines diplomatischen Telegramms (Emser Depesche) zu einer Kriegserklärung.
- **Verlauf:** Beteiligung der süddeutschen Staaten an der Seite des Norddeutschen Bunds; rasche militärische Erfolge; Kapitulation der Franzosen nach der Schlacht bei Sedan (2.9.1870); Gefangennahme Kaiser Napoleons III.
- **Ergebnis:** Zusammenschluss der süddeutschen Staaten mit dem Norddeutschen Bund zum neuen Deutschen Reich; Kaiserproklamation Wilhelms I. in Versailles; Abtretung Elsass-Lothringens an Deutschland und Kriegsentschädigung Frankreichs in Höhe fünf Milliarden Francs.

4.2
Das Deutsche Kaiserreich – Verfassung und Innenpolitik

4.2.1
Die Reichsverfassung

Das Deutsche Reich war eine konstitutionelle Monarchie in Form eines Bundesstaats. Die **Reichsverfassung** spiegelt den Gründungsprozess und die Interessen der beteiligten Gruppen wider.

- **Vorrang Preußens:** Hegemonie (Vetomöglichkeit) im Bundesrat; Identität von preußischem König und deutschem Kaiser sowie von preußischem Ministerpräsidenten und Reichskanzler; bevölkerungs- und flächenmäßige Dominanz.
- **Monarchisches Prinzip:** Oberbefehl über die Streitkräfte; Ernennung und Entlassung des Reichskanzlers; Einberufung und Auflösung des Reichstags; völkerrechtliche Vertretung nach außen.
- **Demokratische Elemente:** allgemeines, gleiches, direktes und geheimes Wahlrecht; Gesetzes- und Etatkompetenz des Reichstags; politisches Wirken der Parteien im Parlament und in der Öffentlichkeit.
- **Sonderinteressen der deutschen Teilstaaten:** eigene Fürsten und Regierungen; innere Autonomie bei Finanzen, Justiz, Verwaltung und Kultur; Mitwirkung an der Gesetzgebung im Bundesrat.

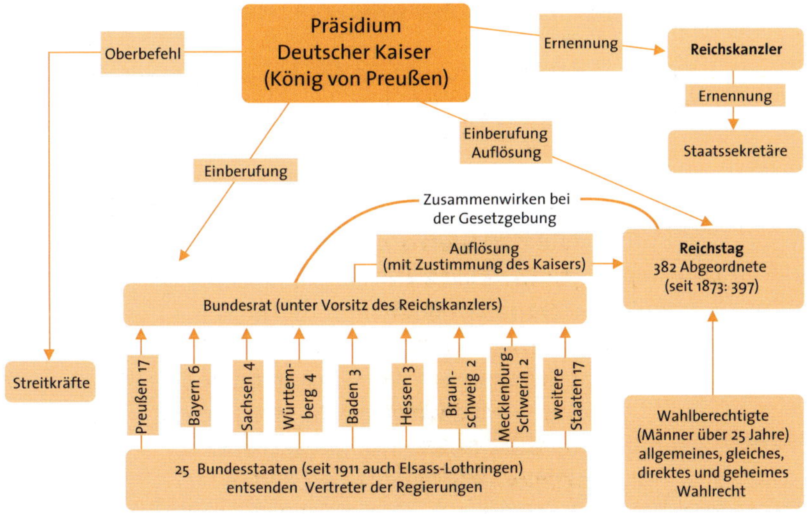

▶ *Verfassung des Deutschen Reiches von 1871*

4.2.2
Innenpolitik des Deutschen Reichs

Nach der Reichsgründung entwickelte und festigte sich ein **Parteiensystem,** das – mit kleineren Veränderungen – bis zum Ende der Weimarer Zeit Bestand hatte. Diese Parteien waren keine Volksparteien moderner Prägung, sondern eher Interessenvertretungen bzw. Honoratiorengruppen. Bismarck, 1871–90 Reichskanzler, sah in ihnen keine eigenständigen politischen Kräfte, sondern eher eine Manövriermasse für seine jeweiligen politischen Ziele.

Wissen **Parteien im Kaiserreich**

- **Deutschkonservative Partei:** monarchistische und antiliberale Standesvertretung der preußischen Großgrundbesitzer, gegr. 1876;
- **Deutsche Reichspartei:** Partei der die Einigung Deutschlands bejahenden adligen, industriellen und bürokratischen Führungsgruppen, gemäßigt konservativ, unterstützte Regierungspolitik, gegr. 1871;
- **Deutsche Zentrumspartei:** Partei des politischen Katholizismus, gegr. 1871;
- **Nationalliberale Partei:** rechtsliberale bürgerliche Gruppierung, langjährige Stütze der Politik Bismarcks, gegr. 1867;
- **Deutsche Fortschrittspartei:** linksliberal und demokratisch, Basis im Bildungsbürgertum, gegr. 1861, ab 1884 **Deutsche Freisinnige Partei;**
- **Sozialistische Arbeiterpartei Deutschlands:** Partei der Arbeiterklasse mit sozialistischem Programm, in Opposition zur Reichsregierung, gegr. 1875 durch Zusammenschluss von ADAV und SAP (↑ S. 41).

Zur inneren Festigung des neuen Reichs diente Bismarck die Bekämpfung von zwei Gruppierungen, die aus seiner Sicht dem Reich feindlich gegenüberstanden:

- Die **katholische Kirche** und die Zentrumspartei als ihre politische Interessenvertretung, die angeblich von Rom ferngesteuert seien und reichsfeindliche Kräfte unterstützten; und
- die **Sozialdemokratie** mit ihrer revolutionären, antibürgerlichen und internationalistischen Gesinnung.

Der **Kulturkampf** (1871–79) sollte den politischen Einfluss der katholischen Kirche eindämmen. Hierzu dienten folgende, von den Liberalen unterstützte gesetzliche Maßnahmen:

- Verbot politischer Kanzelreden,
- Verbot des Jesuitenordens,
- Einführung der staatlichen Schulaufsicht,
- Staatsaufsicht über die Priesterausbildung,
- Vetorecht bei kirchlicher Ämterbesetzung,
- Einführung von Standesämtern und der Zivilehe.

Im **Ergebnis** konnte die katholische Kirche mit zähem Widerstand die Rücknahme einiger Gesetze erzwingen, zudem wurde die Zentrumspartei gestärkt.

Aufgabe 3

Verein der deutschen Katholiken: „An die Katholiken Deutschlands", Aufruf vom 8. Juli 1872
Arbeiten Sie das Verhältnis von Kirche und Staat heraus; gehen Sie dabei auch auf die Haltung zu Schule und Erziehung ein.

Die Lage der deutschen Katholiken ist unverkennbar eine sehr ernste geworden. [...] Wir leben in Zuständen, welche man Verfolgung der Kirche zu nennen berechtigt ist. [...]

Damit wir aber über die Tragweite der kirchenfeindlichen Anstrengungen nicht länger im Unklaren bleiben, entzieht man der Kirche ihr heiliges tausendjähriges Recht auf die Schule, deren Gründerin sie ist; man tastet sogar ihre göttliche Mission auf die Erziehung überhaupt an. Daneben werden Ausnahmegesetze gegen den Klerus erlassen. Auf dem Reichstage selber ruft man die gerechte Entrüstung von Millionen Katholiken wach, indem man zur wahren Schmach des Jahrhunderts und zum Hohne alles Rechts die ehrwürdigen Orden der katholischen Kirche verfolgt, insbesondere aber die segensreich wirkende Gesellschaft Jesu durch längst widerlegte Verleumdungen aufs Neue verdächtigt, dem ungerechtesten Hasse preisgibt. [...]

Der Staat, das heißt jener Staat, wie ihn die Gegner der geoffenbarten Religion und der Kirche sich mit Willkür konstruieren und mit Leidenschaft zur Geltung zu bringen suchen, leidet keine günstige Macht in seinem irdischen Bereiche, welche ihm die Wahrheit sagt, wenn er irrt, sein Unrecht rügt, wenn er frevelt.

Wir dagegen stehen fest in unseren kirchlich-politischen Grundsätzen, welche uns Vernunft und Glauben lehren. Wir halten daran, dass es auf Erden zwei Gewalten gebe, die von Gott zum Heile des Menschengeschlechts bestellt sind; dass es aber der Wille Gottes ist, dessen Fügung die irdische Ordnung im Staate ihr Dasein verdankt, und dessen Gnade die Heilsordnung in der Kirche gestiftet hat, beide Ordnungen nicht getrennt zu sehen, sondern vereint zur Herstellung des großen christlichen Gemeinwesens, welches über den ganzen Erdkreis sich zu erstrecken bestimmt ist. Das richtige Verhältnis von Staat und Kirche aber erkennen wir aus den Zielen, welche beiden gesteckt sind: Dort ein Ziel in der Irdischkeit, das sich notwendigerweise dem höheren ewigen Ziele des Menschen unterordnet, hier dieses ewige Ziel, das unendlich weit über dieses endliche Dasein hinausreicht und zu welchem sich jenes verhält wie das Mittel zum Zweck.

Methodik — Typische Arbeitsanweisungen/Operatoren (AFB II)

- **Arbeiten Sie ... heraus/Untersuchen Sie ...:** auf Basis einer Quelle einen Sachverhalt oder eine Einstellung nach bestimmten Gesichtspunkten erkennen und mit eigenen Worten darstellen.
- **Erläutern Sie ...:** einen Sachverhalt oder eine Quelle unter Berücksichtigung der Hintergründe sowie mithilfe von Beispielen erklären und dadurch verständlich machen.
- **Gliedern Sie ...:** einen Sachverhalt oder eine Quelle nach bestimmten Aspekten unterteilen und ordnen.
- **Vergleichen Sie .../Stellen Sie .... gegenüber:** nach selbst gewählten Kriterien Gemeinsamkeiten und Unterschiede zwischen zwei oder mehreren Sachverhalten oder Quellen ermitteln und geordnet sowie gewichtet darstellen.
- **Ordnen Sie ... ein:** einen oder mehrere Sachverhalte oder Quellen mit Erklärungen in einen bestimmten Zusammenhang stellen.

Der Kampf gegen die Sozialdemokratie
Der Versuch, die Sozialdemokratie durch gesetzliches Verbot (Sozialistengesetz, 1878–90) und polizeiliche Verfolgungen auszuschalten.

- **Grund:** angenommene Gefährdung des Staats und seiner sozialen und ökonomischen Ordnung durch eine sozialistische Revolution.
- **Anlass:** zwei Attentate auf Kaiser Wilhelm I., die den Sozialdemokraten angelastet wurden.
- **Maßnahmen:** Verbot der Parteiorganisation und ihrer Presse, Repressalien durch die Polizei, Verhaftung oder Ausweisung führender Sozialdemokraten; staatliche Sozialgesetzgebung, um die Arbeiter dem Einfluss der SAPD zu entziehen und für den Staat zu gewinnen.

Im **Ergebnis** wurde der Zusammenhalt der Arbeiterschaft gestärkt und diese dem Staat entfremdet; zudem verzeichnete die SAPD, der die Teilnahme an Wahlen nicht verboten war, zunehmend Wahlerfolge.

4.3 Außenpolitik des Deutschen Reichs unter Bismarck bis 1890

Bismarcks Außenpolitik war von dem Ziel geleitet, den Bestand des durch kriegerische Aktionen errichteten neuen Deutschen Reichs nach außen zu sichern, war also defensiv ausgerichtet. In seinem berühmt gewordenen **Kissinger Diktat** vom Juni 1877 formulierte Bismarck seine außenpolitische Maxime folgendermaßen: Es gelte eine „Gesamtsituation [zu erreichen], in welcher alle Mächte außer Frankreich unserer bedürfen und von Koalitionen gegen uns durch ihre Beziehungen zueinander nach Möglichkeit abgehalten werden“.

Bismarck sah folgende **außenpolitischen Konstellationen in Europa** nach der Reichsgründung gegeben:

- fortdauernde Feindschaft des Reichs mit Frankreich;
- Interesse Großbritanniens und Russlands am Erhalt des Status quo in Europa und der Machtbalance;
- außenpolitische Rivalität zwischen Russland und Großbritannien einerseits und Frankreich und Großbritannien andererseits;
- Spannungen zwischen Russland und Österreich auf dem Balkan.

Konsequenzen für Bismarcks Außenpolitik:

- Verzicht auf weitere territoriale Ausdehnung des Reichs, Erhalt des Status quo;
- flexible, am Gesamtziel orientierte Bündnispolitik, die mögliche gegnerische Koalitionen gegen die gefährdete deutsche „Mittellage“ in Europa verhindern und Frankreich isolieren sollte (Gefahr der Einkreisung).

Wissen Bismarcks Bündnissystem

1873 **Dreikaiserbündnis** mit Russland und Österreich (gegen Frankreich gerichtet, 1881 erneuert)

1879 **Zweibund** mit Österreich (gegenseitige Unterstützung bei russischem Angriff, Neutralität beim Angriff einer dritten Macht)

1882 Erweiterung des Zweibunds um Italien zum **Dreibund** (gegenseitige Hilfe bei französischem Angriff)

1887 **Rückversicherungsvertrag** mit Russland (gegenseitige Neutralitätszusage)

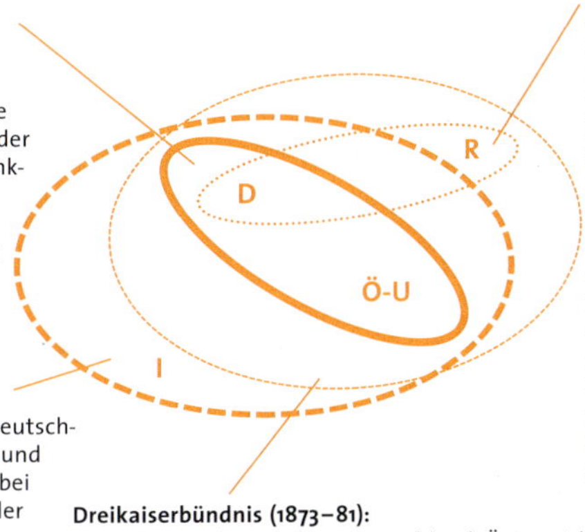

Zweibund (1879–1918): Beistandspakt zwischen Deutschland und Österreich-Ungarn zur Absicherung gegen Angriffe auf eines der beiden Länder durch Russland oder Frankreich mit Unterstützung Russlands. Kernstück der bis zum Ersten Weltkrieg andauernden Mächtekonstellation in Mitteleuropa.

Dreibund (1882–1914): Defensivpakt zwischen Deutschland, Österreich-Ungarn und Italien, der Hilfszusagen bei einem Angriff auf eines der drei Länder vorsah. Ziel: Isolation Frankreichs.

Rückversicherungsvertrag (1887–90): Vertrag zwischen Deutschland und Russland. Sicherte die gegenseitige Neutralität im Defensivfall; galt nicht bei Angriff Deutschlands auf Frankreich oder russischen Angriff auf Österreich. Deutschland erkannte die russischen Ansprüche auf dem Balkan an und sicherte deutsche Unterstützung für die russische Meerengenpolitik zu.

Dreikaiserbündnis (1873–81): Konsultativpakt zwischen Deutschland, Österreich-Ungarn und Russland.

Dreikaiservertrag (1881–87): Erneuerung des Dreikaiserbündnisses und Neutralitätsabkommen zwischen Deutschland, Österreich-Ungarn und Russland. Ziel: Verringerung der Spannungen zwischen Russland und Österreich.

▶ *Das außenpolitische Bündnissystem Bismarcks*

Aufgabe 4

Nach eigener Aussage wollte Bismarck mit seiner Außenpolitik einen „Albtraum der Koalitionen“ vermeiden.
Erläutern Sie diese Aussage und belegen Sie sie anhand seiner Außenpolitik.

4.4 Die Gesellschaft des Kaiserreichs

Der rasch fortschreitende Übergang zur Industriegesellschaft bewirkte bedeutende soziale Veränderungen, zugleich blieben tradierte gesellschaftliche Strukturen erhalten. So kennzeichneten der Aufstieg des Wirtschafts- und Bildungsbürgertums und die schnell anwachsende

Arbeiterklasse die Gesellschaft des Kaiserreichs ebenso wie die Tatsache, dass Adel und Militär ihre sozialen und politischen Privilegien behaupten konnten. Historiker sprechen deshalb von einer **feudalen Industriegesellschaft** im Deutschen Reich.

- Der **Adel,** die angesehenste soziale Schicht im Reich, behielt nicht nur seine ökonomische und soziale Macht auf den ostelbischen Gütern. Er verfügte auch über immensen politischen Einfluss im preußischen Landtag und den kommunalen Verwaltungen, hatte Spitzenstellungen in der Regierung und der Exekutive inne (Minister- und hohe Verwaltungsposten waren fast nur von Adligen besetzt) und dominierte das Offizierskorps.
- Das **Militär,** vor allem das Offizierskorps, genoss nach den militärischen Erfolgen im Verlauf der Reichseinigung ein hohes Sozialprestige. Militärische Tugenden und Verhaltensweisen gereichten gesamtgesellschaftlich zum Vorbild; im Bürgertum galt das Leitbild des Reserveoffiziers. Militärisch-autoritäre Strukturen bestimmten das Verhältnis zwischen Bürger und Staat (Obrigkeitsstaat).

Aufgabe 5

Ludwig Quidde (Historiker): Über den Militarismus im Deutschen Reich, 1893

Informieren Sie sich über Ludwig Quidde. Arbeiten Sie Quiddes Sicht des deutschen Militarismus heraus und erläutern Sie seine Absicht.

Die eigentümliche Stellung des Militarismus in der Gesellschaft beruht darauf, dass der größte Teil der männlichen Bevölkerung einige Jahre dem Heere angehören muss und dass das Heer ihn auch nach Erfüllung seiner Dienstpflicht nicht völlig frei zu seinem Berufe zurückkehren lässt, sondern ihn in einer steten, wenn auch losen Verbindung mit dem Militärwesen hält. Noch nicht genug mit dieser auf Gesetz beruhenden Beeinflussung, sucht man auch noch über die gesetzlichen Verpflichtungen hinaus den Einzelnen, der schon frei dem bürgerlichen Erwerbsleben angehören könnte, in militärischen Beziehungen zu halten.

Die Wirkung davon ist die, dass speziell militärische Anschauungen und Rücksichten in alle Stände und Berufsklassen hineingetragen werden. Während die übrigen Stände nebeneinander existieren und sich wohl gegenseitig beeinflussen, aber doch nur im Verhältnis freier Wirkung und Wechselwirkung, durchdringt die Auffassung des militärischen Standes, durch besondere Einrichtungen unterstützt, alle anderen. Überall, wo dann die verschiedenen Auffassungen und Interessen nicht übereinstimmen, beansprucht der Militarismus die Vorherrschaft. Er wird damit zum Gegner aller Stände, die ihre Selbstständigkeit behaupten wollen, zum Gegner der bürgerlichen Gesellschaft. Am auffallendsten ist die Einwirkung, und zwar eine tief beklagenswerte Einwirkung des Militarismus in den Kreisen der „guten Gesellschaft“, der besitzenden und gebildeten Klassen. Hier ist das Reserveleutnantswesen das große Mittel der Propaganda und leider oft genug einer gewissen Korruption. Mit vollem Bewusstsein spreche ich hier nicht nur von *Beeinflussung,* sondern von *Korruption.* [...]

Es ist ja eine nicht wegzuleugnende Tatsache, dass der Offiziersstand, der lediglich nach der *kulturellen* Bedeutung des *Berufes* gemessen, offenbar hinter den übrigen gebildeten Bevölkerungsklassen zurückstehen sollte, vielfach gesellschaftlich den ersten Platz behauptet. Es ist das z.T. historisch zu erklären, als ein Überbleibsel aus Zeiten niederer Kulturstufe, in denen für die Behauptung der persönlichen Stellung die Waffentüchtigkeit von wesentlicher Bedeutung war. Dass sich dieses Überbleibsel bei uns länger gehalten hat als in anderen Kulturstaaten, liegt z.T. an der Entwicklung des preußischen Staatswesens, in dem eine einseitig militärische Auffassung lange mächtiger gewesen ist als anderswo, und dann im neuen deutschen Reich an der Nachwirkung des Krieges von 1870. Die glänzenden Erfolge haben dem Militarismus den Wind in die Segel gebracht, und mit großem Geschick hat man sie für seine Herrschaft zu benutzen verstanden. Das Bürgertum aber hat sich in scheuer Ehrerbietung vor ihm verneigt, als ob nicht das deutsche Volk, sondern der preußische Leutnant ganz allein den Krieg geführt hätte. Genug, der Offizier nimmt jedenfalls bei uns eine bevorzugte gesellschaftliche Stellung ein und durch die Institution des Reserveleutnants wird dem kindischen Ehrgeiz der jungen Leute, an dieser Bevorzugung teilzunehmen, eine bestimmte Richtung gegeben.

Methodik **Einsatz von Zitaten**

- Zitate dienen in der Regel als Beleg für die eigenen Ausführungen zum Text.
- Nicht zu viel und nicht beliebig, sondern nur wichtige Stellen zitieren!
- Entweder: Wichtiges Zitat am Anfang, das dann erklärt und interpretiert wird; oder: Zitat als Beleg am Schluss der eigenen Argumentation.
- Zitierregeln beachten: Zitate durch Anführungsstriche kenntlich machen, Auslassungen durch drei Punkte kennzeichnen.

- Das **Bürgertum** nahm in Industrie, Handel und Bankwesen eine beherrschende Stellung ein. Ebenso wuchs sein Einfluss im Presse- und Bildungswesen. In den expandierenden Städten bekleideten Verwaltungsbeamte aus dem Bürgertum zunehmend Führungspositionen. Weite Teile des Bürgertums arrangierten sich nicht nur mit dem kaiserlichen Obrigkeitsstaat, sondern nahmen sich die traditionellen Eliten zum Vorbild: Der Rang des Reserveoffiziers avancierte zum bürgerlichen Leitbild, im Großbürgertum strebte man nach Adelstiteln und erwarb Rittergüter („Feudalisierung" des Großbürgertums).
- Die stark wachsende **Arbeiterschaft** differenzierte sich allmählich nach Ausbildung und Herkunft, Arbeitsplatz, Geschlecht und Mobilität. Ihre Arbeits- und Lebensbedingungen verbesserten sich langsam, zahlreiche Arbeiter schlossen sich in eigenen Kultur- und Sportvereinen zusammen. Das Verhältnis der Arbeiterschaft zum Staat, der sie als „vaterlandslose Gesellen" betrachtete, war überwiegend distanziert.

Frauen waren in der Gesellschaft des Kaiserreichs auf mehreren Ebenen benachteiligt:

- So besaßen sie z. B. kein Wahlrecht, waren der Gewalt des Vaters oder Ehemanns unterstellt und erst ab 1900 als eigene „Rechtssubjekte" anerkannt.
- Wenngleich die Frauenerwerbstätigkeit zunahm (vor allem in der Textilindustrie, im Nahrungs- oder Reinigungsgewerbe), erhielten Frauen geringere Löhne als Männer. Als neues Berufsfeld eröffnete sich ihnen die Büroarbeit, seit 1900 war ihnen auch das Studium nicht mehr grundsätzlich verwehrt.
- Die Frauenbewegung, die sich ab der Mitte des 19. Jahrhunderts

konstituierte, forderte die volle rechtliche und politische Gleichberechtigung; sie war in eine bürgerliche und eine sozialistische Frauenbewegung gespalten.

In hohem Maße prägte der **Antisemitismus** die Gesellschaft des Kaiserreichs. Starken Zuspruch, vor allem aus dem mittelständischen Bürgertum, erhielten antisemitische Positionen besonders in den wirtschaftlichen Krisenjahren zwischen 1875 und 1895.

- Veröffentlichung von pseudowissenschaftlichem Schrifttum über die Juden;
- Gründung radikal antisemitischer Parteien, z. B. der Christlich-sozialen Arbeiterpartei durch den Berliner Hofprediger Adolf Stoecker;
- Verbreitung antisemitischer Parolen durch Massenverbände wie den Bund der Landwirte und den völkisch-imperialistischen Alldeutschen Verband.

Aufgabe 6

Eugen Dühring (1833–1921, Philosoph und Nationalökonom): „Die Judenfrage als Racen-, Sitten- und Culturfrage", 1881
Skizzieren Sie die ideologischen Grundlagen der antisemitischen Positionen Dührings.

Was den inzwischen erforderlichen Modus Vivendi betrifft, so ist auf dem Fuße der Gleichheit kein andauerndes Zusammenleben mit den Juden möglich, weil der fragliche Stamm von Natur auf einer ungleichen und zwar erheblich tieferen Stufe der Begabung und Moralität steht. Hier kann auch kein geistiges Prinzip helfen; denn der Fehler ist physiologischer Art und liegt im Naturcharakter selbst. [...] Der Angelpunkt, um den sich alles dreht, ist die Wahrheit, dass es persönliche Eigenschaften und nicht sachliche Güter sind, die den Juden zum Juden und den Ausbeuter zum Ausbeuter machen. Der Besitz an sich bringt nicht das Schlechte, wohl aber die Schlechtigkeit oft genug die Aufhäufung ungerechten Besitzes mit sich. Auf die Entstehung des Judenreichtums kann nur der das rechte Licht fallen lassen, der auch jene einfachen Wahrheiten bedenkt. Unter allen Umständen müssen wir also die Judennatur als in der Hauptsache unveränderlich zugrunde legen. [...]

Die Juden haben mit ihrem Gelde und mit dem Schleichertum, vermöge dessen sie sich in alle gesellschaftlichen Kanäle einschmuggeln, schon vor ihrer sogenannten Emanzipation eine Menge von Fäden des sozialen Lebens in die Hände bekommen. Später haben sie sogar die gesellschaftlichen und öffentlichen Stellungen, soviel an ihnen war, förmlich überschwemmt und sich in Staat und Gemeinde an allen Ecken eingenistet. Ja, sie haben es in einigen Richtungen zur tatsächlichen Vorherrschaft gebracht. Wie soll da der Einzelne, bei dem besten Willen, sich von den Juden zu emanzipieren, sich aus solchen politischen und sozialen Klammern herausziehen? Hier hat sich die Gesellschaft nicht bloß in ihren einzelnen Gliedern als Gesellschaft, sondern sofort als Staat durch Gesetzgebung und Verwaltung zu helfen. Beispielsweise kann das Unleidlichste von allem, dass nämlich Juden Herrschaftsfunktionen über Angehörige moderner Völker vermittelst Bekleidung obrigkeitlicher Ämter ausüben, offenbar nicht durch die bloße Initiative der Gesellschaft fortgeschafft oder verhindert werden. Der erste leitende Grundsatz in der Politik der Judeneinschränkung muss aber der sein, das Judenrecht so zu gestalten, dass kein Rassenjude über einen Deutschen, Franzosen, Engländer, Russen usw. richterliche, verwaltende oder sonst befehlshaberische Funktionen ausübe.

5
Das Zeitalter des Imperialismus und der Erste Weltkrieg

Infolge der Industriellen Revolution sowie der Betonung nationaler Werte und Stärke wandelte sich der traditionelle europäische Kolonialismus im 19. Jahrhundert zum Imperialismus. Die führenden europäischen Staaten sowie die USA und Japan teilten weite Teile der Welt unter sich auf. Rivalitäten zwischen den Imperialmächten waren an der Tagesordnung. Die nach dem Sturz Bismarcks aggressiver werdende deutsche Außenpolitik störte das europäische Machtgleichgewicht und nationale Konflikte schufen eine äußerst instabile Situation auf dem Balkan.

Typische Aufgabenstellungen

- Bestimmen Sie die innen- und außenpolitischen Ursachen des europäischen Imperialismus.
- Erläutern Sie die imperialistische Ideologie der europäischen Mächte.
- Beurteilen Sie den Imperialismus aus der Sicht der Kolonialvölker.
- Beschreiben Sie die Veränderungen der europäischen Bündniskonstellationen nach 1890.
- Charakterisieren Sie die Besonderheiten des Ersten Weltkriegs im Vergleich zu den Kriegen des 19. Jahrhunderts.

5.1
Der europäische Imperialismus

5.1.1
Ziele des europäischen Imperialismus

Mit der imperialistischen Expansion ab etwa 1870 verfolgten die europäischen Staaten unterschiedliche Ziele.

Ökonomische und soziale Ziele

- Ausdehnungsbestrebungen der rasant wachsenden Wirtschaft;
- Suche nach überseeischen Territorien als Rohstoffquellen, Absatzmärkte und zur Kapitalanlage;

- Versuch der Herrschenden, von den sozialen Problemen der Industrialisierung durch außenpolitische Erfolge abzulenken bzw. durch die Schaffung überseeischer Siedlungsgebiete die soziale Frage zu entschärfen.

Machtpolitische Ziele der europäischen Mächte
- **Deutschland:** nach 1871 Sicherung der gewonnenen Machtstellung, nach 1890 Streben nach „Weltmachtstellung";
- **Frankreich:** Wiedererlangung der alten Machtstellung;
- **Österreich-Ungarn:** durch den deutschen Einigungskrieg und Probleme auf dem Balkan geschwächt, Suche nach einem starken Partner (Deutschland), um den von der Auflösung bedrohten Vielvölkerstaat zu erhalten;
- **Russland:** nach der Niederlage im Krimkrieg (1854–56) Streben nach mehr Einfluss auf dem Balkan;
- **Großbritannien:** Erhalt des europäischen Mächtegleichgewichts.

Methodik **Auswerten von Statistiken**

Statistische Tabellen oder Schaubilder (z. B. Säulen- bzw. Kreisdiagramme) sind vor allem bei ökonomischen oder sozialen Veränderungen aussagekräftig. Bei der Auswertung sind folgende Punkte zu beachten:
- das **Thema der Statistik:** findet sich meist in der Über- oder Unterschrift
- der **Stellenwert der Zahlen:** Prozentzahlen (dabei Bezugsjahr oder Bezugsgröße beachten) oder absolute Zahlen
- **Besonderheiten oder Auffälligkeiten:** z. B. außergewöhnliche Veränderungen, Abweichungen oder Entwicklungen
- der **historische Kontext:** zur Einordnung der Daten

Aufgabe 1

Statistik zur Steigerung der Industrieproduktion 1860 bis 1913; 1913 = 100
Interpretieren Sie die Statistik; achten Sie dabei vor allem auf Veränderungen im Allgemeinen und im Vergleich der einzelnen Länder.

Jahr	Dtl.	GB	Fr.	Russl.	I	USA	Welt
1860	14	34	26	8	–	8	14
1870	18	44	34	13	17	11	19
1880	25	53	43	17	23	17	26
1890	40	62	56	27	40	39	43
1900	65	79	66	61	56	54	60
1910	89	85	89	84	99	89	88
1913	100	100	100	100	100	100	100

5.1.2
Herrschaftsformen des Imperialismus

Den europäischen Mächten, den USA und Japan gelang es bis 1914, die Welt fast völlig ihrer Herrschaft zu unterstellen. Meist praktizierten sie dabei die Form der direkten Herrschaft, zuweilen aber auch die Form der indirekten bzw. informellen Herrschaft. Am Beispiel der Praxis Großbritanniens entwickelten Historiker die Formel „Handel und informelle Herrschaft wenn möglich, Handel und direkte Herrschaft wenn nötig" (John Gallagher/Ronald Robinson).

- **Direkte Herrschaft:** Annexion fremder Gebiete, Entmachtung der bisherigen Herren, Einsatz einer eigenen Regierung mit Gouverneuren und Verwaltungsbeamten, geschützt durch Militär.
  Beispiel: „Scramble for Africa" („Balgerei um Afrika"; ab etwa 1880): Aufteilung Afrikas unter den europäischen Mächten. Häufige Folge: Konflikte mit den Konkurrenten um Kolonialterritorien (vor allem zwischen Frankreich, Großbritannien und Deutschland).
- **Indirekte Herrschaft:** Abschluss ungleicher Zwangsverträge mit überseeischen Herrschaften, Nutzung der ökonomischen Vorteile (günstige Handelsbedingungen) ohne hohe Verwaltungskosten.
  Beispiel: Das politisch schwache **China,** das im 19. Jahrhundert in Einflusszonen aufgeteilt und faktisch seiner Selbstständigkeit beraubt wurde. Wirtschafts-, Steuer-, Zoll- und Handelsvergünstigungen für die imperialistischen Mächte; Abtretung wichtiger Häfen wie z. B. Hongkong an Großbritannien.

5.1.3
Rechtfertigungsideologien des Imperialismus

In allen imperialistischen Staaten hat man das Expansionsstreben ähnlich begründet; Unterschiede gab es in der Gewichtung der Motive:

- **Nationalismus:** die zunehmende Überzeugung, der Rang und die Größe einer Nation hänge von ihrer Weltmachtstellung ab, die sich u. a. in einem großen Kolonialbesitz zeige; gekoppelt mit Prestigedenken.
- **Rassismus und Sozialdarwinismus:** Übertragung von Darwins biologischer Evolutionstheorie auf gesellschaftliche Verhältnisse: Kampf ums Dasein, Recht des Stärkeren, Vorstellung von der biologischen Überlegenheit der weißen Rasse gegenüber den angeblich minderwertigen farbigen Rassen.
- **Zivilisatorisches Sendungsbewusstsein:** Überzeugung, die weißen Kulturvölker hätten den erzieherischen Auftrag zu erfüllen, den „unzivilisierten Naturvölkern" Glauben, Kultur und Fortschritt zu bringen.

Wissen **Imperialismustheorien**

- **Ökonomische Imperialismustheorie:** Erklärung des Imperialismus aus den ökonomischen Bedingungen Europas (Notwendigkeit der Erschließung neuer Märkte und Suche nach lukrativen Kapitalanlagen). Sozialistische Theoretiker: Imperialismus sei notwendige Folge des ausbeuterischen Kapitalismus.
- **Sozialimperialistische Theorie:** Erklärung des Imperialismus aus den sozialen Problemen Europas: an den Verhältnissen in Deutschland gewonnene Theorie, wonach der Imperialismus dazu diente, von den inneren Problemen des Reichs abzulenken, gesellschaftliche Frustrationen zu kompensieren, revolutionäres Potenzial zu dämpfen und so die herrschende Staats- und Gesellschaftsverfassung zu stabilisieren.
- **Peripherieorientierte Imperialismustheorie:** Erklärung des Imperialismus aus einer Wechselwirkung zwischen den Imperialmächten und den nicht europäischen Ländern; Zusammenwirken von drei Komponenten: ökonomische und machtpolitische Interessen aufseiten der Imperialmächte und die Bereitschaft zur Kollaboration bzw. zum Widerstand in den überseeischen Gesellschaften Afrikas und Asiens.

5.2 Deutsche Weltmachtpolitik und außenpolitische Isolierung Deutschlands

Deutschland trat erst nach der Reichsgründung in das koloniale „Wettrennen“ ein. Die meisten **Kolonien** wurden noch während der Kanzlerschaft Bismarcks in Form von „Schutzherrschaften“ in Afrika und im pazifischen Raum erworben. **Motive Bismarcks,** dessen Außenpolitik generell defensiv ausgerichtet war:

- Aktivitäten deutscher Kaufleute in Übersee, die den Schutz des Reiches benötigten;
- ökonomische Entlastung der in einer Krise befindlichen Wirtschaft;
- innenpolitischer Druck von kolonialen Interessenverbänden, die mit sozialökonomischen oder nationalistischen Argumenten den Erwerb von Kolonien forderten;
- Bestreben, das durch innere Konflikte strapazierte Herrschaftssystem durch außenpolitische Erfolge zu stabilisieren.

5.2.1 Deutsche Weltmachtpolitik ab 1890

Nach dem Regierungsantritt Wilhelms II. und der Entlassung Bismarcks 1890 änderte sich die deutsche Außenpolitik spürbar. Offensiv strebte Deutschland nach einer **Weltmachtstellung** („Platz an der Sonne“):

- aggressive, gegen Großbritannien gerichtete Flottenpolitik;
- Propaganda mitgliederstarker nationalistischer und völkischer Verbände (z. B. Alldeutscher Verband, Deutscher Flottenverein).

Imperialistische Aktivitäten

- Okkupation von Kiautschou mit der Provinz Shantung in Ostchina;
- Erwerb weiterer Kolonialgebiete im Pazifik;
- Beteiligung an der Niederwerfung des Boxeraufstands in China;
- Finanzierung und Bau der Bagdadbahn zur wirtschaftlichen Durchdringung des Osmanischen Reichs (Spannungen mit GB, Russl., Fr.).

Wissen	Deutsche Kolonien
1884	Deutsch-Südwestafrika (heute Namibia)
1884	Kamerun und Togo
1884/85	Im Pazifik: Kaiser-Wilhelm-Land (Ostteil von Neu-Guinea), Marshall-Inseln, Bismarck-Archipel
1885	Deutsch-Ostafrika (heute Tansania)
1898	Kiautschou (chinesische Ostküste, Pachtvertrag)
1899	Im Pazifik: Karolinen-, Marianen- und Palauinseln
1900	West-Samoa

5.2.2 Deutschlands außenpolitische Isolierung – Bündnisse und Krisen vor dem Ersten Weltkrieg

Das von Bismarck konstruierte komplizierte Bündnissystem, das das Deutsche Reich vor möglichen Angriffen und vor allem vor einem Zweifrontenkrieg gegen Russland und Frankreich schützen sollte, passte nicht zur neuen Weltmachtpolitik Wilhelms II. und seiner Berater. Sie wollten außenpolitisch „freie Hand“ haben. So kündigten sie den Rückversicherungsvertrag mit Russland, da man ihn mit dem Dreibund (Deutschland/Österreich/Italien) für unvereinbar hielt.

Tipp

Die Veränderung der europäischen Bündniskonstellation vor dem Ersten Weltkrieg lässt sich auf dem Hintergrund einer Europakarte sehr gut grafisch veranschaulichen bzw. visualisieren: zunächst das Bündnissystem Bismarcks mit Verbindungslinien zwischen den beteiligten Ländern zeichnen, dann die neue Situation nach Bildung der „Triple Entente“. Die gefährdete Lage Deutschlands zwischen Frankreich, Russland und Großbritannien wird sofort augenfällig.

Veränderung der europäischen Bündniskonstellation nach 1890

- 1894 Bündnisvertrag zwischen Russland und Frankreich;
- Interessenabgrenzung zwischen Frankreich und Großbritannien in Nordafrika: Ägypten als britisches und Marokko als französisches Einflussgebiet; Ergebnis: **Entente cordiale** von 1904;
- Verständigung zwischen Russland und Großbritannien in Asien: Unabhängigkeit Afghanistans als Puffer zwischen Russland und Britisch-Indien; Aufteilung Persiens in eine russisch beeinflusste, eine neutrale und eine britisch beeinflusste Zone. Ergebnis: informelle Erweiterung der Entente cordiale zur **Triple Entente** (1907).
- Ergebnis: **außenpolitische Isolierung Deutschlands** (aus deutscher Sicht „Einkreisung"); neue Bündnissituation: Dreibund Deutschland/Österreich-Ungarn/Italien auf der einen Seite, Triple Entente auf der anderen Seite.

Methodik **Arten von Textquellen**

Texte sind die am häufigsten benutzten historischen Quellen. Wichtige Arten von Textquellen sind:

- **amtliche Dokumente** wie Gesetze, Verträge, Akten, Urkunden, Protokolle;
- **politische Reden** in Parlamenten, auf Versammlungen usw.;
- **Aufrufe, Resolutionen, Flugblätter, Stellungnahmen** u. Ä. von Verbänden, Parteien, Politikern, Schriftstellern usw.;
- für die Öffentlichkeit bestimmte **Chroniken** sowie **Autobiografien** oder **Memoiren** von Politikern und Menschen des öffentlichen Lebens;
- **private Schreiben** historischer Persönlichkeiten wie private Notizen, Tagebücher, Entwürfe, Briefe;
- **theoretische Abhandlungen,** z. B. Staatstheorien, Utopien;
- **Zeitungsartikel,** z. B. Kommentare, Berichte.

Aufgabe 2

Friedrich von Holstein (1837–1909, von 1876 bis 1906 Vortragender Rat im Auswärtigen Amt): Privatbrief vom 20. November 1906
Stellen Sie die Argumente Holsteins gegen die deutsche Flottenpolitik zusammen und vergleichen Sie diese mit dem Konzept der deutschen Weltmachtpolitik.

Ich glaube mich zu erinnern, dass wir in der Flottenfrage einer und derselben Ansicht waren, nämlich
1. je stärker wir zur See rüsten, desto fester drücken wir England an Frankreich heran;
2. wir können [...] niemals eine Flotte herstellen, die der englisch-französischen, ja auch nur der englischen allein gewachsen ist;
3. in einem Kriege gegen Frankreich allein spielt, wie das Jahr 70 zeigt, die Flotte eine Nebenrolle;
4. es ist eine Bedrohung und Herausforderung Englands, dass der Flottenverein es seit Jahren [...] offen ausspricht, die Rüstungen seien gegen England gerichtet [...]

Marschall [deutscher Botschafter in Konstantinopel] sagte mir im Sommer [...]: „Ja, die Flotte, das ist die größte Gefahr." Die Gefahr wird dadurch vergrößert, dass beim Schiffbau (Panzerplatten etc.) ungezählte Millionen zu verdienen sind, viel mehr als bei den Kolonien. [...] Deutschland steht und fällt mit seinem Landheer, dafür muss jedes Opfer gebracht werden. Die Flotte vermehrt die Zahl unserer Feinde, wird aber niemals stark genug sein, um sie zu besiegen. [...] Das Landheer muss – wie anno 70 – die Ungleichheit der Seestreitkräfte wettmachen. Es ist nicht Handelsrivalität allein, die England uns verfeindet. [...] Was die Engländer aufschreckt, ist unser beschleunigter Flottenbau und mehr noch die antienglische Motivierung desselben. Es ist tatsächlich, nicht einmal, sondern wiederholt und keineswegs nur von nicht amtlichen Stellen aus, erklärt worden, dass unsere Flottenrüstungen ihre Spitze gegen England richten und dass die Herrschaft auf dem Meere uns zukommt. Mit Erklärungen dieser Art steht Deutschland allein da. Wir können uns nicht beklagen, wenn man auf englischer Seite uns schließlich ernst nimmt. [...]

Krisen zwischen europäischen Mächten vor dem Ersten Weltkrieg:

- 1898: Konflikt zwischen britischen und französischen Expeditionstruppen bei Faschoda am oberen Nil; Ergebnis: Frankreich gibt nach, Abgrenzung der britischen und französischen Interessengebiete in Zentralafrika.
- 1905: Deutsches Vorgehen gegen Frankreichs Expansionspläne in Marokko führt zur Ersten Marokkokrise, die mit einer politischen Niederlage Deutschlands endet.
- 1911: Entsendung des deutschen Kanonenboots „Panther" nach Agadir (Panthersprung) zur Durchsetzung deutscher Interessen in Afrika gegen Frankreich führt zur Zweiten Marokkokrise. Frankreich und Großbritannien rücken enger zusammen.

5.3 Der Erste Weltkrieg

5.3.1 Der Kriegsausbruch

Die jeweiligen Bündnisverpflichtungen sowie die strategische Planung des deutschen Generalstabs, nach der vor der vollständigen Mobilmachung Russlands ein schneller deutscher Sieg über Frankreich (unter Verletzung der belgischen Neutralität) zu erzielen sei **(Schlieffenplan),** bildeten die Ausgangslage vor Kriegsausbruch.

- Die Ermordung des österreichischen Thronfolgers durch serbische Untergrundkämpfer in Sarajevo löste die **Julikrise** aus.
- Beistandsversicherung des Deutschen Reichs an Österreich („Blankoscheck" vom 5.7.1914) und faktisch unannehmbares österreichisches Ultimatum an Serbien (23.7.) hatte Kriegserklärung Österreichs an Serbien (28.7.) zur Folge, die wiederum die Mobilmachung Russlands (30.7.) zur Unterstützung Serbiens auslöste.
- Der Kriegserklärung Deutschlands an Russland (1.8.) und Frankreich (3.8.) folgte, nach dem Einmarsch deutscher Truppen ins neutrale Belgien, am 4.8. die Kriegserklärung Großbritanniens an Deutschland.

Aufgabe 3

Eyre A. Crowe (britischer Hilfsunterstaatssekretär im Außenministerium): am 24. Juli 1914 zur „Julikrise"
Bestimmen Sie die Position Großbritanniens am Vorabend des Ersten Weltkriegs und erläutern Sie ihre Konsequenzen für den Dreibund.

Worauf es ankommt, ist, ob Deutschland zu diesem Krieg jetzt absolut entschlossen ist oder nicht. Es besteht noch die Möglichkeit, Deutschland wankend zu machen, indem man ihm die Sorge einflößt, dass der Krieg England aufseiten Frankreichs und Russlands finden wird. Ich vermag bloß ein wirksames Mittel vorzuschlagen, um dies der deutschen Regierung klarzumachen, ohne uns in diesem Stadium absolut und endgültig festzulegen. Wenn Seiner Majestät Regierung im Augenblick, wo entweder Österreich oder Russland zu mobilisieren beginnen, Befehl erteilt, unsere ganze Flotte unverzüglich auf Kriegsfuß zu setzen, so mag dies denkbarerweise Deutschland die Augen über den Ernst der Gefahr öffnen, der es ausgesetzt wäre, falls England am Kriege teilnähme. Angenommen, dieser Entschluss könnte jetzt gefasst werden, dann wäre es richtig, die französische und russische Regierung davon zu unterrichten, und das wäre wiederum das Beste, [...] um das Entstehen einer sehr ernsten Lage zwischen England und Russland zu verhindern. [...]

Sollte der Krieg ausbrechen und England unbeteiligt bleiben, dann muss sich Folgendes ergeben: a) Entweder siegen Deutschland und Österreich, sie erdrücken Frankreich und demütigen Russland. Die französische Flotte verschwunden, Deutschland im Besitz des Kanals, mit der bereitwilligen oder widerstrebenden Kooperation Hollands und Belgiens: Wie wird dann die Lage eines freundlosen England sein? b) Oder Frankreich und Russland siegen. Wie werden sie sich dann gegen England verhalten? Und wie wird's mit Indien und dem Mittelmeer stehen? In diesem Kampf, der nicht um den Besitz Serbiens geht, sondern bei dem es sich um das Ziel Deutschlands, seine politische Vorherrschaft in Europa zu errichten, und um den Wunsch der Mächte handelt, ihre individuelle Freiheit zu erhalten – in diesem Kampf sind unsere Interessen mit denen Frankreichs und Russlands verknüpft. Wenn wir dazu beitragen können, den Konflikt zu verhüten, indem wir unsere maritime Stärke zeigen [...] dann wäre es falsch, diesen Versuch nicht zu machen.

5.3.2
Die Kriegsziele

Deutsches Reich

- außenpolitisches Ziel: Vorherrschaft auf dem Kontinent
- wirtschaftliches Ziel: Gewinn von Rohstoffquellen und Nahrungsmittelressourcen in West- und Osteuropa
- innenpolitisches Ziel: Erhalt der bei einer Niederlage gefährdeten konservativen Machtstrukturen (gewann im Laufe des Krieges immer mehr an Bedeutung)

Österreich-Ungarn

- Erhalt der alten Machtposition auf dem Balkan und des Vielvölkerstaats

Frankreich

- Revanche für die Niederlage von 1870/71
- Rückgewinnung von Elsass-Lothringen
- Wiedererlangung der europäischen Vormachtstellung

Russland
- Zusammenführung aller Slawen unter Russland als Schutzmacht
- Einfluss auf dem Balkan und Errichtung eines großserbischen Reichs
- Gewinn eines Zugangs zum Mittelmeer

Großbritannien
- Sicherung des eigenen Imperiums gegen deutsche Weltmachtansprüche
- Verhinderung einer deutschen Seemacht
- Erhalt des europäischen Gleichgewichts

5.3.3 Der Charakter des Krieges

Der Erste Weltkrieg unterschied sich in der Art der Kriegführung grundsätzlich von den bisher geführten Kriegen:
- mörderischer **Abnutzungskrieg** in Stellungs- und Grabenkämpfen;
- Einsatz moderner technischer Kampfmittel: Trommelfeuer aus schwerer Artillerie, Flammenwerfer, Giftgas, Maschinengewehre, Tanks, Flugzeuge, U-Boote; **ungeheure Menschenverluste;**
- Mobilisierung aller menschlichen, wirtschaftlichen und technisch-wissenschaftlichen Ressourcen;
- **Miteinbeziehung der Zivilbevölkerung:** Arbeitseinsatz in der Rüstungsindustrie, Zerstörung von Städten und Landschaften (vor allem in Frankreich), Kriegswirtschaft und Lebensmittelknappheit;
- erster „totaler Krieg“ der europäischen Geschichte.

Methodik **Arbeitsschritte bei der Quelleninterpretation**

1. Vorstellung der Quelle, Aussagen zum **Autor** und zu den möglichen **Adressaten**
2. Klärung **sprachlicher** und **inhaltlicher Fragen**
3. **Untersuchung der sprachlichen Gestaltung** (ggf. im Hinblick auf die beabsichtigte Intention der Quelle), v. a. Stilmittel wie Aufzählungen, Parallelismen, Metaphern, Personifikationen, Ironie, wertende Attribute etc.
4. Einordnung der Quelle in den **historischen Kontext**
5. **Bestimmung der Perspektive,** aus der ein Text geschrieben ist, und welche Interessen er spiegelt
6. Suche nach **zentralen Aussagen** und **Schlüsselbegriffen; Intention** bzw. Absicht des Autors oder des Textes
7. Benennung möglicher **Konsequenzen,** die sich aus dem Text ergeben, oder **Bewertung** der historischen Bedeutung der Quelle

Aufgabe 4

Erich von Falkenhayn (Generalstabschef des deutschen Heeres): „Weihnachtsdenkschrift“, Dezember 1915 (Auszug)
Interpretieren Sie den Text und berücksichtigen Sie dabei nach Möglichkeit die oben genannten Aspekte.

1 Auch sprechen die Lehren, die man aus den missglückten Massenstürmen unserer Gegner ableiten kann, entschieden gegen eine Nachahmung dieser Kampfmethode. Massendurchbruchsversuche gegen einen moralisch intakten, gut bewaffneten und zahlenmäßig nicht erheblich unterlegenen Feind können auch bei größter Menschen- und Materialanhäufung nicht als aussichtsvoll betrachtet werden. Dem Verteidiger wird es in den meisten Fällen gelingen, die eingedrückten Stellen abzuriegeln. [...] Die Einbuchtungen, flankierender Feuerwirkung in hohem Maße ausgesetzt, drohen dann zum Massengrab zu werden. Die technischen Schwierigkeiten der Leitung und Versorgung der Massen darin werden so groß, dass sie kaum überwindlich erscheinen. [...]

Es wurde bereits betont, dass Frankreich in seinen Leistungen bis nahe an die Grenze des noch Erträglichen gelangt ist – übrigens in bewundernswerter Aufopferung. Gelingt es, seinem Volk klar vor Augen zu führen, dass es militärisch nichts mehr zu hoffen hat, dann wird die Grenze überschritten [...] werden. Das zweifelhafte und über unsere Kraft gehende Mittel des Massendurchbruchs ist dazu nicht nötig. Auch mit beschränkten Kräften kann dem Zweck voraussichtlich Genüge getan werden. Hinter dem französischen Abschnitt der Westfront gibt es in Reichweite Ziele, für deren Behauptung die französische Führung gezwungen ist, den letzten Mann einzusetzen. Tut sie es, so werden sich Frankreichs Kräfte verbluten, da es ein Ausweichen nicht gibt, gleichgültig, ob wir das Ziel selbst erreichen oder nicht. Tut sie es nicht und fällt das Ziel in unsere Hände, dann wird die moralische Wirkung in Frankreich ungeheuer sein. Deutschland wird nicht gezwungen sein, sich für die räumlich eng begrenzte Operation so zu verausgaben, dass alle anderen Fronten bedenklich entblößt werden.

5.3.4
Der Kriegsverlauf

Das Kriegsgeschehen gliedert sich in den Landkrieg an den Fronten im Osten und Westen und den Seekrieg:

- **Ostfront:** Rasche Siege der deutschen Truppen unter den Generälen Paul von Hindenburg (1847–1934) und Erich Ludendorff (1865–1937) gegen die russischen Armeen in Ostpreußen (Schlacht bei Tannenberg und an den Masurischen Seen, August/September 1914); danach wechselvolles Kriegsgeschehen; 1915 Vorstoß der Mittelmächte (u. a. Einnahme von Warschau, Brest-Litowsk und Wilna); eroberte Gebiete können bis 1917 weitgehend gehalten werden.
- **Westfront:** Rasches Vordringen deutscher Truppen über Brüssel und Lüttich bis zur Marne (Versuch, Schlieffenplan umzusetzen); Stopp des Vormarschs in der Marneschlacht (September 1914); danach Wandel des Bewegungskriegs zum verlustreichen **Stellungskrieg;** kaum Geländegewinne in den blutigen Schlachten bei Ypern (Mai 1915, Einsatz von Giftgas), um Verdun (Frühjahr und Sommer 1916: „Hölle von Verdun“) und an der Somme (2. Halbjahr 1916).
- **Seekrieg:** Britische Flottenverbände blockieren die Deutsche Bucht; unentschiedener Ausgang der Seeschlacht vor dem Skagerrak (Mitte

1916); Einsatz von Minen und U-Booten; deutscher U-Boot-Krieg gegen Handelsschiffe, seit 1. 2. 1917 uneingeschränkt (auch gegen neutrale Schiffe); daraufhin Kriegseintritt der USA: erhebliche Stärkung der Entente.

5.3.5 Innenpolitische Auswirkungen des Krieges in Deutschland

Zu Beginn des Krieges schlossen die gesellschaftlichen Gruppen einen **Burgfrieden:** Die Sozialdemokratie billigte die zur Kriegsführung nötigen Kredite im Reichstag, die Gewerkschaften verzichteten auf Streiks.

Im Laufe des Krieges wurden Lebensmittel und Rohstoffe zunehmend knapp (britische Seeblockade). Daraufhin kam es zur **staatlichen Kontrolle der Kriegswirtschaft** (Rationierung der Grundnahrungsmittel, Einrichtung einer Kriegsrohstoffabteilung im Kriegsministerium zur Beschaffung und Bewirtschaftung von Rohstoffen, zur Lenkung der Produktion und zur Herstellung von Ersatzstoffen). Frauen wurden in der Rüstungsproduktion verstärkt eingesetzt, im Dezember 1916 die **Arbeitspflicht** für alle nicht eingezogenen Männer zwischen dem 17. und 60. Lebensjahr eingeführt. Zunehmende **Versorgungskrisen** (1916/17 Steckrübenwinter), führten zu einem wachsenden Unmut und Kriegsmüdigkeit in der Bevölkerung.

Initiativen zur Parlamentarisierung 1917 scheitern zunächst; im Juli verabschiedet der Reichstag eine Resolution für einen „Frieden ohne Annexionen und Kontributionen".

Wissen	**Die Spaltung der Sozialdemokratie**
4. August 1914	SPD-Reichstagsfraktion stimmt den Kriegskrediten zu, Abweichler beugen sich dem Fraktionszwang.
Januar 1916	Marxistische Kriegsgegner um Rosa Luxemburg und Karl Liebknecht bilden die **Spartakusgruppe.**
März 1916	Ausschluss der Abweichler aus der SPD-Fraktion, sie bilden zunächst die **Sozialdemokratische Arbeitsgemeinschaft.**
April 1917	Linke Sozialdemokraten und Kriegskritiker gründen die **Unabhängige Sozialdemokratische Partei (USPD),** der sich auch die Spartakusgruppe anschließt.
31. Dezember 1918	Die Spartakusgruppe geht in der neuen **Kommunistischen Partei Deutschlands (KPD)** auf.
Oktober 1920	Linke Mehrheit der USPD schließt sich der KPD an.
September 1922	Rest-USPD wechselt zur SPD.

Aufgabe 5

Aufruf der SPD vom 19. Juni 1915 (Auszug)
Erläutern Sie die Haltung der SPD zum Krieg im Sommer 1915.

Forderungen, für die schon in früheren Monaten eine gewisse Presse [...] systematisch Stimmung gemacht [hatte], sind in den letzten Wochen von Persönlichkeiten in hervorragender Stellung sowie von einflussreichen Körperschaften in teilweise sogar noch verschärfter Form vertreten worden. Programme werden aufgestellt, die dem gegenwärtigen Kriege den Stempel eines Eroberungskrieges aufdrücken. [...]

Angesichts aller dieser Kundgebungen muss sich die deutsche Sozialdemokratie die Frage vorlegen, ob sie es mit ihren Grundsätzen und mit den Pflichten, die ihr als Hüterin der materiellen und moralischen Interessen der arbeitenden Klassen Deutschlands obliegen, vereinbaren kann, in der Frage der Fortführung des Krieges an der Seite derjenigen zu stehen, deren Absichten in schroffstem Widerspruch sind zu den Sätzen der Erklärung unserer Reichstagsfraktion vom 4. August 1914, in denen diese aussprach, dass sie im Einklang mit der Internationale jeden Eroberungskrieg verurteilt. [...]

In weiten Kreisen unseres Volkes und derjenigen Völker, mit denen das Deutsche Reich im Kriege liegt, macht sich denn auch immer stärkere Friedenssehnsucht geltend. Während die Herrschenden davor zurückschrecken, diesem Friedensbedürfnis zu entsprechen, blicken Tausende und aber Tausende auf die Sozialdemokratie, die man als die Partei des Friedens zu betrachten gewohnt war, und erwarten von ihr das erlösende Wort und das ihm entsprechende Verhalten. Nachdem die Eroberungspläne vor aller Welt offenkundig sind, hat die Sozialdemokratie die volle Freiheit, ihren gegensätzlichen Standpunkt in nachdrücklichster Weise geltend zu machen, und die gegebene Situation macht aus der Freiheit eine Pflicht. [...]

Wir wissen, dass Friedensbedingungen, die von einer Seite der Kriegführenden der anderen aufgezwungen werden, keinen wirklichen Frieden bringen, sondern nur neue Rüstungen mit dem Ausblick auf neuen Krieg bedeuten. Ein wirklicher und dauernder Friede ist nur möglich auf der Grundlage freier Vereinbarung. Diese Grundlage zu schaffen, ist nicht der Sozialdemokratie eines einzelnen Landes gegeben. Aber jede einzelne Partei kann nach Maßgabe ihrer Stellung und ihrer Kräfte dazu beitragen, dass diese Grundlage hergestellt wird. [...]

5.3.6
Ende und weltpolitische Ergebnisse des Krieges

Noch im März 1918 zwingt Deutschland der sowjetrussischen Regierung einen Siegfrieden auf **(Friede von Brest-Litowsk).** Russland verliert rund ein Viertel seines europäischen Territoriums (Baltikum, Finnland, Polen, Ukraine) und scheidet aus dem Krieg aus. Im Sommer 1918 erfolgt der **militärische Zusammenbruch der Mittelmächte** im Westen, die Oberste Heeresleitung unter Hindenburg und Ludendorff fordert ein deutsches Waffenstillstandsangebot. Es folgen:

- die **Abdankung Kaiser Wilhelms II.** nach Meuterei der deutschen Hochseeflotte und die Ausrufung der Republik;
- der Abschluss eines **Waffenstillstands am 11. 11. 1918 in Compiègne** zwischen Deutschland und den Alliierten; Basis (mit Einschränkungen): 14-Punkte-Programm des US-Präsidenten Wilson;
- **Zusammenbruch der Monarchien** in Deutschland, Russland, Österreich-Ungarn und im Osmanischen Reich;
- Ende der weltpolitischen Dominanz der europäischen Mächte, Aufstieg der **USA** zur **neuen Führungsmacht;**
- **Entstehung neuer Staaten in Osteuropa:** Finnland, die baltischen Staaten, Polen, Tschechoslowakei, Ungarn, Jugoslawien.

6
Die Weimarer Republik

Die Weimarer Republik war das erste wirklich demokratische deutsche Staatswesen. Ihr war jedoch nur eine kurze Lebensdauer vergönnt. Zu groß waren die Belastungen am Anfang, zu gering war die Unterstützung bei den herrschenden Eliten und großen Teilen der Bevölkerung, zu schwach war das demokratische System gegen seine Feinde und zu verhängnisvoll waren die Auswirkungen der Weltwirtschaftskrise an ihrem Ende. 1933 besiegelte das „Ermächtigungsgesetz" das Ende der Demokratie.

Typische Aufgabenstellungen

- Beurteilen Sie die Bedeutung des Versailler Vertrags für die Weimarer Republik.
- Beschreiben Sie die Wirkung der Inflation auf die wirtschaftliche Lage und die politische Stimmung der Bevölkerung.
- Charakterisieren Sie die Feinde der Republik auf dem rechten und dem linken Flügel des politischen Spektrums.
- Erläutern Sie die Rolle der Weltwirtschaftskrise für den Untergang der Republik.
- Benennen und erklären Sie die Schwachpunkte der Weimarer Verfassung.
- Stellen Sie die Ursachen zusammen, die die Ernennung Adolf Hitlers zum Reichskanzler ermöglicht haben.

6.1
Die Entstehung der Weimarer Republik

6.1.1
Die Anfangsphase

Am Anfang der Weimarer Republik stand eine Revolution, in deren Folge sich als Übergangsregierung ein Rat der Volksbeauftragten bildete. Besetzt war er mit je drei Vertretern der SPD und der USPD. Den Vorsitz übernahm der SPD-Vorsitzende Friedrich Ebert (1871–1925).

Parallel dazu entstanden in vielen Städten Arbeiter- und Soldatenräte. Über die künftige politische Gesellschaftsordnung in Deutschland herrschte Uneinigkeit.

- Die **SPD** zielte auf eine **parlamentarische Demokratie,** sie wollte auch mit den alten Eliten des Kaiserreichs zusammenarbeiten.
- **USPD** und **KPD** (↑ S. 67) wollten eine **sozialistische Räterepublik** nach russischem Vorbild errichten und die Wirtschaftsordnung mittels Enteignungen radikal umgestalten.

Wissen **Das Rätesystem**

Das Rätesystem wurde von sozialistischen Theoretikern wie Marx, Engels, Lenin und Trotzki entwickelt. Sie wollten damit eine uneingeschränkte, auf der **Selbstbestimmung der Massen beruhende Volksherrschaft** verwirklichen. Versammlungen von Urwählern auf der Ebene von Betrieben, Wohneinheiten, Garnisonen usw. wählen Gremien, die in einem System indirekter Delegierung über Bezirks- und Regionalräte einen Zentralrat auf staatlicher Ebene wählen. Sie haben die ungeteilte politische Macht inne (keine Gewaltenteilung), sind an Aufträge ihrer Wähler gebunden (imperatives Mandat) und jederzeit von der Basis abwählbar. Das Rätesystem steht im Gegensatz zur repräsentativen parlamentarischen Demokratie.

Der weitere Verlauf:

- November 1918: Abkommen zwischen Regierung und Oberster Heeresleitung gegen linksradikale Bestrebungen (Ebert-Groener-Pakt) sowie zwischen Gewerkschaften und Industrie über Tarifpartnerschaft und Achtstundentag (Stinnes-Legien-Abkommen).
- Der allgemeine deutsche Rätekongress in Berlin beschloss die Einberufung einer Nationalversammlung zur Ausarbeitung einer parlamentarischen Verfassung (16.–20.12.1918).
- Die USPD-Vertreter verließen am 28.12.1918 den Rat der Volksbeauftragten und wurden von SPD-Vertretern ersetzt.
- **Wahl der Nationalversammlung** am 19.1.1919.
- Niederschlagung von Streiks und Aufständen der KPD (Spartakusaufstand) sowie der Räterepubliken in Bremen und München.

Wissen **„Im Felde unbesiegt“**

Die militärische Niederlage, obgleich von der Obersten Heeresleitung im Oktober 1918 öffentlich eingestanden, wollten große Teile der Bevölkerung nicht zur Kenntnis nehmen. Bereitwillig glaubten sie die schnell aufkommende Mär, die deutschen Truppen seien „im Felde unbesiegt“. Bald schon erschien das Wort „Dolchstoß“ in der Rechtspresse und die Revolution wurde für die Niederlage verantwortlich gemacht.

Aufgabe 1

Wahlplakat der DNVP (Ausschnitt) mit der Darstellung der „Dolchstoßlegende", 1924 (*Anmerkung:* die Figur rechts ist im Original leuchtend rot, der Soldat hält die Flagge des Deutschen Reiches).
Beschreiben Sie die Darstellung und erläutern Sie den Inhalt und die propagandistische Bedeutung der sog. Dolchstoßlegende.

6.1.2
Die Weimarer Verfassung

Die Nationalversammlung trat in Weimar zusammen, um nicht im immer noch unruhigen Berlin tagen zu müssen. Die SPD hatte die meisten Stimmen erhalten und bildete mit der Deutschen Demokratischen Partei (DDP) und dem Zentrum eine Koalition („Weimarer Koalition"). Zum Reichspräsidenten wählte die Versammlung Friedrich Ebert, zum Regierungschef den SPD-Politiker Philipp Scheidemann (1865–1939).
Die neue Verfassung sah eine **parlamentarische Republik** mit einem **starken Reichspräsidenten** vor, der mithilfe von **Notverordnungen** nach Artikel 48 in die Gesetzgebung eingreifen und Grundrechte außer Kraft setzen konnte. Gewählt wurde nach dem **Verhältniswahlrecht** ohne Sperrklausel (mit Frauenstimmrecht).

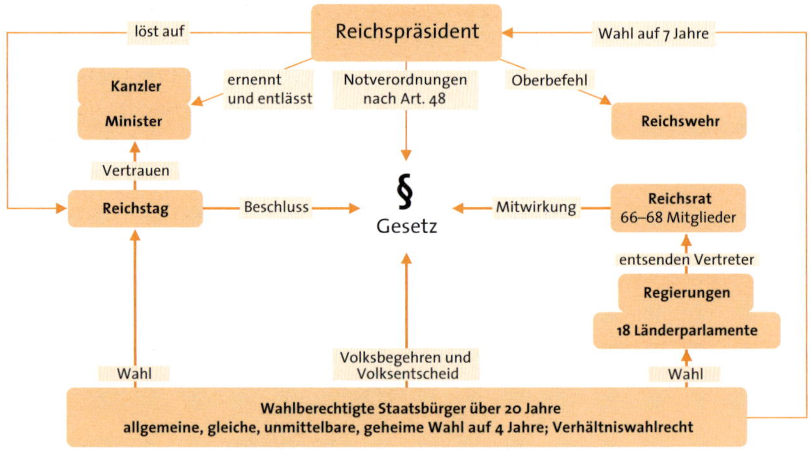

▶ *Die Weimarer Reichsverfassung von 1919*

Wissen **Die Parteien der Weimarer Republik**

- **Äußerste Linke: KPD,** Sowjetrussland als Vorbild, Ablehnung der „bürgerlichen" Republik
- **Gemäßigte Linke: SPD,** mitgliederstarke Arbeiterpartei, die Republik stützende Partei, starke Basis in Preußen
- **Gemäßigtes Bürgertum: DDP** (Deutsche Demokratische Partei), linksliberal; **DVP** (Deutsche Volkspartei), rechtsliberal, wirtschafts- bzw. großbürgerlich; **Zentrum,** Partei des politischen Katholizismus
- **Äußerste Rechte: DNVP** (Deutschnationale Volkspartei), Sammelbecken der kaisertreuen und konservativen Gruppen; **NSDAP**, rassistisch und antisemitisch, antidemokratisch und republikfeindlich

Getragen wurde die Republik nur von den gemäßigten Parteien der Linken und des Bürgertums, während sie von den Flügelparteien auf der äußersten Rechten und Linken erbittert bekämpft wurde.

6.1.3 Der Versailler Vertrag

Der im Juni 1919 von Vertretern des Reichs nach Zustimmung der Nationalversammlung unterzeichnete Versailler Friedensvertrag wurde von großen Teilen der Bevölkerung als ungerechter **Diktatfrieden** empfunden, da er Deutschland faktisch aufgezwungen wurde. Vor allem der Kriegsschuldartikel rief breite Empörung hervor. Auch die Gebietsabtretungen und Rüstungsbeschränkungen stießen auf heftige Kritik. Insofern war der Vertrag eine schwere Bürde der jungen Republik.

Die Bestimmungen des Versailler Vertrags sahen u. a. vor:

- **Gebietsabtretungen:** Kolonien, Elsass-Lothringen, Teile Westpreußens und Oberschlesiens, kleine Gebiete an Litauen, die Tschechoslowakei und Belgien; Saarland für 15 Jahre unter Verwaltung des Völkerbunds, alliierte Besetzung des linksrheinischen Gebiets.
- **Rüstungsbeschränkungen:** Reduzierung der Reichswehr auf 100 000 Mann, starke Einschränkung der Marine, Verbot von Luftwaffe, schwerer Artillerie und Panzern, Abschaffung der Wehrpflicht.
- **Reparationen:** Verpflichtung zur Zahlung von Kriegsentschädigung in noch unbestimmter Höhe.
- Zuweisung der **alleinigen Kriegsschuld** an die Mittelmächte.

6.2 Die Krisenjahre der Republik 1919 bis 1923

In den ersten Jahren ihrer Existenz hatte die Republik mit gewaltigen Schwierigkeiten zu kämpfen: Es gab **wirtschaftliche und soziale Probleme** (hohe Arbeitslosigkeit, Inflation) sowie eine **breite Gegnerschaft republikfeindlicher Kräfte** (Republik ohne Republikaner). Dabei konnten vor allem die Rechten von einer politischen Voreingenommenheit der Justiz profitieren. Die rund 350 politischen Morde der Rechten blieben i. d. R. ungesühnt, während die den Linken nachgewiesenen 22 Morde mit hohen Strafen geahndet wurden (Hinrichtung, Zuchthaus).

Gewalt von rechts

- Ermordung u. a. der KPD-Vorsitzenden Rosa Luxemburg und Karl Liebknecht (1919) sowie der als „Erfüllungspolitiker" diskriminierten Politiker Matthias Erzberger (Finanzminister, Zentrum, 1921) und Walther Rathenau (Außenminister, DDP, 1922).
- **Kapp-Putsch** (März 1920): Rechter Putschversuch, scheiterte an Generalstreik und passivem Widerstand des Beamtenapparats.
- **Hitler-Putsch** (9. 11. 1923): Aufstandsversuch der NSDAP, weiterer rechter Gruppen und bayerischer Separatisten, wurde von der Polizei niedergeschlagen; Verurteilung Hitlers zu Festungshaft.

Gewalt von links

- Nach dem Kapp-Putsch wurden 1920 Aufstände der KPD (v. a. der Roten Ruhrarmee) blutig niedergeschlagen.
- KPD-Aufstände im Industriegebiet von Mitteldeutschland 1921;
- 1923 u. a. Aufstandsversuch der KPD in Hamburg mit über 100 Toten.

Aufgabe 2

Thomas Theodor Heine: „Sie tragen den Buchstaben der Firma – aber wer trägt den Geist?“ (Karikatur, 1927)
Interpretieren Sie den Inhalt und die Absicht der Karikatur.

Die sich zunehmend beschleunigende Inflation zwischen 1920 und 1923 raubte die Ersparnisse des Mittelstands und der Arbeiterschaft. Zudem wurde das Vertrauen in den jungen Staat nachhaltig erschüttert. Das machte vor allem den Mittelstand anfällig für radikale Parolen.

Wissen **Inflation**

Mit Inflation bezeichnet man eine Vermehrung der Geldmenge, die den Wert der vorhandenen Menge an Waren und Dienstleistungen übersteigt. In der Folge steigen die Preise. Bei einer **galoppierenden Inflation** wie 1923 verliert das Geld seinen Wert als Zahlungsmittel. So kostete z. B. ein Ei, das 1912 für sieben Pfennig erworben werden konnte, Ende November 1923 320 Mrd. Reichsmark. Sachwerte (Immobilien, Industrieanlagen usw.) behalten dagegen während einer Inflation ihren Wert.

Die Ursachen der Inflation

- Finanzierung des Ersten Weltkriegs durch Kriegsanleihen, enorme Verschuldung des Reichs;
- Produktionsrückgänge und Warenknappheit (Umstellung auf Friedensproduktion);
- Aufwendungen für Kriegsversehrten- und Hinterbliebenenrenten;
- Reparationszahlungen und Ruhrkampf.

Wissen **Der Ruhrkampf**

Im Januar 1923 besetzten französische und belgische Truppen das Ruhrgebiet, um Kohle- und Stahllieferungen zu beschlagnahmen, da Deutschland mit Reparationslieferungen in Rückstand geraten war. Die Reichsregierung rief zum passiven Widerstand auf. Dessen Finanzierung trug dazu bei, dass sich die Inflation zur Hyperinflation steigerte und die Wirtschaft in eine starke Krise geriet. Ende September 1923 brach die deutsche Regierung den Ruhrkampf ab.

Eine **Währungsreform** beendete die Inflation. Ende 1923 wurde als Übergangswährung die Rentenmark eingeführt; im Sommer 1924 wich sie der goldgedeckten Reichsmark. Verlierer der Inflation waren der Mittelstand und die Arbeiterschaft, die alle Sparguthaben verloren, während der Staat (Abbau aller Schulden) und z. B. Unternehmer, die durch Kredite Sachwerte erworben hatten, zu deren Gewinnern zählten.

Methodik **Wort- und Sachverständnis klären**

In historischen Quellen tauchen immer wieder Begriffe und Namen auf oder werden Sachverhalte bzw. Vorgänge erwähnt, die zum Verständnis des Textes geklärt werden müssen. Hierbei helfen Wörterbücher (z. B. Duden Fremdwörterbuch), allgemeine Lexika oder Enzyklopädien, vor allem aber geschichtliche Nachschlagewerke. In der Schulbibliothek, aber auch in den Präsenzbeständen von Stadtbüchereien oder Universitätsbibliotheken wird man schnell fündig.

Aufgabe 3

Der Literaturwissenschaftler Hans Mayer (1907–2001) und der Schriftsteller Stefan Zweig (1881–1942) berichten in ihren Erinnerungen über die Zeit der Inflation nach dem Ersten Weltkrieg.
Klären Sie unbekannte Begriffe, Namen und Sachfragen in den beiden Texten und stellen Sie die Beobachtungen und Erfahrungen der beiden Schriftsteller stichwortartig zusammen.

Hans Mayer

Vorher jedoch, also bis zur Stabilisierung des Geldes mithilfe einer „Rentenmark", die am 1. Januar 1924 an die Stelle einer Billion alter Währung getreten war, wurde ein Abgrund geöffnet, der sich nie wieder schließen sollte. Die Inflation zerstörte das deutsche Bürgertum in seiner Substanz. Auch das Vermögen meiner mütterlichen Familie war weggeweht worden. Während des Krieges hatte die Großmutter ihren Kindern helfen können; nun war sie selbst auf diese Kinder angewiesen, vor allem auf den Sohn, meinen Onkel, der es zum Prokuristen der Dresdner Bank gebracht hatte: was ihn während des Krieges leider nicht davon abhielt, das mütterliche Vermögen, indirekt auch sein eigenes damit, der gefräßigen und doch immer hungrigen „Kriegsanleihe" zu opfern. Auf dem Höhepunkt der Geldentwertung, als die Zeitungen von der Revolution der Kommunisten oder von Fememorden, exekutiert durch nationalistische Studenten und ehemalige Offiziere, zu berichten hatten, vollzog sich innerhalb unserer Schulklasse, sichtbar für einen jeden, doch von niemand ernsthaft überdacht, eine neue und tiefe Spaltung: jenseits der Religionen und der hastig von uns übergestreiften politischen Überzeugungen. Es war von nun an, jedenfalls bis zur Stabilisierung des Geldes, die Zweiteilung in Kinder der Habenichtse und der neureichen Geschäftemacher. Die Beamtengehälter hatten alle Kaufkraft verloren, man sah es an den Frühstücksbroten der Söhne. Die Kaufleute jedoch handelten und verhandelten auf Dollargrundlage. Ihnen ging es gut.

Stefan Zweig

[M]an zahlte in der Straßenbahn mit Millionen, Lastwagen karrten das Papiergeld von der Reichsbank zu den Banken, und vierzehn Tage später fand man Hunderttausendmarkscheine in der Gosse: Ein Bettler hatte sie verächtlich weggeworfen. Ein Schuhsenkel kostete mehr als vordem ein Schuh, nein, mehr als ein Luxusgeschäft mit zweitausend Paar Schuhen, ein zerbrochenes Fenster zu reparieren mehr als früher das ganze Haus, ein Buch mehr als vordem die Druckerei mit ihren Hunderten Maschinen. Für hundert Dollar konnte man reihenweise sechsstöckige Häuser am Kurfürstendamm kaufen. Fabriken kosteten umgerechnet nicht mehr als früher ein Schubkarren. [...] Über ihnen allen erhob sich gigantisch die Gestalt des Großverdieners Stinnes. Er kaufte, indem er unter Ausnutzung des Marksturzes seinen Kredit erweiterte, was nur zu kaufen war, Kohlengruben und Schiffe, Fabriken und Aktienpakete, Schlösser und Landgüter, und alles eigentlich mit null, weil jeder Betrag, jede Schuld zu null wurde. Bald war ein Viertel Deutschlands in seiner Hand, und perverserweise jubelte ihm das Volk, das sich in Deutschland immer am sichtbaren Erfolg berauscht, wie einem Genius zu. Die Arbeitslosen standen zu Tausenden herum und ballten die Fäuste gegen die Schieber und Ausländer in den Luxusautomobilen, die einen ganzen Straßenzug aufkauften wie ein Zündholzschachtel; jeder, der nur lesen und schreiben konnte, handelte und spekulierte, verdiente und hatte dabei das geheime Gefühl, dass sie alle sich betrogen und betrogen wurden von einer verborgenen Hand, die dieses Chaos sehr wissentlich inszenierte, um den Staat von seinen Schulden und Verpflichtungen zu befreien.

Methodik **Selbstzeugnisse als historische Quellen**

Selbstzeugnisse (z. B. Tagebücher, Privatbriefe, Memoiren) sind zwangsläufig **subjektiv** und in ihrem **Blickwinkel eingeschränkt;** andererseits sind sie oft sehr konkret und anschaulich, weswegen sie einen guten Einblick in die persönliche Wahrnehmung historischer Ereignisse und ihre Auswirkung auf die Menschen liefern können. Es muss stets sorgfältig geprüft werden, inwieweit man diese Zeugnisse verallgemeinern kann.

6.3 Die scheinbar stabilen Jahre 1924 bis 1929

6.3.1 Außenpolitik und Reparationsfrage

Die internationale Isolierung, der sich Deutschland nach dem Ersten Weltkrieg gegenübersah, konnte es 1922 durchbrechen: Im **Vertrag von Rapallo** vereinbarte es mit Sowjetrussland den gegenseitigen Verzicht auf Reparationen und den Ausbau der Wirtschaftsbeziehungen. 1923 hatte der Ruhrkampf gezeigt, dass eine eher auf Konfrontation setzende Außenpolitik (Vorrang der Revision des Versailler Vertrages vor der Erfüllung seiner Bestimmungen) letztlich zum Scheitern verurteilt war. Außenminister Gustav Stresemann (DVP, 1878–1929) stellte 1924 die Weichen der Außenpolitik neu. Er strebte zwar auch eine Revision des Versailler Vertrages und eine Wiederherstellung der früheren Größe Deutschlands an, wusste aber zugleich, dass das nur bei einer Verstän-

digung mit den anderen europäischen Mächten möglich war. Sei
Außenpolitik zeitigte folgende Ergebnisse:

- Der **Dawesplan** (1924) regelte die Reparationen neu; u. a. Anpassung der Zahlungen an die Leistungsfähigkeit Deutschlands, internationale Anleihe von 800 Mio. Goldmark als Starthilfe für Deutschland, jährliche Zahlungsraten von 2,5 Mrd. Goldmark, Räumung des Ruhrgebiets von alliierten Truppen.
- Die **Verträge von Locarno** (1925) führten zu einer Aussöhnung mit Frankreich im Rahmen eines europäischen Sicherheitspaktes unter Beteiligung Belgiens, Polens und der Tschechoslowakei; gegenseitiger Gewaltverzicht, Grenzgarantien (doch hatte sich Deutschland eine Revision der Ostgrenzen offengehalten), deutscher Verzicht auf Elsass-Lothringen, Entmilitarisierung des Rheinlands.
- 1926 wurde Deutschland in den **Völkerbund** aufgenommen.
- Der **Youngplan** (1929) regelte nochmals die Reparationsleistungen neu (deutsche Zahlungsverpflichtung über 59 Jahre, jährlich rund 2 Mrd. Goldmark); die Zahlungen wurden 1931 wegen der Weltwirtschaftskrise eingestellt; 1932 verzichteten die Siegermächte im Vertrag von Lausanne gegen eine Abfindung auf weitere Zahlungen.

6.3.2 Innenpolitik, Wirtschaft und Gesellschaft

Innenpolitisch bedeutsam war die 1925 nach dem Tod Friedrich Eberts notwendig gewordene Wahl eines neuen Reichspräsidenten. Es siegte der Kandidat der rechten Parteien, der 78-jährige kaiserliche Feldmarschall **Paul von Hindenburg** (1847–1934). Er hielt sich zwar an die Verfassung und war ziemlich populär, repräsentierte aber den Geist der undemokratischen Vergangenheit. Das sollte sich in der Krisenzeit der Republik nach 1929 verhängnisvoll auswirken.

Wirtschaftliche und gesellschaftliche Veränderungen:

- **Modernisierung** und **Rationalisierung** der Industrie nach amerikanischem Vorbild (u. a. Fließband, Normierung von Arbeitsabläufen, neue Maschinen, Konzernbildung) mithilfe amerikanischer Kredite;
- **soziale Verbesserungen,** z. B. Ablösung der kommunalen Armenpflege durch staatliche Fürsorge (1924), Einrichtung einer Angestelltenversicherung (1924) und einer Arbeitslosenversicherung (1927);
- Aufkommen moderner **Kommunikationsmittel:** Radio, Stumm- und Tonfilm, Schallplatten, Illustrierte usw.;
- neue Impulse in **Kunst, Literatur** und **Architektur:** Dadaismus und Surrealismus, sozialkritische Romane und Theaterstücke, „Neue Sachlichkeit“, neue Bau- und Wohnformen (Bauhaus).

6.4
Die Auflösung der Republik 1929 bis 1933

Ende Oktober 1929 lösten der Zusammenbruch der Finanzmärkte und drastische Kursstürze an der Wallstreet in den USA die **Weltwirtschaftskrise** aus, woraufhin kurzfristige US-Kredite aus Deutschland abgezogen wurden. Die Folge waren Produktionseinschränkungen und sinkende Investitionen, Bankenzusammenbrüche, Lohn- und Gehaltskürzungen, Kurzarbeit und rasch steigende Massenarbeitslosigkeit (1932 über sechs Millionen), deutliche Wahlerfolge der republikfeindlichen Parteien KPD und vor allem NSDAP.

Im März 1930 scheiterte die SPD-geführte Große Koalition aus SPD, Zentrum, BVP (Bayerische Volkspartei), DDP und DVP. Auf das parlamentarische Regierungssystem folgten die **Präsidialkabinette.**

Wissen **Die Präsidialkabinette (1930–33)**

Auf die Vollmachten des Reichspräsidenten gestützte Regierungen der Kanzler Heinrich Brüning (Zentrum, 1885–1970), Franz von Papen (rechter Flügel des Zentrums, 1879–1969) und Kurt von Schleicher (parteilos, General, 1882–1934) ohne parlamentarische Mehrheiten; Hilfsmittel: Befugnis des Reichspräsidenten zu Notverordnungen (Artikel 48 der Verfassung als Ersatz der parlamentarischen Legislative) und zur Reichstagsauflösung (Art. 25).

Brüning (April 1930 bis Ende Mai 1932) zielte darauf, die Staatsfinanzen durch eine **Spar- und Deflationspolitik** (Erhöhung von Steuern und Abgaben, Senkung von Löhnen, Gehältern und Sozialleistungen) zu sanieren. Dadurch verstärkte sich die Rezession und die Arbeitslosigkeit nahm zu, die innenpolitische Radikalisierung wurde befördert. Nach dem Rücktritt Brünings (Hindenburg hatte ihm das Vertrauen entzogen) bildete Papen (Juni bis November 1932) ein **Kabinett der nationalen Konzentration,** das u. a. das SA-Verbot aufhob und die SPD-geführte preußische Landesregierung absetzte (sog. Preußenschlag).

Aufgabe 4

Referentendenkschrift des preußischen Innenministeriums vom Mai 1930 (Auszug)
Worin sieht der Verfasser die Ursachen für den Aufstieg und wo liegt nach seiner Überzeugung die soziale Basis der NSDAP?

Es ist bezeichnend, dass gerade die unter der herrschenden wirtschaftlichen Not am meisten leidenden Bevölkerungskreise, der durch die Not der Landwirtschaft auf der einen Seite, durch die teuren Kredite und das Übergewicht der Großbetriebe auf der anderen Seite allmählich verelendende Mittelstand in den kleineren

Städten, die kleinen Handel- und Gewerbetreibenden, ferner die von der Arbeitslosigkeit betroffenen oder bedrohten Angestellten und schließlich die bei dieser Wirtschaftslage jeder Aussicht auf späteren Broterwerb baren Kreise des akademischen Nachwuchses, die Studenten und Hochschüler, das Gros der nationalsozialistischen Anhängerschaft bilden. [...] Im Gegensatz zum Arbeiter, der in dieser Lage eher den Parolen des Kommunismus zuneigt, wollen jene Kreise sich mit allen Mitteln vor dem Absinken in das „Proletariat" retten und sehen ihr Heil daher in dem anderen, „nicht marxistischen" Radikalismus, wie er sich im Nationalsozialismus verkörpert. Einen nicht zu unterschätzenden Auftrieb erhält der Nationalsozialismus, besonders auf dem flachen Lande, durch seine Kampfansage gegen die Auswüchse der sog. Großstadtkultur [...].

Schließlich findet der Nationalsozialismus [...] einen Bundesgenossen in der [...] Idee von der politischen Unfruchtbarkeit von Parteien und Parlamenten. [...] Insbesondere wirken sich diese Erscheinungen auf jugendliche Personen aus, die vermöge geringerer Schulung und Erfahrung nur die Nachteile sehen und daher nur zu leicht für andere Gedankengänge gewonnen werden. Es kann daher nicht verwundern, dass die große Masse der nationalsozialistischen Parteigänger Personen zwischen 15 und 30 Jahren umfasst, die ihrerseits der Bewegung eine ganz besondere Stoßkraft und Initiative geben und ihren Fanatismus erklären. Unterstützt wird diese Entwicklung teilweise durch die Einstellung der alten Parteien, die es nicht immer verstanden haben, den seelischen Regungen auch der jüngeren Generation Rechnung zu tragen.

Dazu kommt mit als wichtigster Faktor Art und Umfang der Parteipropaganda. Durch eine planmäßige und geschickt aufgezogene Werbung in Wort und Schrift und eine Versammlungstätigkeit, die an Rührigkeit auch nicht entfernt von irgendeiner anderen Partei oder Bewegung erreicht wird, werden die für die Propaganda ausersehenen Bezirke mit einem förmlichen Netz dieser Einwirkungsmittel überzogen und bearbeitet.

Die innenpolitische Radikalisierung fand ihren Ausdruck
- in der Bildung der **Harzburger Front** im Oktober 1931: Das Bündnis der „nationalen Opposition" bestand wesentlich aus DNVP, NSDAP, Stahlhelm (Bund ehemaliger Frontsoldaten) und den Alldeutschen;
- in **Wahlerfolgen** der **NSDAP,** die bei Reichstagswahlen 1928 12, 1930 107 und im Juli 1932 230 Mandate erzielte;
- in **Straßenkämpfen;** die Auseinandersetzungen zwischen paramilitärischen Kampfverbänden der NSDAP (Sturmabteilung, SA), der KPD (Rotfrontkämpferbund) und der SPD (Reichsbanner Schwarz-Rot-Gold) zeitigten Tote und Verletzte.

Methodik **Politische Reden**

Politische Reden sind an die Öffentlichkeit oder eine bestimmte Gruppe gerichtet. Meist dienen sie der Selbstdarstellung des Redners bzw. seiner Partei und wollen bei den Adressaten eine bestimmte **Wirkung erzielen.** Bei der Analyse von Reden muss man also neben dem Inhalt vor allem auf die **Motive und Absichten** des Redners achten. Zentral ist auch immer die **sprachliche Gestaltung** einer Rede, also die gezielte Verwendung von Stilmitteln zur Untermalung und Verstärkung der Redeabsicht.

Aufgabe 5

Ernst Thälmann (1886–1944, KPD-Vorsitzender): Rede vor dem Zentralkomitee der KPD vom 19. Februar 1932 (Auszug)
Erläutern Sie den Inhalt von Thälmanns Rede und bestimmen Sie ihre Adressaten und Zielsetzung.

Wie steht es nun mit dem Verhältnis zwischen der Politik der Hitlerpartei und der Sozialdemokratie? Schon das XI. Plenum hat von einer Verflechtung dieser beiden Faktoren im Dienste des Finanzkapitals gesprochen. Am klarsten hat Genosse Stalin schon im Jahre 1924 die Rolle dieser beiden Flügel gekennzeichnet, indem er von ihnen als von Zwillingen sprach, die einander ergänzen. [...] Warum müssen wir den Hauptstoß gegen die Sozialdemokratie richten? [...] unsere Strategie, die gerade durch den Hauptstoß gegen die Sozialdemokratie überhaupt erst die Voraussetzungen für eine wirksame Bekämpfung des Hitlerfaschismus schafft – diese Strategie ist nicht verständlich, wenn man die Rolle der proletarischen Klasse als der einzigen bis zu Ende revolutionären Klasse nicht klar verstanden hat. [...]

Die praktische Anwendung dieser Strategie in Deutschland erfordert den Hauptstoß gegen die Sozialdemokratie. Sie ist mit ihren „linken" Filialen die gefährlichste Stütze der Feinde der Revolution. Sie ist die soziale Hauptstütze der Bourgeoisie, sie ist der aktivste Faktor der Faschisierung [...] und sie versteht zugleich in der gefährlichsten Art, als „gemäßigter Flügel des Faschismus" die Massen durch ihre Betrugsmanöver für die Diktatur der Bourgeoisie und für ihre faschistischen Methoden einzufangen. Die Sozialdemokratie schlagen, das ist gleichbedeutend damit, die Mehrheit des Proletariats zu erobern und die wichtigste Voraussetzung für die proletarische Revolution zu schaffen.

Nach der Reichstagswahl vom 6.11.1932 trat von Papen zurück. Der Versuch des neuen Kanzlers von Schleicher, mit dem linken Flügel der NSDAP und den Gewerkschaften zusammenzuarbeiten, scheiterte am Widerstand der Gewerkschaften, Hitlers und des Reichspräsidenten. Hindenburg entzog Schleicher Ende Januar das Vertrauen und ernannte am 30.1.1933 **Adolf Hitler** zum **Reichskanzler.**

Aufgabe 6

Ian Kershaw (*1943, britischer Historiker): Zeitungsartikel zum 75. Jahrestag der Machtergreifung Hitlers
Erläutern Sie die von Kershaw genannten Gründe für das Scheitern der Weimarer Republik.

Hitler kam in einer Demokratie mit einer sehr liberalen Verfassung an die Macht und bediente sich teils demokratischer Freiheiten, um die Demokratie zu unterwandern und zu zerstören. Diese Demokratie, die 1919 geschaffen wurde, war ein Produkt der Niederlage im Weltkrieg und der Novemberrevolution. Von der Mehrheit der deutschen Eliten – namentlich Militärangehörigen, Großgrundbesitzern und Großindustriellen – wurde sie nie akzeptiert. Von Beginn an durch unüberbrückbare politische, soziale und kulturelle Zerwürfnisse erschüttert, überlebte die junge Demokratie in den frühen Nachkriegsjahren schwere Bedrohungen und erweckte von 1924 bis 1928 den Anschein von Stabilität – nur um beim Zusammenbruch der Weltwirtschaft im Jahr 1929 unterzugehen.

Die spektakulär wachsende Unterstützung für die Nationalsozialisten (2,6 Prozent der Stimmen bei den Wahlen 1928, 18,3 Prozent 1930, 37,4 Prozent im Juli 1932) spiegelte Wut, Frustration und Unmut wider – aber auch die Hoffnung, die Hitler bei Millionen Deutschen weckte. Sie waren gescheitert, und die Demokratie scheiterte an ihnen. Ihr Land war geteilt, verarmt, gedemütigt. Sündenböcke wurden gebraucht. Es war leicht, den Hass gegen die Juden zu schüren, die man für die externen Bedrohungen Deutschlands verantwortlich machte – für den internationalen Kapitalismus und den Bolschewismus. [...]

Zunehmend schien Hitler die einzige Hoffnung zu sein, das Land wieder auf die Beine zu stellen und nationale Erlösung zu bringen. Schon 1930 war es praktisch unmöglich, Deutschland ohne die Unterstützung der Nationalsozialisten zu regieren. Aber während die Nationalsozialisten die Demokratie zwar blockieren konnten, konnten sie Hitler nicht an die Macht bringen. Deswegen war Deutschland von 1930 an in einem Patt gefangen. Demokratische Strukturen blieben erhalten, aber die Demokratie selbst war praktisch tot oder lag zumindest im Sterben. Die antidemokratischen Eliten versuchten zu vermitteln, scheiterten aber an Hitlers Unnachgiebigkeit. Letztlich ernannte Reichspräsident Paul von Hindenburg Hitler am 30. Januar 1933 zum Reichskanzler, weil er keine andere autoritäre Lösung fand. Was folgte, wurde zur Katastrophe für Deutschland, für Europa und für die Welt.

7 Nationalsozialismus und Zweiter Weltkrieg

Nachdem Hindenburg Adolf Hitler zum Reichskanzler ernannt hatte, erhielt er von General Erich von Ludendorff einen Brief. Dieser hatte im Ersten Weltkrieg mit Hindenburg an der Spitze der Obersten Heeresleitung gestanden, 1923 war er beim Hitler-Putsch mitmarschiert. Er schrieb: „Sie haben durch die Ernennung Hitlers zum Reichskanzler unser heiliges deutsches Vaterland einem der größten Demagogen aller Zeiten ausgeliefert. Ich prophezeie Ihnen feierlich, dass dieser unselige Mann unser Reich in den Abgrund und unsere Nation in unfassbares Elend bringen wird.“ Abgesehen von seiner deutschzentrierten Sicht sollte Ludendorff recht behalten. Zwölf Jahre später waren Millionen Menschen ermordet oder im Krieg getötet worden.

Typische Aufgabenstellungen

- Zeigen Sie die Bedeutung der NS-Ideologie für die Politik nach 1933 auf.
- Erläutern Sie den Unterschied zwischen Revisionspolitik und Lebensraumpolitik.
- Begründen Sie den repressiven Charakter der Volksgemeinschaftsideologie.
- Stellen Sie Inhalt und Konsequenzen des Antisemitismus für die nationalsozialistische Politik dar.
- Untersuchen Sie den Zusammenhang zwischen dem Zweiten Weltkrieg und dem Holocaust.

7.1 „Machtergreifung“ und „Gleichschaltung“

Nach seiner Ernennung zum Reichskanzler gelang es Hitler und seinen Gefolgsleuten in kurzer Zeit, den Staat radikal umzuformen, politische Gegner auszuschalten und die alleinige Macht zu übernehmen. Die scheinlegalen Grundlagen der NS-Herrschaft bildeten:

- die **Reichstagsbrandverordnung** (28. 2. 1933): Aufhebung zentraler Grundrechte, Eingriffsmöglichkeit des Reichs in die Länderhoheit;

- das **Ermächtigungsgesetz** (23. 3. 1933): Entmachtung des Parlaments, Übertragung der Legislative auf die Exekutive.

Maßnahmen der sog. Machtergreifung und Gleichschaltung

- **Verfolgung** und Inhaftierung politischer Gegner aus SPD und KPD;
- Eröffnung des am 5. 3. 1933 neu gewählten Reichstags in der Potsdamer Garnisonkirche (21. 3. 1933);
- **Gleichschaltung** der Länderparlamente und -regierungen, Einsetzung von Reichsstatthaltern (April 1933);
- **Entlassung** oppositioneller und jüdischer Beamter (Gesetz zur Wiederherstellung des Berufsbeamtentums, 7. 4. 1933);
- **Beseitigung** der Gewerkschaften und Gründung der „Deutschen Arbeitsfront" (2. 5. 1933);
- **Verbot** bzw. Selbstauflösung der **Parteien** (Juni/Juli 1933);
- NSDAP als einzig zugelassene Staatspartei (1. 12. 1933);
- **Ausschaltung** der SA und innerparteilicher Rivalen („Röhm-Putsch" 30. 6. 1934);
- **Führer und Reichskanzler:** Nach dem Tode Hindenburgs (2. 8. 1934) vereinigte Hitler die Ämter des Reichspräsidenten und Reichskanzlers auf sich und gab sich den Titel „Führer und Reichskanzler".

Wissen **Sturmabteilung (SA)**

Die „Sturmabteilung" der NSDAP wurde 1920 als Saal- und Versammlungsschutz der Partei gegründet. Ende der 1920er-Jahre entwickelte sie sich zu einer mitgliederstarken Kampf- und Propagandatruppe. Die Weltwirtschaftskrise brachte der SA enormen Zulauf, sodass ihr 1933 rund 700 000 meist junge Männer angehörten. Ab 1933 wurde die SA als „Hilfspolizei" gegen Sozialisten und Kommunisten eingesetzt. Ihr „Stabschef" war der frühere Offizier Ernst Röhm (1887–1934). Nach der Machtübernahme forderte er eine Fortführung der nationalsozialistischen Revolution. Er verlangte eine rechtssozialistische Umgestaltung der Wirtschaft (z. B. Enteignung großer Konzerne) und die Bildung eines Milizheeres aus den Mitgliedern der SA. In dieser revolutionären Miliz sollte die Reichswehr langfristig aufgehen. Deshalb geriet die SA in Konflikt mit der Reichswehr und führenden Kreisen der Wirtschaft.

Methodik **Fotos als historische Quellen**

Die Analyse eines Fotos besteht aus der Zusammenstellung der Bildelemente, der Bestimmung der dargestellten Personen, Gegenstände, Sachverhalte oder Ereignisse und ihrer Einordnung in den historischen Kontext. Gegebenenfalls muss man den Adressaten und den Auftraggeber ermitteln. Außerdem ist es wichtig zu wissen, warum, zu welchem Zeitpunkt und an welchem Ort das Foto aufgenommen wurde. Im Allgemeinen müssen hierfür weitere Informationen recherchiert werden.

Aufgabe 1

Der Tag von Potsdam, 21. März 1933 (historische Fotografie)
Analysieren Sie die Wirkung und die Bedeutung des „Tags von Potsdam“ mithilfe des Fotos.

Aufgabe 2

Erich Ebermayer (Schriftsteller): Tagebucheintrag vom 11. 2. 1933
Beschreiben Sie die Wirkung von Hitlers Redeauftritt und beurteilen Sie die politische Bedeutung der Propaganda.

Gestern die erste Riesen-Massen-Monster-Versammlung im Berliner Sportpalast [...]. Die Veranstaltung wurde auf alle Sender übertragen. Der „Führer“ eröffnet den Wahlkampf! Vorher sprach Goebbels und gab, äußerst geschickt, ein Bild der Atmosphäre der Massenversammlung. Hitler wird mit einem Beifallssturm ohnegleichen empfangen. Dann hält er eine weit ausholende Rede, die sich zu hinreißendem Schwung steigert. Der Mann wächst sichtlich durch die Aufgabe, die ihm geworden. Zum Schluss beginnt er sozusagen zu beten und schließt mit dem Wort „Amen“. Genau die richtige Mischung für seine Hörer: Brutalität, Drohungen, Kraftprotzentum und dann wieder Demut vor dem oft zitierten „Allmächtigen“. Die Massen im Sportpalast geraten in Taumel. Die Versammlung, der, wie Goebbels behauptet, zwanzig bis dreißig Millionen Deutsche an den Lautsprechern lauschten, ist zweifellos ein großer Erfolg für Hitler. Welch ein Instrument der Massenpropaganda ist heute der Rundfunk! Und wie wenig haben Hitlers Gegner bisher damit anzufangen gewusst! Hat es denn vor dem 30. Januar überhaupt kein Radio gegeben? Unbegreiflich! Arme, gottverlassene bürgerliche Parteien, wie leicht habt ihr euch die Macht aus den Händen schlagen lassen!

7.2 Führerstaat und Volksgemeinschaft

Im „Dritten Reich“ blieb die Weimarer Verfassung in Kraft, doch war sie nur noch eine Hülle für den nach ideologischen Grundsätzen des Nationalsozialismus errichteten Führerstaat und seine „Volksgemeinschaft“.

Wissen Ideologie des Nationalsozialismus

Die wesentlichen Elemente der Ideologie des Nationalsozialismus waren Rassismus und Sozialdarwinismus, Antisemitismus, Führerprinzip und völkisches Denken. Bereits im 19. Jahrhundert entwickelt, waren sie von Hitler und den Nationalsozialisten zu einem gefährlichen Gemisch verschmolzen worden.

- **Rassismus und Sozialdarwinismus:** ↑ Seite 59
- **Antisemitismus:** rassistisch-biologische Verschärfung der traditionellen christlichen Judenfeindschaft: Das Judentum wurde als minderwertige Rasse vorgestellt, deren Anliegen es sei, die „arische" Rasse zu unterwandern, ihr Blut zu zersetzen und die Weltherrschaft zu erringen; Sozialismus und Kommunismus, Liberalismus und Kapitalismus seien dabei nur verschiedene Formen dieser gegen die „arische" Rasse gerichteten jüdischen Agitation.
- **Führerprinzip:** hierarchische Gesellschafts- und Entscheidungsordnung, die auf Befehl und Gehorsam beruht. Seine Stellung weist den Führer als den „Besten" aus.
- **Völkisches Denken:** rassisch definierte Volksgemeinschaft statt einer aus Individuen bestehenden Staatsbürgergesellschaft, deren Mitgliedern unveräußerliche Menschenrechte zukommen. Völker werden als Träger der Geschichte gesehen; Kampf der Völker statt Klassenkampf, Führerpersönlichkeiten als Ausdruck des Volkswillens.

Umsetzung von Führerstaat und Volksgemeinschaft

- Das Bestreben, den Staat und die Partei streng hierarchisch zu gliedern und auszurichten, gelang nur zum Teil. Rivalitäten und Kompetenzstreitigkeiten waren an der Tagesordnung („Polykratie"); der Wille des „Führers" bzw. ein „Führerbefehl" galten als letzte Instanz.
- Möglichst **totale Erfassung** der verschiedenen gesellschaftlichen Gruppen und ihre Ausrichtung nach dem Führerprinzip. Zu den Gliederungen der NSDAP gehörten SA, SS („Schutzstaffel"), Hitlerjugend, Bund deutscher Mädel (BDM), NS-Frauenschaft, Nationalsozialistischer Deutscher Studentenbund; Berufsverbände waren z. B. NS-Lehrerbund, NS-Ärztebund, NS-Juristenbund, NS-Kraftfahrerkorps.
- Gezielte Beeinflussung der Bevölkerung durch **Propaganda** in Presse und Rundfunk sowie durch **Zensur** von Kunst, Literatur und Musik.
- Umsetzung des Führerprinzips in den Betrieben durch die **Deutsche Arbeitsfront** (DAF), einen Zusammenschluss aus Arbeitgebern und Arbeitnehmern mit dem Betriebsleiter als Führer und der Belegschaft als Gefolgschaft.
- Einrichtung der DAF-Organisation **Kraft durch Freude** zur politisch kontrollierten Freizeitgestaltung (Urlaubsreisen, Kultur- und Sportveranstaltungen).
- Gründung von NSV **(Nationalsozialistische Volkswohlfahrt)** und **Winterhilfswerk** als Fürsorgeorganisationen, die sich an rassistischen Kriterien und politischer Zuverlässigkeit orientierten.

Aufgabe 3

Deutsche Arbeitsfront (DAF): „An alle schaffenden Deutschen“, Aufruf vom 27. November 1933
Erläutern Sie die ideologischen Grundlagen und die Zielsetzung der DAF und vergleichen Sie diese mit den Grundsätzen und Zielen der Gewerkschaften (↑ S. 40).

Die Deutsche Arbeitsfront ist die Zusammenfassung aller im Arbeitsleben stehenden Menschen ohne Unterschied ihrer wirtschaftlichen und sozialen Stellung. In ihr soll der Arbeiter neben dem Unternehmer stehen, nicht mehr getrennt durch Gruppen und Verbände, die der Wahrung besonderer wirtschaftlicher oder sozialer Schichtungen und Interessen dienen. Der Wert der Persönlichkeit, einerlei ob Arbeiter oder Unternehmer, soll in der Deutschen Arbeitsfront den Ausschlag geben. Vertrauen lässt sich nur von Mensch zu Mensch, nicht aber von Verband zu Verband gewinnen.

Nach dem Willen unseres Führers Adolf Hitler ist die Deutsche Arbeitsfront nicht die Stätte, wo die materiellen Fragen des täglichen Arbeitslebens entschieden, die natürlichen Unterschiede der Interessen der einzelnen Arbeitsmenschen aufeinander abgestimmt werden. Für die Regelung der Arbeitsbedingungen werden in kurzer Zeit Formen geschaffen werden, die dem Führer und der Gefolgschaft eines Betriebes die Stellung zuweisen, die die nationalsozialistische Weltanschauung vorschreibt. Das hohe Ziel der Arbeitsfront ist die Erziehung aller im Arbeitsleben stehenden Deutschen zum nationalsozialistischen Staat und zur nationalsozialistischen Gesinnung. [...] Sie wird dafür sorgen, dass die Ehre des Betriebsführers wie seiner Gefolgschaft zu einer entscheidenden Triebkraft der neuen Gesellschafts- und Wirtschaftsordnung werden kann. So rufen wir heute alle deutschen Arbeiter der Stirn und der Faust auf, in die Deutsche Arbeitsfront einzutreten, um in ihr alle Kräfte zum Gelingen des großen Werkes zu sammeln.

7.3 Wirtschaftspolitik

Die nationalsozialistische Führung stellte die kapitalistische Privatwirtschaft nicht infrage, griff aber lenkend in das Wirtschaftsgeschehen und den Arbeitsmarkt ein, um ihre geplanten Ziele zu verwirklichen.

Hauptziele der NS-Wirtschaftspolitik: Arbeitsbeschaffung, Erlangung der wirtschaftlichen Unabhängigkeit vom Ausland (Autarkie) und Aufrüstung zur Vorbereitung auf einen künftigen Krieg.

- **Reduzierung der Arbeitslosigkeit:** Um die Arbeitslosigkeit zu vermindern, führten die Nationalsozialisten Arbeitsbeschaffungsmaßnahmen (u. a. Moorkultivierung, Bau von Deichen und Autobahnen) und 1935 den Reichsarbeitsdienst – eine halbjährige Arbeitsdienstpflicht für junge Männer und Frauen zwischen 18 und 25 Jahren – sowie die allgemeine Wehrpflicht ein. Ihre Kriegsvorbereitungen führten vor allem zu hohen Wachstumsraten in der Rüstungsindustrie. Die Arbeitslosigkeit ging von 6 Mio. 1932/33 auf 0,4 Mio. 1938 zurück.
- **Rüstungs- und Autarkiepolitik:** Nach dem Vierjahresplan von 1936 sollte die deutsche Wirtschaft in vier Jahren kriegsbereit sein. Erreicht werden sollte dieses Ziel durch Planung und Lenkung der Wirtschaft (Rohstoffzuteilungen, Steuerung von Investitionen und Arbeitseinsätzen, Herstellung künstlicher Rohstoffe wie aus Kohle gewonnenem Benzin, synthetischem Kautschuk [Buna], Dünger und Sprengstoff).

- **Finanzierung:** Die Arbeitsbeschaffungsmaßnahmen und die Aufrüstung wurden über eine Verschuldungs- und Inflationspolitik finanziert. Verschleiert wurde diese Verschuldung, indem man die Rüstung mithilfe von sog. Mefo-Wechseln bezahlte.

Wissen **Mefo-Wechsel**

Rüstungsausgaben wurden mit vom Staat garantierten Wechseln, die auf die Scheinfirma „Metallurgische Forschungsgesellschaft" ausgestellt waren, bezahlt. Sie konnten bei der Reichsbank eingelöst werden und dienten so als Zahlungsmittel. Da die Mefo-Wechsel nicht im Staatshaushalt auftauchten, blieb die Höhe der Rüstungsausgaben verborgen.

7.4 Außenpolitik bis 1939

Die nationalsozialistische Außenpolitik propagierte öffentlich die Revision des Versailler Vertrages, hauptsächlich zielte sie jedoch auf die Gewinnung sog. neuen Lebensraums. Im November 1937 eröffnete Hitler den Oberbefehlshabern der Wehrmacht seine Kriegs- und Eroberungspläne für Osteuropa und die UdSSR **(Hoßbach-Protokoll).**

Aufgabe 4

Adolf Hitler: „Mein Kampf"* (1925), zu seinen außenpolitischen Zielen
Arbeiten Sie die ideologische Begründung und die Zielsetzung von Hitlers außenpolitischer Konzeption von 1925 heraus und erläutern Sie ihre Bedeutung für die nationalsozialistische Außenpolitik.

Die Außenpolitik des völkischen Staates hat die Existenz der durch den Staat zusammengefassten Rasse auf diesem Planeten sicherzustellen, indem sie zwischen der Zahl und dem Wachstum des Volkes einerseits und der Größe und Güte des Grund und Bodens andererseits ein gesundes, lebensfähiges, natürliches Verhältnis schafft.

Als gesundes Verhältnis darf dabei immer nur jener Zustand angesehen werden, der die Ernährung eines Volkes auf eigenem Grund und Boden sichert. [...]

Nur ein genügend großer Raum auf dieser Erde sichert einem Volke die Freiheit des Daseins. Dabei kann man die notwendige Größe des Siedlungsgebietes nicht ausschließlich von den Erfordernissen der Gegenwart aus beurteilen, ja, nicht einmal von der Größe des Bodenertrages, umgerechnet auf die Zahl des Volkes. Denn [...] der Grundfläche eines Staates [kommt] außer ihrer Bedeutung als direkter Nährquelle eines Volkes auch noch eine andere, die militär-politische, zu. [...]

Damit ziehen wir Nationalsozialisten bewusst einen Strich unter die außenpolitische Richtung unserer Vorkriegszeit. Wir setzen dort an, wo man vor sechs Jahrhunderten endete. Wir stoppen den ewigen Germanenzug nach dem Süden und Westen Europas und weisen den Blick nach dem Land im Osten. Wir schließen endlich ab die Kolonial- und Handelspolitik der Vorkriegszeit und gehen über zur Bodenpolitik der Zukunft.

Wenn wir aber heute in Europa von neuem Grund und Boden reden, können wir in erster Linie nur an Russland und die ihm untertanen Randstaaten denken.

* *In „Mein Kampf" legt Adolf Hitler die Grundzüge der nationalsozialistischen Weltanschauung dar. Die Veröffentlichung des gesamten Buches ist verboten, der Abdruck von Textauszügen strengen Regularien unterworfen. Der vorliegende Auszug dient ausschließlich der kritischen Auseinandersetzung; Autor und Verlag distanzieren sich ausdrücklich von dem darin geäußerten Gedankengut.*

Methodik **Auswerten und Einordnen von Quellen**

Durch das Auswerten und Einordnen von Quellen können wir deren Aussagegehalt bestimmen. Dafür müssen die gestellten Fragen möglichst eindeutig beantwortet und nicht sicher oder befriedigend zu klärende Aspekte offengelegt werden. Darüber hinaus gilt es oft, diese Ergebnisse in größere historische Zusammenhänge einzuordnen, z. B. Hintergründe, Motive oder Ursachen und Wirkungen und Folgen aufzuzeigen. Auch ist zu prüfen, ob die Quelle repräsentativ und ihre Aussagen verallgemeinerbar sind oder ob es sich um eine Einzelmeinung handelt.

Wissen **Nationalsozialistische Außenpolitik bis 1939**

1933	**Austritt aus dem Völkerbund:** Abkehr vom Versailler System
1934	**Nichtangriffspakt mit Polen:** Schwächung des französischen Bündnissystems
1935	Wiedereinführung der **allgemeinen Wehrpflicht** (Bruch des Versailler Vertrages) **Deutsch-britisches Flottenabkommen:** Großbritannien akzeptiert eine Revision des Versailler Vertrages, um ein Flottenwettrüsten zu vermeiden
1936	**Einmarsch** deutscher Truppen ins entmilitarisierte Rheinland (Bruch der Verträge von Versailles und Locarno) **Antikominternpakt** (Bündnis mit Japan, dem 1937 Italien beitrat, weitere Staaten folgten)
1938	**Anschluss** Österreichs **Münchener Konferenz:** Großbritannien, Frankreich und Italien stimmten der erzwungenen Abtretung des Sudetenlands an Deutschland zu
1939	Deutscher Einmarsch in die „Resttschechei“ und Errichtung des **Reichsprotektorats Böhmen und Mähren** **Deutsch-sowjetischer Nichtangriffspakt** („Hitler-Stalin-Pakt“): geheim gehaltene Aufteilung Osteuropas in deutsche und sowjetische Einflussgebiete

Die europäischen Mächte reagierten zögernd und abwartend auf die nationalsozialistische Außenpolitik, meist blieb es bei verbalen Protesten. Die Gründe dafür waren:

- wirtschaftliche Schwächung, vor allem Frankreichs und Großbritanniens, durch die Weltwirtschaftskrise;
- Rüstungsrückstand gegenüber Deutschland;
- Verständnis für die deutsche Forderung nach Revision des Versailler Vertrages (Großbritannien);
- Konflikte in den Kolonien (z. B. Großbritannien in Indien, Palästina);
- erhebliche Schwächung der Roten Armee durch Stalins „Säuberungen“ im Offizierskorps.

Wissen **Britische Appeasementpolitik**

Britische Politik der **Beschwichtigung** und des Entgegenkommens gegenüber dem nationalsozialistischen Regime, vor allem verkörpert vom britischen Premier Neville Chamberlain (1869–1940), der auf der Münchener Konferenz Hitlers Forderungen nachgab. Motive dafür waren v. a. die Antikriegshaltung, die mangelnde Rüstung im eigenen Land sowie das Verständnis für die Forderung nach Revision des Versailler Vertrags.

7.5 Terror, Unterdrückung und Vernichtung

Obwohl die nationalsozialistische Herrschaft lange Jahre von einer breiten Zustimmung der Bevölkerung getragen war, beruhte sie in ihrem Kern auf **Terror und Unterdrückung** Andersdenkender, angeblich minderwertiger Menschen und politischer Gegner im eigenen Lande sowie auf der massiven Verfolgung und späteren Vernichtung der Juden. Im Rahmen der deutschen **Kriegs- und Besatzungspolitik in Osteuropa** litt die dortige Bevölkerung unter millionenfachen Vertreibungen, Umsiedlungen und Sklavenarbeiten. Ungezählte wurden ermordet.

Im Wesentlichen bestand das Terrorsystem aus drei Eckpfeilern:

- **Konzentrationslager:** Bereits 1933 wurden Lager errichtet, die zur Inhaftierung politischer Gegner, Krimineller sowie aus sozialen oder rassistischen Gründen Verfolgter dienten. Es entstand ein ausgedehntes Lagersystem, das neben Konzentrationslagern Arbeits-, Durchgangs-, Kriegsgefangenen- und Vernichtungslager umfasste. Die KZs, meist mit mehreren Zwangsarbeitslagern als Außenstellen verbunden, waren der SS unterstellt.
- **Gestapo** (Geheime Staatspolizei): 1933 zur Verfolgung politischer Gegner gegründet, 1939 mit der **Sipo** (Sicherheitspolizei, SS-Polizeiorganisation) und dem **SD** (Sicherheitsdienst, politischer Nachrichtendienst) ins Reichssicherheitshauptamt eingegliedert.
- **SS:** 1925 als „Schutzstaffel" gegründete Elitetruppe zum Schutz Hitlers, ursprünglich Teil der SA; ab 1929 vom „Reichsführer SS" Heinrich Himmler (1900–45) geführt; seit 1934 selbstständige Parteiorganisation; Instrument der rassischen Auslese, zur Kontrolle der Bevölkerung, zur Bewachung von KZs, zur wirtschaftlichen Nutzung der Zwangsarbeit und zur Vernichtung der Juden („Einsatzgruppen").

Die **Verfolgung und Vernichtung der Juden** war nur möglich, weil der Antisemitismus in der Bevölkerung weit verbreitet war. Die Maßnahmen des NS-Regimes lassen sich in vier Phasen gliedern:

1. Boykottaktionen und Diskriminierungen,
2. Entrechtung und Ausgrenzung,
3. Deportationen der Juden in KZs und Arbeitslager,
4. Fabrikmäßig organisierter Massenmord in Vernichtungslagern.

Wissen	**Stationen der Judenverfolgung 1933–45**
1933	**Boykott** jüdischer Geschäfte, Ärzte und Rechtsanwälte (1.4.) **Entlassung** jüdischer Beamter (Gesetz zur Wiederherstellung des Berufsbeamtentums vom 7.4.)
1935	**Nürnberger Gesetze** (15.9. Reichsbürgergesetz, Gesetz zum Schutze des deutschen Blutes und der deutschen Ehre): Aberkennung der staatsbürgerlichen Gleichberechtigung, Verbot von sexuellen Beziehungen und Eheschließungen mit Deutschen
1938	Entzug der Zulassung für Ärzte und Rechtsanwälte, Meldung jüdischer Vermögen und Betriebe, Kennzeichnung von Reisepässen mit „J“, Zwangsvornamen „Sara“ bzw. „Israel“, Verbot des Besuchs höherer Schulen und der Benutzung öffentlicher Verkehrsmittel, Einrichtung von Sperrbezirken und Ausgangssperren **Reichspogromnacht:** in der Nacht vom 9. zum 10.11. Zerstörung von Synagogen und Geschäften, Verhaftungen, Morde
ab 1939	**Deportationen** deutscher Juden in polnische Ghettos und Arbeitslager
1941	**Kennzeichnungspflicht** (Tragen des „Judensterns“)
1942	**Wannseekonferenz:** Zusammenkunft, um zentrale Maßnahmen zur Durchführung und Koordination der systematischen Vernichtung der europäischen Juden („Endlösung“) zu besprechen.

Aufgabe 5

Heinrich Himmler: Über die Moral der SS-Männer, Rede vor SS-Führern am 4. Oktober 1943
Bewerten Sie die von Himmler entwickelten Moralvorstellungen der SS und legen Sie Ihre Bewertungskriterien offen.

Ein Grundsatz muss für den SS-Mann absolut gelten: Ehrlich, anständig, treu und kameradschaftlich haben wir zu Angehörigen unseres eigenen Blutes zu sein und zu sonst niemandem. Wie es den Russen geht, wie es den Tschechen geht, ist mir total gleichgültig. Das, was in den Völkern an gutem Blut unserer Art vorhanden ist, werden wir uns holen, indem wir ihnen, wenn notwendig, die Kinder rauben und sie bei uns großziehen. Ob die anderen Völker in Wohlstand leben oder ob sie verrecken vor Hunger, das interessiert mich nur so weit, als wir sie als Sklaven für unsere Kultur brauchen, anders interessiert mich das nicht. [...] Wir werden niemals roh und herzlos sein, wo es nicht sein muss; das ist klar. Wir Deutschen, die wir als Einzige auf der Welt eine anständige Einstellung zum Tier haben, werden ja auch zu diesen Menschentieren eine anständige Einstellung einnehmen, aber es ist ein Verbrechen gegen unser eigenes Blut, uns um sie Sorge zu machen und ihnen Ideale zu bringen, damit unsere Söhne und Enkel es noch schwerer haben mit ihnen. [...] Das ist das, was ich dieser SS einimpfen möchte [...] als eines der heiligsten Gesetze der Zukunft: Unsere Sorge, unsere Pflicht ist unser Volk und unser Blut; dafür haben wir zu sorgen und zu denken, zu arbeiten und zu kämpfen, und für nichts anderes. [...]

Ich meine jetzt die Judenevakuierung, die Ausrottung des jüdischen Volkes. Es gehört zu den Dingen, die man leicht ausspricht. „Das jüdische Volk wird ausgerottet", sagt ein jeder Parteigenosse, [...]. Und dann kommen sie alle an, die braven 80 Millionen Deutschen, und jeder hat seinen anständigen Juden. Es ist ja klar, die anderen sind Schweine, aber dieser eine ist ein prima Jude. Von allen, die so reden, hat keiner zugesehen, keiner hat es durchgestanden. Von euch werden die meisten wissen, was es heißt, wenn 100 Leichen beisammen liegen, wenn 500 daliegen oder wenn 1000 daliegen. Dies durchgehalten zu haben und dabei – abgesehen von Ausnahmen menschlicher Schwächen – anständig geblieben zu sein, das hat uns hart gemacht. Dies ist ein [...] Ruhmesblatt [...].

Methodik **Bewerten Sie ...**

Die Bewertung einer Quelle oder eines Sachverhalts gehört zum Anforderungsbereich III. Dabei geht es um ein Werturteil nach selbst gewählten und für den Leser offengelegten persönlichen Normen oder moralischen Maßstäben. Diese persönlichen Wertbezüge müssen begründet und erläutert sowie angemessen zum Ausdruck gebracht werden.

7.6 Der Widerstand

Einen einheitlichen und starken Widerstand gegen das NS-Regime gab es nicht. Zu heterogen waren die sozialen Gruppen und ihre Motive, zu schwach war der Rückhalt in der Bevölkerung und zu verschieden waren die Formen des Widerstands.

- **Kommunisten, Sozialdemokraten, Gewerkschafter:** zunächst offener Widerstand, nach massiver Verfolgung Untergrund oder Exil.
- **Kirchen:** Widerstand evangelischer Christen in der „Bekennenden Kirche" gegen staatliche Eingriffe und gegen die nationalsozialistischen „Deutschen Christen", Kritik katholischer Geistlicher am Nationalsozialismus und am nationalsozialistischen Euthanasieprogramm.
- **Jugendliche und Jugendgruppen:** christlich motivierter Protest der Studentengruppe „Weiße Rose" um die Geschwister Scholl in München gegen Massenmorde im Osten; „Swing-Jugend" und „Edelweißpiraten" gegen Vereinnahmung durch den totalitären Staat.
- **Bürgerliche Widerstandskreise:** Schulze-Boysen/Harnack-Organisation (im Zweiten Weltkrieg Zusammenarbeit mit der „Roten Kapelle"): Weitergabe von Geheiminformationen, Arbeit im Untergrund; Kreisauer Kreis: Beseitigung der NS-Diktatur, Denkschriften zur künftigen gesellschaftlichen Ordnung in Deutschland.
- **Militärischer Widerstand:** Massenmorde und andere deutsche Verbrechen im Osten sowie die aussichtslose militärische Lage Deutsch-

lands führten dazu, dass eine oppositionelle Haltung innerhalb der Wehrmacht ab 1943 zunahm. Umsturzpläne kulminierten im gescheiterten Hitlerattentat am 20.7.1944 von Claus Graf Schenk von Stauffenberg (1907–44).

- **Einzelgänger:** Fehlgeschlagenes Attentat des Tischlers Georg Elser (1903–45) im Münchener Bürgerbräukeller am 8.11.1939.

7.7 Der Zweite Weltkrieg

7.7.1 Die „Blitzkriege“ in Ost und West

In den ersten beiden Kriegsjahren eilte die deutsche Wehrmacht von Erfolg zu Erfolg. In raschen Feldzügen unterwarf sie große Teile Europas. Nur Großbritannien konnte Widerstand leisten.

- September/Oktober 1939: Eroberung Polens, Eingliederung Danzigs, Westpreußens, Posens und Oberschlesiens ins Reich, Errichtung eines sog. Generalgouvernements mit Sitz in Krakau für die restlichen polnischen Gebiete;
- April/Mai 1940: Deutsche Truppen besetzten Dänemark und Norwegen;
- Mai/Juni 1940: Eroberung Belgiens, der Niederlande und Frankreichs, Aufteilung Frankreich in ein besetztes Gebiet im Norden und ein mit Deutschland kooperierendes Regime im Süden („Vichy-Frankreich“);
- August 1940: Beginn der Luftschlacht um England, die Briten hielten mithilfe von Kriegsmateriallieferungen aus den USA stand;
- Anfang 1941: Ausdehnung des Kriegs auf den Balkan und Nordafrika, Besetzung Jugoslawiens und Griechenlands, deutsche Erfolge in Afrika.

7.7.2 Krieg gegen die UdSSR und die USA

Mit dem Einmarsch deutscher Truppen in die UdSSR und der deutschen Kriegserklärung an die USA wendete sich 1941 das Blatt.

Der **Vernichtungskrieg** gegen die UdSSR war gekennzeichnet durch die Ermordung kommunistischer Funktionäre und unzähliger Juden einerseits und die brutale Behandlung russischer Kriegsgefangener und Zivilisten, die massenhaft zur Zwangsarbeit nach Deutschland verschickt wurden, andererseits.

Der deutsche Vormarsch wurde durch die Einkesselung und Kapitulation der 6. Armee in **Stalingrad** im Februar 1943 gestoppt. Danach rückte die Rote Armee unter schweren Kämpfen nach Westen vor; im April 1945 stand sie vor Berlin.

Mit **Kriegseintritt der USA** nach dem Überfall der japanischen Luftwaffe auf Pearl Harbour (Hawaii 7.12.1941) weitete sich der Krieg zum Weltkrieg aus. Nun kam das immense Wirtschafts- und Militärpotenzial der USA zum Einsatz.

- Sommer 1943: Beginn des massiven britischen und amerikanischen Luftkriegs gegen deutsche Städte und Industrieanlagen;
- Vertreibung deutscher Truppen aus Afrika, Landung der Briten und Amerikaner auf Sizilien, Sturz Mussolinis (Sommer 1943);
- **Landung der Alliierten in der Normandie** (6.6.1944), Befreiung Frankreichs und Vorstoß der alliierten Truppen zum Rhein;
- **bedingungslose Kapitulation** Deutschlands am 8.5.1945.

Wissen **Alliierte Kriegskonferenzen**

Bereits während des Kriegs verständigten sich die Alliierten **(Anti-Hitler-Koalition)** über ihr gemeinsames Vorgehen und die Behandlung Deutschlands nach dem Ende des Kriegs.

- **Atlantikcharta** (12.8.1941): Vereinbarung zwischen dem US-Präsidenten Roosevelt (1882–1945) und dem britischen Premier Churchill (1874–1965) auf einem Kriegsschiff vor Neufundland; wandte sich vor allem gegen die Achsenmächte, forderte u.a. die Errichtung einer internationalen Friedensordnung unter vollständiger Entmilitarisierung von Staaten, die sich der Aggression schuldig gemacht haben; wurde Grundlage der Erklärung über die Vereinten Nationen (1.1.1942).
- **Treffen** Roosevelts und Churchills **in Casablanca** (Januar 1943): Forderung der „bedingungslosen Kapitulation" Deutschlands, Italiens und Japans.
- **Konferenzen von Teheran** (November 1943) **und Jalta** (Februar 1945): Vereinbarungen über die Aufteilung Deutschlands in Besatzungszonen, die Westverschiebung der UdSSR und Polens sowie die Abgrenzung der Interessensphären in Ost- und Südosteuropa.

8
Die bipolare Welt und der Kalte Krieg

Nach dem Zweiten Weltkrieg übernahmen mit den USA und der UdSSR zwei große Flügelmächte die Führungsrolle in der Weltpolitik. Sie standen für grundlegend gegensätzliche Gesellschaftsmodelle. Im Zeitalter des Ost-West-Konflikts war die Welt im Wesentlichen bipolar aufgeteilt. Es endete mit dem Untergang der Sowjetunion 1991.

Typische Aufgabenstellungen

- Erläutern Sie die ideologischen Unterschiede zwischen den USA und der UdSSR.
- Erklären Sie den Einfluss des Kalten Kriegs auf die Entwicklung Deutschlands nach dem Zweiten Weltkrieg.
- Stellen Sie die Stationen der Bildung der beiden Blöcke zusammen.
- Zeigen Sie die Bedeutung des Kalten Kriegs für die „Dritte Welt“ auf.
- Charakterisieren Sie die sog. Stellvertreterkriege im Rahmen des Kalten Kriegs.
- Begründen Sie das Ende des Kalten Kriegs.

8.1
Die Entstehung der bipolaren Welt

Ideologische Gegensätze nach dem Ersten Weltkrieg

- **USA:** Parlamentarische Demokratie, Individualismus, Kapitalismus, freier Wettbewerb, Selbstbestimmungsrecht der Völker in einer internationalen Friedensordnung.
- **UdSSR:** Staatssozialistisch-diktatorische „Volksdemokratie“, Kollektivismus, Planwirtschaft, sozialistische Weltrevolution.

Zweiter Weltkrieg und unmittelbare Nachkriegszeit

- Gemeinsames Zweckbündnis gegen Hitler im Zweiten Weltkrieg.
- Festlegung einer Nachkriegsordnung in Teheran (1943) und Jalta (1945): Abgrenzung der Einflusssphären in Osteuropa, Teilung Deutschlands in Besatzungszonen, Gründung der UNO.

- Erste Bruchstellen: Die Sowjetunion verweigerte dem polnischen Warschauer Aufstand gegen die deutsche Besatzung (1944) die Unterstützung; sie verletzte mit ihrem Vorgehen in Osteuropa das Jalta-Abkommen; Differenzen bei der Behandlung Deutschlands nach 1945.
- Politische Vorentscheidungen: Aufbau eines Schutzgürtels aus kommunistischen Satellitenstaaten in Osteuropa (Polen, ČSSR, Ungarn, Bulgarien, Rumänien); Sicherung des westlichen Einflusses in Griechenland, Italien und Frankreich; Aufteilung Deutschlands in eine sowjetische und drei westliche Besatzungszonen.

Strategien der Auseinandersetzung

- **USA:** Zunächst Eindämmung (containment) der kommunistischen Expansion (Truman-Doktrin 1947), später Befreiung kommunistisch beherrschter Völker („rollback" oder „liberation").
- **UdSSR:** Erneuter Kampf gegen den Klassenfeind, gegen Imperialismus und Militarismus; Gründung des „Kommunistischen Informationsbüros" (Kominform; von der UdSSR kontrolliertes internationales Bündnis kommunistischer Parteien); nach der Zweilagertheorie (1947) stand ein von der UdSSR geführtes antiimperialistisch-demokratisches Lager einem von den USA geführten imperialistisch-antidemokratischen Lager gegenüber.

Methodik **Arbeitsanweisungen/Operatoren**

- **Begründen Sie ...:** Zusammenhänge zwischen Ursachen und Konsequenzen herstellen
- **Entwickeln Sie ...:** aus einer Quelle mögliche Konsequenzen aufzeigen
- **Interpretieren Sie ...:** Elemente, Sinnzusammenhänge und Strukturmerkmale aus Quellen oder Sachverhalten unter einer gegebenen Fragestellung herausarbeiten und die Ergebnisse zusammenfassend darstellen

Aufgabe 1

Winston Churchill: Telegramm an Harry S. Truman vom 12. Mai 1945
Ordnen Sie den Text historisch ein und entwickeln Sie mögliche politische Konsequenzen.

Die Lage in Europa beunruhigt mich zutiefst. [...] Ich habe mich stets um die Freundschaft der Russen bemüht; aber ihre falsche Auslegung der Jalta-Beschlüsse, ihre Haltung gegen Polen, ihr überwältigender Einfluss auf dem Balkan bis hinunter nach Griechenland, [...] die von ihnen inspirierte kommunistische Taktik in so vielen anderen Ländern und vor allem ihre Fähigkeit, lange Zeit große Armeen im Felde stehen zu lassen, beunruhigen mich ebenso sehr wie Sie. Wie wird sich die Lage in ein bis zwei Jahren darstellen, wenn die britischen und amerikanischen Armeen nicht mehr existieren und die Franzosen noch keine beachtliche Armee aufgestellt haben, sodass wir nur über eine Handvoll von Divisionen, davon die Mehrzahl französische, verfügen, während Russland zwei- bis dreihundert unter den Fahnen hält? Ein Eiserner Vorhang ist vor ihrer Front niedergegangen. Was dahinter vorgeht, wissen wir nicht. Es ist kaum zu bezweifeln, dass der gesamte

Raum östlich der Linie Lübeck–Triest–Korfu schon binnen Kurzem in ihrer Hand sein wird. [...] Die Aufmerksamkeit unserer Völker aber wird sich mit der Bestrafung Deutschlands, das ohnehin ruiniert und ohnmächtig darniederliegt, beschäftigen, sodass die Russen, falls es ihnen beliebt, innerhalb sehr kurzer Zeit bis an die Küsten der Nordsee und des Atlantiks vormarschieren können.

8.2 Merkmale und Phasen des Kalten Kriegs

Wesentliche Charakteristika des Kalten Kriegs

- **Mehrdimensionalität und Totalität:** Die Rivalität zwischen den Blöcken hatte nicht nur eine politisch-ideologische Dimension, sondern sie erstreckte sich auch auf Ökonomie, Technologie und Kultur. Sie wirkte sich auf fast alle Länder und Gesellschaften der Welt aus. Im Kalten Krieg spielten auch andere Mächte wie China und die neutralen Staaten sowie ethnische und religiöse Konflikte eine Rolle.
- **Phasen von Konflikt und Entspannung:** (1) Formationsphase des Kalten Kriegs 1945–47, (2) Bildung der Blöcke 1948–55, (3) erste Konfliktphase 1953–61, (4) Verlagerung der Konfliktzentren in die Dritte Welt seit 1961, (5) Entspannung und Abrüstung 1953–80, (6) zweite Konfliktphase 1979–89, (7) Auflösung des Ostblocks und Ende des Kalten Kriegs 1985–91.

8.3 Die Teilung Deutschlands

Die wachsende Rivalität zwischen der UdSSR und den Westmächten bestimmte entscheidend das Schicksal Nachkriegsdeutschlands. Am Anfang standen die **Beschlüsse der Konferenz von Potsdam** (17. 7.–2. 8. 1945, Teilnehmer USA, UdSSR, Großbritannien):

- Aufteilung Deutschlands in vier Besatzungszonen und Berlins in vier Sektoren;
- Unterstellung der deutschen Ostgebiete östlich von Oder und Neiße unter polnische Verwaltung;
- Alliierter Kontrollrat, bestehend aus den vier Oberbefehlshabern der Besatzungszonen, wurde oberstes Regierungsorgan in Deutschland;
- Entnazifizierung, Entmilitarisierung, Demokratisierung und Dezentralisierung der Wirtschaft;
- Reparationen aus den jeweiligen Besatzungszonen; Leistungen an die UdSSR auch aus den Westzonen; wirtschaftliche Einheit Deutschlands sollte gewahrt bleiben.

Maßgeblich für die Teilung Deutschlands war das unterschiedliche Vorgehen der UdSSR und der Westalliierten in ihren Besatzungszonen.

USA/Westmächte

- **Ziel:** Eindämmung des sowjetischen Expansionsstrebens, Eingliederung der westlichen Besatzungszonen ins westliche Lager.
- **Vorgehen:** Zusammenschluss der amerikanischen und britischen Besatzungszone zum 1.1.1947 zur Bizone; Marshallplan (1947/48): US-Hilfsprogramm zum Wiederaufbau Europas; Gründung der Organisation for European Economic Cooperation (OEEC) zur Verteilung der amerikanischen Hilfsleistungen (16.4.1948); Londoner Sechs-Mächte-Konferenz (Westalliierte und Beneluxstaaten, 23.2.–6.3. 1948): Beschluss zur Erarbeitung einer westdeutschen Verfassung, Einbindung des neuen Staats in den Westen, internationale Kontrolle der Ruhrgebiets; Währungsreform (21.6.1948).

Wissen **Truman-Doktrin, Marshallplan, Währungsreform**

- **Truman-Doktrin:** Vom amerikanischen Präsidenten Harry S. Truman am 12.3.1947 verkündeter außenpolitischer Grundsatz der USA, „allen Völkern, deren Freiheit von bewaffneten Minderheiten oder durch einen äußeren Druck bedroht ist“, Beistand zu gewähren; richtete sich gegen die Bedrohung durch totalitäre Regierungsformen wie den Kommunismus.
- **Marshallplan** (European Recovery Program (ERP)): Nach dem US-Außenminister George Marshall benannter Plan, den europäischen Staaten durch Sachlieferungen (Rohstoffe, Lebensmittel, Waren) und Kredite Wiederaufbauhilfe zu leisten (am 3.4.1948 vom US-Kongress beschlossen); Ostblockstaaten lehnten die Hilfen auf Druck der UdSSR ab.
- **Währungsreform:** In den Westzonen zum 21.6.1948: Einführung der DM, Ausgabe von 40 DM pro Kopf (später noch einmal 20 DM), Umtausch von privaten Reichsmark-Guthaben und -Schulden im Verhältnis 10:1; Erhalt von Sachwertbesitz. Ostzone: Einführung der DM-Ost am 23.6.1948.

UdSSR

- **Ziel:** Einbeziehung ihrer Besatzungszone in den sowjetisch kontrollierten Schutzgürtel, Entschädigung für Kriegszerstörungen.
- **Vorgehen:** Besetzung wichtiger Positionen in Politik und Verwaltung mit deutschen Exilkommunisten; Zwangsvereinigung von KPD und SPD zur SED (1946); Umformung der SED zur Kaderpartei nach sowjetischem Vorbild (1949); Bodenreform: Enteignung des Großgrundbesitzes über 100 ha sowie der Betriebe und Ländereien von „Nazi- und Kriegsverbrechern“ (1945/46); Demontage von Werksanlagen, Schienennetzen usw. und Überführung in die UdSSR; Umwandlung von Industriebetrieben, Banken und Versicherungen in sog. Volkseigene Betriebe (VEB, 1946–48); Währungsreform als Reaktion auf die westliche Währungsreform (23.6.1948); Gründung des Rats für gegenseitige Wirtschaftshilfe (RGW) der Ostblockländer als Gegenstück zu Marshallplan und OEEC im Westen (25.1.1949).

Ergebnis: Die Bundesrepublik Deutschland wurde am 23. Mai, die Deutsche Demokratische Republik am 7. Oktober 1949 gegründet.

Aufgabe 2

Informieren Sie sich über die wirtschaftlichen Grundsätze des Potsdamer Abkommens und fassen Sie die wesentlichen Punkte zusammen. (Abschnitt III. Deutschland, B. Wirtschaftliche Grundsätze, 11–19; der Text ist einsehbar unter *www.dhm.de/lemo/* und dort im Abschnitt „1945–1949“ nachzulesen.)

Aufgabe 3

Ernest Bevin (britischer Außenminister): Rede vor dem britischen Unterhaus vom 22. Oktober 1946

1. Interpretieren Sie Bevins Überlegungen zur britischen Deutschlandpolitik.
2. Erläutern Sie die sich daraus ergebenden Konsequenzen für das Schicksal Nachkriegsdeutschlands.

Für unsere nächsten Aufgaben, die auf wirtschaftlichem Gebiet liegen, sollten wir uns von dem Abkommen von Potsdam leiten lassen, in dem die wirtschaftlichen Grundsätze niedergelegt sind, die in der ersten Periode der Kontrolle Deutschlands angewandt werden müssen. […]

Das Abkommen beruht auf dem Grundgedanken, dass Deutschland als wirtschaftliche Einheit zu behandeln ist. Daraus ergibt sich, dass keine Reparationen aus laufender Produktion entnommen werden dürfen, solange die Zahlungsbilanz in irgendeiner der vier Zonen ein Defizit aufweist. Tatsächlich werden aber heute Ostdeutschland und Westdeutschland als zwei getrennte Wirtschaftskörper behandelt. Wir und die Amerikaner mussten Lebensmittel und andere Waren nach Westdeutschland schicken, während die Russen ähnliche Güter aus Ostdeutschland nach Russland exportieren. Dies darf so nicht weitergehen! Entweder wird Potsdam als unteilbares Ganzes programmgemäß durchgeführt, oder wir müssen zu einem neuen Abkommen gelangen.

Diese Lage war so ernst geworden, dass ich mich veranlasst sah […] zu erklären, dass Großbritannien nicht die Absicht habe, große Beträge für die Erhaltung Deutschlands aufzuwenden, und dass wir die nötigen Schritte ergreifen würden, um unsere Besatzungszone auf eine so gesunde wirtschaftliche Basis zu stellen, dass sie nicht mehr dem britischen Steuerzahler zur Last fallt. Dies könnte dadurch geschehen, dass die Kohle, die wir aus dem Ruhrgebiet nach den andern Zonen und nach andern Ländern liefern, in Dollar bezahlt würde. In Erkenntnis dieser Lage boten die Amerikaner die Verschmelzung ihrer Zone mit jeder anderen Zone an, um so zur Bildung einer geschlossenen Wirtschaftseinheit zu gelangen. Die britische Regierung nahm diesen Vorschlag an. Damit wird selbstverständlich das heute in beiden Zonen bestehende Defizit nicht aus der Welt geschafft, auch bietet diese Lösung keinen Ersatz für die Behandlung Deutschlands als eine einzige wirtschaftliche Einheit. Aber wir stellen mit Befriedigung fest, dass diese Zonenverschmelzung ein höchst nützlicher Schritt auf dem rechten Wege ist, und wir sind überzeugt, dass diese Maßnahme, vorausgesetzt, dass sie auch in finanzieller Weise unterbaut wird, durchaus befriedigende Ergebnisse zeitigen wird.

Wissen **Zahlungsbilanz**

Unter der Zahlungsbilanz eines Landes versteht man das Verhältnis von Import und Export. **Positive Zahlungsbilanz:** Wert des Exports übertrifft den des Imports (Zahlungsbilanzüberschuss); **negative Zahlungsbilanz:** Wert des Imports übertrifft den des Exports (Zahlungsbilanzdefizit).

8.4
Teilung der Welt und Festigung der Blöcke

Die für die nächsten Jahrzehnte gültige Teilung der Welt in das westliche und östliche Lager sowie die Formierung und Festigung der beiden Blöcke begann mit der Ersten Berlinkrise 1948/49 und der Gründung der NATO 1949. Sie fand einen Abschluss mit der Bildung des Warschauer Pakts 1955 und dem Beitritt der Bundesrepublik Deutschland zur NATO 1955. Im Ostblock dauerte die z. T. gewaltsame Durchsetzung des sowjetischen Machtanspruchs bis 1968.

8.4.1
Konsolidierung des westlichen Lagers

Erste Berlinkrise Berliner Blockade: Die Einführung der DM-West in den Westsektoren Berlins wurde von den Sowjets mit einer Totalblockade der Zufahrtswege nach Berlin zu Wasser und zu Lande sowie einer Einstellung von Strom- und Kohlelieferungen nach Westberlin beantwortet. Die Westmächte reagierten mit der Einrichtung einer amerikanisch-britischen Luftbrücke, mit der die Versorgung der Bevölkerung notdürftig aufrechterhalten wurde. Nach knapp einjähriger Dauer hoben die Sowjets die Blockade im Mai 1949 wieder auf.

NATO: Am 4.4.1949 gründeten die USA, Großbritannien, Frankreich, die Beneluxländer, Italien, Dänemark, Norwegen, Island, Portugal und Kanada die North Atlantic Treaty Organization (NATO) als Verteidigungsbündnis gegen die als Bedrohung empfundene Politik der UdSSR.
1952 traten Griechenland und Türkei bei, 1955 die Bundesrepublik und 1982 Spanien.

Tipp

Dokumente, Chroniken, Biografien, Statistiken und Landkarten zur deutschen und zu vielen Aspekten der europäischen Geschichte finden sich im Internet unter *www.dhm.de/lemo/suche/index.html.*

Koreakrieg und Westbindung der Bundesrepublik: Der 1950 beginnende Koreakrieg und die damit verbundenen Ängste um eine militärische Eskalation des Ost-West-Konflikts forcierten die Blockbildung weiter. Außerdem förderten sie die Bereitschaft der Westmächte, eine Wiederbewaffnung der BRD zuzulassen. Die Stationen der politischen und militärischen Westintegration der Bundesrepublik sind:

- **Stalin-Note:** Im März 1952 versuchte die UdSSR, die Wiederbewaffnung und Westintegration der BRD durch das Angebot einer Wiedervereinigung Deutschlands unter der Bedingung der Neutralität zu verhindern; die Westalliierten und die Regierung der BRD lehnten das ab.

- **Europäische Verteidigungsgemeinschaft (EVG):** Im Mai 1952 unterzeichneten Frankreich, Italien, die Beneluxstaaten und die BRD einen Vertrag zur Bildung einer westeuropäischen Armee mit deutscher Beteiligung im Rahmen einer Europäischen Verteidigungsgemeinschaft. Zwei Jahre später scheiterte der EVG-Vertrag im französischen Parlament.
- **Pariser Verträge:** Mit dem Inkrafttreten der Pariser Verträge am 5.5.1955 wurde die BRD Mitglied der NATO (Wiederbewaffnung) und erlangte eine fast vollständige Souveränität (Deutschlandvertrag).

Methodik **Historischer Kontext**

Wenn in einer Aufgabe nach dem historischen Kontext oder Hintergrund einer Quelle gefragt wird, muss man zunächst vor allem den Zeitpunkt und gegebenenfalls auch den Autor, den Adressaten und den Ort des Dokuments ermitteln. Diese nötigen Hintergrundinformationen kann man in den entsprechenden Kapiteln von Schullehrbüchern, in Chroniken oder Enzyklopädien sowie im Internet finden.

Aufgabe 4

Sir Ivone Kirkpatrick (Hoher Kommissar Großbritanniens): Rede vor amerikanischen Offizieren in Frankfurt am Main am 11. Oktober 1950
Interpretieren Sie Kirkpatricks Ausführungen in ihrem historischen Kontext und überlegen Sie mögliche Folgen für Nachkriegsdeutschland.

Welches ist nun Deutschlands Platz in diesem Rahmen? Eines ist gewiss: Deutschland kann nicht die Neutralität wählen, selbst wenn es dies wollte, es sei denn, man versteht darunter die Neutralität der Maus gegenüber der Katze. [...]

Wenn die deutsche Republik weiter bestehen soll, müssen wir vor allen anderen Dingen die Verteidigung des gesamtdeutschen Gebietes sowie ganz Westeuropas sichern. [...]

Die notwendigen militärischen Maßnahmen, die Verstärkung unserer Truppen hier im Lande, fordern harte und fortgesetzte Anstrengungen von den westlichen Völkern. Persönlich bezweifle ich, dass unsere Völker auf die Dauer einen Zustand dulden würden, der von ihnen riesige Opfer an Gut und Blut zur Verteidigung eines Deutschlands fordert, das zwar gleiche Rechte beansprucht, aber von allen Verpflichtungen frei bleibt. [...]

Sollte Deutschland der Lage der Dinge nicht gerecht werden, während die westlichen Völker weitherzig und großzügig das Gebot der Stunde erkennen, sollte Deutschland die Gelegenheit wahrnehmen und versuchen, kleinliche Vorteile herauszuschlagen, sollte es sich in parteipolitischen Differenzen verlieren oder sich in Beschuldigungen der Alliierten gefallen, ohne die Bedeutung und die Dringlichkeit der gemeinsamen Aufgabe zu berücksichtigen, dann würde allerdings eine völlige Eingliederung Deutschlands in die Gemeinschaft des Westens unmöglich sein.

8.4.2
Festigung des östlichen Lagers

Warschauer Pakt: Am 14.5.1955 gründeten die UdSSR, Polen, die ČSSR, Ungarn, die DDR, Rumänien, Bulgarien und Albanien unter Führung der UdSSR den Warschauer Pakt als Reaktion auf den NATO-Beitritt der BRD. Die UdSSR setzte mehrfach militärische Gewalt ein, um Aufstände in ihrem Herrschaftsbereich niederzuschlagen:

- Juni 1953: brutale Niederwerfung eines **Arbeiteraufstands in der DDR** mithilfe sowjetischer Panzer;
- Juni 1956: blutige Niederschlagung eines **Arbeiteraufstands in Polen** durch Armee und Polizei;
- Okt./Nov. 1956: gewaltsame Unterdrückung eines **Volksaufstands in Ungarn** durch die Rote Armee;
- August 1968: Zerschlagung der reformkommunistischen Bewegung des **Prager Frühlings** in der ČSSR durch Truppen des Warschauer Pakts.
  Mit der **Breschnew-Doktrin** vom November 1968, die die „beschränkte Souveränität" sozialistischer Staaten behauptete, wurde das sowjetische Vorgehen nachträglich gerechtfertigt.

8.5
Ost und West zwischen Konfrontation und Entspannung

8.5.1
Atomwaffen und Wettrüsten

Ein zentrales Merkmal des Kalten Kriegs war ein ständiges **Wettrüsten,** verbunden mit der Entwicklung immer leistungsfähigerer atomarer Waffensysteme. Das so erreichte **Gleichgewicht des Schreckens** half, einen Krieg jenseits von Stellvertreterkriegen (↑ S. 102) zu vermeiden, da eine völlige Zerstörung der betroffenen Länder drohte. Gleichzeitig kostete die Rüstung immense Summen und beanspruchte Kapazitäten, die die Volkswirtschaften der USA, vor allem aber der UdSSR enorm belasteten. Schwerpunkte des Wettrüstens waren:

- Atombombe 1945 in den USA, 1949 in der UdSSR;
- H-Bombe mit hohem Zerstörungspotenzial USA 1952, UdSSR 1953;
- bis Anfang der 1960er-Jahre Konstruktion von Atomwaffen mit immer größerer Sprengkraft;
- Einsatz von U-Booten und strategischen Bombern als Trägersystemen;
- Entwicklung strategischer Raketen zum Transport atomarer Sprengköpfe über weite (Interkontinentalraketen) und mittlere Entfernungen (Mittelstreckenraketen, vornehmlich in Europa stationiert).

8.5.2 Zweite Berlinkrise, Mauerbau und Kubakrise

Zu einem deutlichen Einschnitt und zum Abschluss der ersten Konfliktphase des Kalten Kriegs führten die Zweite Berlinkrise 1958–61, der Bau der Mauer 1961 und die Kubakrise 1962. Danach beruhigte sich die direkte Konfrontation, die Auseinandersetzung verlagerte sich immer mehr in Länder der Dritten Welt.

- **Zweite Berlinkrise:** Im Berlin-Ultimatum vom 27.11.1958 forderte die UdSSR eine Entmilitarisierung Westberlins und die Bildung einer „Freien Stadt Westberlin" innerhalb von sechs Monaten, andernfalls sollten ein separater Friedensvertrag mit der DDR geschlossen werden und Kontrollrechte für die Zufahrtswege nach Westberlin an die DDR übergehen. Die Westmächte wiesen das Ultimatum zurück. US-Präsident John F. Kennedy (1917–63) verkündete 1961 die „Three Essentials" für Berlin: (1) Anwesenheit westlicher Truppen, (2) freie Zugangswege und (3) Freiheit und Lebensfähigkeit der Stadt.
- **Mauerbau** (Beginn 13. August 1961): Angesichts drastisch steigender Flüchtlingszahlen ließ die DDR-Regierung mit Rückendeckung des Warschauer Pakts Westberlin durch eine Mauer abriegeln und die Grenze zur BRD befestigen.
- **Kubakrise:** Im Spätsommer des Jahres 1962 stationierte die UdSSR Mittelstreckenraketen mit atomaren Sprengköpfen auf Kuba, woraufhin die USA im Oktober 1962 eine Seeblockade über Kuba verhängten. Die Krise spitzte sich derart zu, dass ein Krieg einschließlich des Einsatzes von Atomwaffen nicht mehr ausgeschlossen werden konnte. Nach dem Einlenken beider Seiten begann die UdSSR mit dem Abzug ihrer Raketen aus Kuba, die USA sicherten den Abzug ihrer Atomraketen aus der Türkei zu (1963 erfolgt).
- **Ergebnisse:** Berlinkrise und Mauerbau hatten zur Folge, dass die Westmächte ihre Sicherheitsgarantien für Westberlin bekräftigten, den geschaffenen Status quo aber anerkannten; Flüchtlingsströme wurden unterbunden, die DDR politisch aufgewertet. Es kam zu einer Koexistenz von Ost und West in Mitteleuropa. Die Kubakrise leitete eine Phase der Entspannung und Rüstungskontrolle ein.

Methodik **Beurteilen Sie ...**

Hier wird ein durch Fakten oder Textbelege gestütztes selbstständiges Urteil zu einer Textquelle oder einem Sachverhalt verlangt, wobei die Kriterien und die Beurteilungsgründe offengelegt werden müssen.

Aufgabe 5

Nikita Chruschtschow: Schreiben an John F. Kennedy vom 27. Oktober 1962 (Auszug)
Beurteilen Sie die Bedeutung von Chruschtschows Schreiben für die Kubakrise und für den Ost-West-Konflikt.

Sehr geehrter Herr Präsident, ich habe mich mit tiefer Genugtuung mit Ihrer Antwort an Herrn U Thant [UN-Generalsekretär] vertraut gemacht, wonach Maßnahmen getroffen werden sollen, um die Berührung unserer Schiffe auszuschließen und auf diese Weise nicht wiedergutzumachende verhängnisvolle Folgen zu vermeiden. Dieser vernünftige Schritt Ihrerseits bestärkt mich in der Meinung, dass Sie für die Erhaltung des Friedens Sorge tragen, was ich mit Befriedigung vermerke. [...]

Sie wollen die Sicherheit Ihres Landes gewährleisten, und dies ist verständlich. Das will aber auch Kuba. Alle Länder wollen ihre Sicherheit gewährleisten. Wie aber sollen wir, die Sowjetunion, soll unsere Regierung Ihre Handlungen bewerten, die darin Ausdruck finden, dass Sie die Sowjetunion mit Militärstützpunkten eingekreist haben, ihre Verbündeten mit Militärstützpunkten umgeben haben, buchstäblich rings um unser Land Militärstützpunkte angelegt und dort Raketenwaffen stationiert haben? Das ist kein Geheimnis. Verantwortliche amerikanische Männer erklären dies demonstrativ. Ihre Raketen sind in Großbritannien stationiert, sie sind in Italien stationiert, und sie sind gegen uns gerichtet. Ihre Raketen sind in der Türkei stationiert.

Ich denke, dass man den Konflikt schnell beenden [...] könnte. Dann würden die Menschen befreit aufatmen und der Ansicht sein, dass die Staatsmänner, denen die Verantwortung übertragen wurde, einen nüchternen Verstand besitzen, sich ihrer Verantwortung bewusst und fähig sind, komplizierte Fragen zu lösen und die Dinge nicht zu einer Kriegskatastrophe zu treiben. Deshalb mache ich den Vorschlag: Wir willigen ein, die Mittel aus Kuba zu entfernen, die Sie für offensive Mittel halten. [...] Ihre Vertreter geben eine Erklärung ab, dass die Vereinigten Staaten, der Beunruhigung und Besorgnis des Sowjetstaates Rechnung tragend, ihrerseits ihre entsprechenden Mittel aus der Türkei entfernen. Lassen Sie uns eine Vereinbarung treffen, welche Zeit für Sie und für uns notwendig ist, um dies zu verwirklichen.

8.5.3 Stellvertreterkriege in der Dritten Welt

Nach der Beruhigung der Situation in Mitteleuropa und der Beilegung der Kubakrise verlagerte sich die Systemauseinandersetzung in Dritte-Welt-Länder.

Die **UdSSR** begriff den **Sozialismus als Befreiungsideologie:** Es gelte, die Weltrevolution zu verbreiten und das sozialistische Lager auf die kolonial abhängigen oder unterentwickelten Länder auszuweiten.

Die **USA** begründeten ihr Engagement mit der 1954 von US-Präsident Dwight D. Eisenhower (1890–1969) formulierten **Domino-Theorie:** Sofern ein Land kommunistisch werde, bestehe die Gefahr, dass auch seine Nachbarländer – umfallenden Dominosteinen gleich – kommunistisch würden. Das müsse verhindert werden.

- Direktes militärisches Engagement der Großmächte: Korea (1950–53) und Vietnam (1965–73); Hintergrund: nach dem Zweiten Weltkrieg geteilte Länder mit von der UdSSR bzw. China gestütztem Norden und von den USA gestütztem Süden.
- Koloniale Befreiungskriege in Afrika: direkte oder indirekte Einmischungen in Befreiungskriege oder nachkoloniale Konflikte, so z. B. in die Kriege im Kongo (1960–65) und in Angola (1961–90).

- Sozialistische Machtübernahmen in Lateinamerika: direktes bzw. indirektes Eingreifen der USA gegen sozialistische Regimes in Guatemala (1954), Chile (1973) und Nicaragua (1979).

Aufgabe 6

Alexej Kossygin (sowjetischer Ministerpräsident) in der „Prawda", 1965
Beurteilen Sie die Bedeutung der Aussage Kossygins für die Zukunft des Kalten Kriegs.

Die Politik der friedlichen Koexistenz […] ergibt sich aus der Unzulässigkeit der Gewaltanwendung bei der Lösung strittiger Fragen zwischen Staaten. Doch das bedeutet keinesfalls, dass das Recht der Völker, mit der Waffe in der Hand einer Aggression Widerstand entgegenzusetzen oder für die Befreiung von ausländischen Unterdrückern zu kämpfen, aufgehoben wäre. Denn es ist ein heiliges und unveräußerliches Recht, und die Sowjetunion hilft ohne Wenn und Aber allen.

8.5.4 Entspannung und Abrüstung

Ende der 1960er-Jahre wuchs die allgemeine Bereitschaft zu Entspannung und Abrüstung. Die Gründe hierfür waren:

- eine weitgehende atomare und waffentechnische **Pattsituation;**
- die enormen **finanziellen Belastungen** durch die Rüstung, unter denen besonders die UdSSR litt;
- eine wachsende **Kriegsmüdigkeit** auf beiden Seiten.

Wissen	**Rüstungsbegrenzungsabkommen**
1963	**NTBT** (Nuclear Test Ban Treaty): Verbot von Nuklearwaffentests in der Atmosphäre, im Weltraum und im bzw. unter Wasser.
1972	**SALT I** (Strategic Arms Limitation Talks): Begrenzung der Raketenabwehrsysteme, Abkommen über die Anzahl land- und seegestützter Interkontinentalraketen.
1973	**MBFR** (Mutual Balanced Force Reductions): Reduzierung konventioneller Streitkräfte, Rüstungskontrolle.
1979	**SALT II:** zahlenmäßige Begrenzung strategischer Trägermittel, Vernichtung sämtlicher Trägermittel, welche die vorgeschriebene Zahl überschreiten.
1987	**INF-Vertrag** (Intermediate Range Nuclear Forces): Beseitigung aller land- und seegestützten Mittelstreckenraketen zwischen 500 km und 5500 km Reichweite.
1990	**KSE-Vertrag** (Vertrag über konventionelle Streitkräfte in Europa): Abbau konventioneller Streitkräfte.
1991	**START-Vertrag** (Strategic Arms Reduction Treaty): Halbierung der Zahl land- und seegestützter Langstreckenwaffen.

Neben einer Reihe von Abkommen zur Rüstungsbegrenzung trugen vor allem zwei Entwicklungen zu dem neuen Klima der Entspannung bei:

- die von der BRD mit der DDR, den östlichen Nachbarstaaten Polen und der ČSSR sowie der UdSSR 1970–73 ausgehandelten **Ostverträge** (Garantie der bestehenden Grenzen, gute nachbarschaftliche Beziehungen) und
- die **Konferenz für Sicherheit und Zusammenarbeit in Europa** (Helsinki 1973–75), an der alle europäischen Staaten (außer Albanien), die UdSSR, die USA und Kanada teilnahmen. Sie zeitigte folgende Ergebnisse: Grenzgarantien, Nichteinmischung in innere Angelegenheiten, Wahrung der Menschenrechte, engere wirtschaftliche Kooperation über die Blockgrenzen hinweg.

8.5.5
Neue Spannungen ab 1979

Ende der 1970er-Jahre kühlte sich das politische Klima zwischen den beiden Supermächten immer mehr ab. Zwei Maßnahmen der UdSSR lösten dann schließlich entsprechende Reaktionen des Westens unter Führung der USA und eine neue „Eiszeit" in den Ost-West-Beziehungen aus:

- **sowjetische Aufrüstung** in Europa mit moderneren und leistungsfähigeren Mittelstreckenraketen (SS-20);
- **sowjetischer Einmarsch in Afghanistan** von 1979 zur Unterstützung der dortigen kommunistischen Regierung gegen eine breite Widerstandsbewegung;
- **US-Unterstützung** auch **islamistischer Guerillakämpfer** in Afghanistan (zusammen mit Saudi-Arabien und Pakistan);
- US-Präsident Ronald Reagans (1911–2004, 1981–89 Präsident) antikommunistisches Konzept einer **Politik militärischer Stärke** gegen das „Reich des Bösen";
- Planung einer **strategischen Verteidigungsinitiative (SDI)** aus boden- und satellitengestützten Waffensystemen gegen sowjetische Interkontinentalraketen in den USA („Krieg der Sterne");
- 1983 Aufstellung neuer Marschflugkörper und Mittelstreckenraketen (Pershing II) in Mitteleuropa aufgrund des **NATO-Doppelbeschlusses** von 1979.

8.6
Das Ende des Kalten Kriegs

Wegen gravierender wirtschaftlicher und innenpolitischer Probleme der UdSSR setzte der neue Generalsekretär Michail Gorbatschow (*1931; Generalsekretär 1985–91) einen radikalen politischen **Kurswechsel** in

Gang mit dem Ziel, den Bestand seines Landes zu sichern. Die Grundsätze seiner Reformpolitik nach innen lauteten **Perestroika** (Umgestaltung) und **Glasnost** (Transparenz). In der Außenpolitik nahm er die **Abrüstungsgespräche** wieder auf, um das dramatische Haushaltsdefizit der UdSSR abzubauen.

Weltpolitische Folgen

- **INF- und START-Verträge:** In Reykjavik (1986) vereinbarten US-Präsident Reagan und Generalsekretär Gorbatschow die Abschaffung aller Mittelstreckenraketen in Europa und die Halbierung aller strategischen Waffen.
- Die UdSSR zog sich aus Afghanistan zurück.
- **Ende der UdSSR 1991:** Allgemeine Demokratiebestrebungen und Unabhängigkeitsbewegungen in den Sowjetrepubliken (z. B.: baltische Staaten, Armenien, Georgien, Ukraine, asiatische Republiken) ließen die UdSSR zusammenbrechen: Die Gründung der Gemeinschaft unabhängiger Staaten (GUS) bedeutete das Ende der Sowjetunion.
- **Neuordnung von Ost- und Mitteleuropa:** Auflösung von Ostblock und Warschauer Pakt (1991), Beitritt Polens, Tschechiens, Ungarns und weiterer ehemaliger Ostblockstaaten zur NATO (ab 1999) und zur Europäischen Union (2004 und 2007).
- **Wiedervereinigung** Deutschlands (1990).
- **Neue Weltordnung:** Bestreben der USA als der einzigen verbliebenen Supermacht, eine neue Weltordnung in ihrem Sinne zu etablieren; Neuauflage von Containment- bzw. Rollback-Politik: Kampf gegen den Terror, gegen „Schurkenstaaten“ usw.
- **Neue Akteure:** zunehmende wirtschaftliche und politische Bedeutung von Staaten wie China und Indien; Erstarken des politischen Islam.
- **Länder der Dritten Welt:** Die Unterstützung von Staaten in der Dritten Welt, an denen kein geostrategisches Interesse mehr besteht, nimmt ab; Zunahme von Armutskrisen und sozialen Problemen als Nährboden eines radikalen Islamismus.

Aufgabe 7

Der Untergang der Sowjetunion war das entscheidende Ereignis, das das Ende des Kalten Krieges herbeiführte. Stellen Sie mit der Geschichte und der politischen, ökonomischen und sozialen Lage der Sowjetunion zusammenhängende innere und auf die Politik der Westmächte zurückzuführende äußere Gründe für den Zusammenbruch zusammen und versuchen Sie ein abschließendes Urteil.

9
BRD und DDR bis zur Wiedervereinigung

Lange Jahre wurde das Schicksal der Bundesrepublik Deutschland und der Deutschen Demokratischen Republik durch den Ost-West-Konflikt bestimmt: Westintegration und Wirtschaftswunder im Westen, Stalinisierung und Sozialisierung im Osten. Gleichzeitig beanspruchten beide Seiten, das „wahre Deutschland" zu vertreten. Nach dem Mauerbau 1961 „normalisierte" sich die Lage und man begann, sich mit den Realitäten der Teilung zu arrangieren. Die wachsende Bereitschaft der BRD, die Eigenstaatlichkeit der DDR anzuerkennen, war die Voraussetzung für eine zögernde Annäherung der beiden deutschen Staaten. Die Wiedervereinigung war jedoch erst nach dem Ende des Kalten Kriegs möglich.

Typische Aufgabenstellungen

- Erläutern Sie die Bedeutung des Ost-West-Konflikts für das Schicksal der beiden deutschen Staaten.
- Vergleichen Sie die Voraussetzungen und den Verlauf der wirtschaftlichen Entwicklung in den beiden deutschen Staaten.
- Charakterisieren Sie die politischen Systeme von BRD und DDR und arbeiten Sie die wesentlichen Unterschiede heraus.
- Analysieren Sie die Bedeutung des Konzepts „Wandel durch Annäherung" in den 1970er-Jahren für das Verhältnis von BRD und DDR.
- Stellen Sie die Gründe für den Zusammenbruch der DDR zusammen.

9.1
Selbstverständnis und politische Grundsätze bis in die 1960er-Jahre

Zu Anfang wurden das Verhältnis der beiden deutschen Staaten zueinander, ihr Selbstverständnis und ihre politischen Prioritäten durch die Formierung der beiden Blöcke des Kalten Kriegs bestimmt.

- Die Regierungen unter Bundeskanzler Adenauer räumten der **Westintegration** Vorrang vor einer Wiedervereinigung ein. Ein neutrales Gesamtdeutschland lehnten sie ab, stattdessen setzten sie die Wiederbewaffnung, die Aufnahme der BRD in die NATO sowie die Teilnahme am europäischen Integrationsprozess durch. In einer Regierungserklärung am 22. 9. 1955 bekräftigte Adenauer den Anspruch der Bundesrepublik, ganz Deutschland völkerrechtlich allein zu vertreten **(Hallstein-Doktrin).**

- Nachdem die deutsche Einheit unter den Bedingungen des Kalten Kriegs nicht zu erreichen war, gingen die DDR-Regierungen nach der **Integration der DDR in den Ostblock** ab Mitte der 1950er-Jahre von der Existenz zweier deutscher Staaten aus **(Zweistaatentheorie),** womit zugleich eine Absage an Gesamtdeutschland verbunden war. Nach ihrem Selbstverständnis war die DDR der einzige fortschrittliche, demokratische und sozialistische deutsche Staat.

Wissen **Hallstein-Doktrin**

Von Staatssekretär Walter Hallstein formulierter Grundsatz, nachdem die Aufnahme von diplomatischen Beziehungen dritter Staaten mit der DDR mit dem Abbruch oder der Nichtaufnahme entsprechender diplomatischer Beziehungen durch die BRD beantwortet wurde (Ausnahme: UdSSR).
Die Hallstein-Doktrin galt bis 1969.

Methodik **Sekundärliteratur**

Im Unterschied zu Originalquellen nennt man Geschichtsdarstellungen in historischen Sachbüchern, Schulbüchern, Lexika usw. „Sekundärliteratur". Bei der Auswertung solcher Texte muss man berücksichtigen, dass bei jeder Darstellung die **Geschichte implizit oder explizit gedeutet, systematisiert und gegliedert wird** und dass bestimmte Ereignisse oder Personen **meist auch bewertet** werden. Für die Analyse von Sekundärliteratur bedeutet das:

- Die wichtigsten Aussagen und die darin deutlich werdende Position des Autors müssen bewusst gemacht und klar herausgearbeitet werden.
- Die Argumente und Begründungen, die der Autor für seine Thesen vorträgt, müssen genau erkannt und präzise wiedergegeben werden.
- Die Argumentation selbst muss implizit auf ihre Folgerichtigkeit, Vollständigkeit und Stichhaltigkeit geprüft werden.
- Die Thesen des Autors müssen schließlich entweder anhand der Quellenlage oder im Vergleich mit anderen Darstellungen oder mit eigenen Überlegungen kritisch überprüft werden.

Aufgabe 1

Wilfried Loth (BRD-Historiker) über die Westorientierung der BRD
Benennen Sie Loths Hauptthese über die Westintegration der BRD und stellen Sie seine Argumente zusammen.

Im Grunde war also von den politischen Führungskräften der Bundesrepublik kaum jemand bereit, die im Laufe der Jahre seit Kriegsende gesetzten wirtschafts-, gesellschafts- und verfassungspolitischen Prioritäten Westdeutschlands zugunsten eines gesamtdeutschen Neuanfangs mit unsicherem Ausgang aufs Spiel zu setzen, und wo diese Bereitschaft doch bestand, weil man mit den Entscheidungen der vergangenen Jahre unzufrieden war, ließ der antikommunistische Grundkonsens, der schon für die Gründung der Bundesrepublik konstitutiv gewesen war, die Fähigkeit verloren gehen, mit der sowjetischen Seite Kompromisse einzugehen, die die Minimalinteressen aller Beteiligten berücksichtigten. Wiedervereinigung war damit für die meisten Westdeutschen letztlich nur noch als Übertragung des gesellschaftlichen Systems der BRD auf die DDR denkbar, und da die Sowjetführung von den Voraussetzungen ihres spezifischen Sicherheitssystems her einen solchen Rückzug aus Deutschland ohne jede Kontrollmöglichkeit nicht zugestehen konnte, bewegten sie sich in ihrer Argumentation und in ihrem politischen Handeln de facto von der Wiedervereinigung weg und auf die Prioritätensetzung „Westintegration vor Wiedervereinigung" zu, die Adenauer für sich schon bei Kriegsende getroffen hatte.

9.2 Die Entwicklung der BRD

9.2.1 Die Regierungszeit Adenauers (1949–63)

Unter Bundeskanzler Konrad Adenauer (CDU, 1876–1967) wurden die entscheidenden Weichen für die Nachkriegsentwicklung der Bundesrepublik gestellt.

Außenpolitik

- Beteiligung an der westeuropäischen Integration seit 1951
- Integration der BRD in das westliche Bündnis und Wiederbewaffnung gegen den Widerstand der SPD (1954/55)
- Aussöhnung mit Frankreich (Freundschaftsvertrag 1963)

Aufgabe 2

Aus dem „Paulskirchenmanifest" vom 29. Januar 1955, getragen von ca. 1000 führenden Personen aus SPD, Gewerkschaften und Kirchen
Arbeiten Sie heraus, welche Aussagen das Manifest zur innenpolitischen Debatte in der BRD Anfang 1955 macht und welche Bedeutung ihm wohl zukam.

Die Aufstellung deutscher Streitkräfte in der Bundesrepublik und in der Sowjetzone muss die Chancen der Wiedervereinigung für unabsehbare Zeit auslöschen und die Spannung zwischen Ost und West verstärken. [...] Das furchtbare Schicksal, dass sich die Geschwister einer Familie in verschiedenen Armeen mit der Waffe in der Hand gegenüberstehen, würde Wirklichkeit werden.

In dieser Stunde muss jede Stimme, die sich frei erheben darf, zu einem unüberhörbaren Warnruf vor dieser Entwicklung werden. Unermesslich wäre die Verantwortung derer, die die große Gefahr nicht sehen, dass durch die Ratifizierung der Pariser Verträge die Tür zu Viermächteverhandlungen über die Wiederherstellung der Einheit Deutschlands in Freiheit zugeschlagen wird.

Wir appellieren an Bundestag und Bundesregierung, alle nur möglichen Anstrengungen zu machen, damit die vier Besatzungsmächte dem Willen unseres Volkes zur Einheit Rechnung tragen. Die Verständigung über eine Viermächtevereinbarung zur Wiedervereinigung muss vor der militärischen Blockbildung den Vorrang haben.

Wirtschaftliche Entwicklung

- sog. Wirtschaftswunder mithilfe von Marshallplan-Geldern
- Einführung der sozialen Marktwirtschaft durch Wirtschaftsminister Ludwig Erhard (CDU, 1897–1977)
- weitgehende Vollbeschäftigung Ende der 1950er-Jahre und wachsender Wohlstand (allmähliche Verbreitung hochwertiger Konsumgüter, Zunahme von Urlaubsreisen)

Wissen **soziale Marktwirtschaft**

Die von Erhard in der Bundesrepublik eingeführte Wirtschaftsform verbindet die Grundsätze der reinen Marktwirtschaft (freie Märkte und offener Wettbewerb, Angebot und Nachfrage als Bestimmungsfaktoren von Preisen und Löhnen) mit der sozialen Fürsorge für die Arbeitnehmer („soziales Netz“ für wirtschaftlich Schwache, Einkommensumverteilung durch Steuern, Verhinderung von Monopolen). Insofern unterscheidet sich diese Wirtschaftsform vom sog. Manchester-Kapitalismus aus der Anfangsphase der Industrialisierung mit seinen extremen sozialen Härten.

9.2.2 Die BRD im Wandel (1963–69)

Nach der Kanzlerschaft Erhards 1963–65 erlebte die BRD 1966–69 während der **Großen Koalition** aus CDU und SPD unter Kanzler Kurt Georg Kiesinger (CDU, 1904–88) einen **erheblichen wirtschaftlichen und gesellschaftlichen Wandel:**

- 1967 wurde als Reaktion auf eine wirtschaftliche Rezession das Stabilitätsgesetz verabschiedet; es verpflichtete Bund, Länder und Gemeinden zu einer Wirtschaftspolitik, die zur Stabilität des Preisniveaus, zu einem hohen Beschäftigungsstand und außenwirtschaftlichem Gleichgewicht bei stetigem und angemessenem Wirtschaftswachstum beitragen sollte.
- Die umstrittene Notstandsverfassung von 1968 sieht vor, dass in schweren inneren oder äußeren Krisen das Grundgesetz zum Teil und vorübergehend außer Kraft gesetzt werden kann.
- Nach der Verabschiedung der Notstandsverfassung löste sich die 1965/66 entstandene außerparlamentarische Opposition (APO) in eine Vielzahl von Gruppen auf, deren marxistische Teile eine Fundamentalkritik an der angeblich reaktionären und kapitalistischen Ausrichtung von Gesellschaft, Wirtschaft und Politik der BRD übten.

9.2.3
Die sozialliberale Koalition (1969–82)

Die sozialliberalen Koalitionen unter den SPD-Bundeskanzlern Willy Brandt (1913–92) und Helmut Schmidt (*1918) leiteten einen grundlegenden Wandel in der Deutschland- und Ostpolitik sowie zahlreiche innenpolitische Reformen ein.

Deutschland- und Ostpolitik

- Wandel durch Annäherung: Maxime der neuen Deutschland- und Ostpolitik, die die Politik der Konfrontation durch eine des Interessenausgleichs ersetzte und so Veränderung bewirken wollte.
- 1970 Moskauer Vertrag mit der UdSSR und Warschauer Vertrag mit Polen (in Kraft getreten 1972): Gewaltverzicht und Anerkennung der bestehenden Grenzen, Kanzler Brandts Kniefall vor dem Mahnmal im ehemaligen Warschauer Getto.
- 1971/72 Sicherung der Zugangswege nach Berlin durch ein Viermächteabkommen sowie deutsch-deutsche Verkehrsverträge.
- 1972 Grundlagenvertrag (Grundvertrag) zwischen BRD und DDR (in Kraft getreten 1973): gegenseitige Anerkennung (implizierte die Aufgabe des Alleinvertretungsanspruchs der BRD), Garantie der Unverletzlichkeit der Grenzen, Ausbau kultureller und sportlicher Kontakte, Einrichtung zweier botschaftsähnlicher „ständiger Vertretungen". In der Folge verbesserten sich die innerdeutschen Beziehungen, die DDR erfuhr international eine Aufwertung.

Innenpolitische Reformen waren u. a.:

- Betriebsverfassungs- und Mitbestimmungsgesetz
- BAföG-Förderung für Studierende
- Erhöhung des Arbeitslosengeldes
- Neuregelung des § 218 StGB (letztlich: Indikationslösung)
- familienrechtliche Gleichstellung der Frau
- Liberalisierung des Sexualstrafrechts (u. a. Straffreiheit von Homosexualität)

Methodik **Multiperspektivität von Quellentexten**

Historische Quellentexte spiegeln i. d. R. die Sichtweisen und Positionen der jeweiligen Verfasser wider, die in unterschiedlicher Weise an dem historischen Geschehen beteiligt oder von ihm betroffen waren/sind.
Eine Analyse darf sich nicht vorschnell eine dieser Sichtweisen zu eigen machen, sondern muss **alle Perspektiven berücksichtigen.** Sie muss die jeweiligen Standpunkte und Interessen deutlich machen, Parteilichkeiten aufzeigen und nach Möglichkeit erklären, warum der gleiche Sachverhalt zuweilen unterschiedlich beurteilt wird.

Aufgabe 3

Stellungnahmen zum Grundlagenvertrag zwischen der BRD und der DDR
Vergleichen Sie die drei Beurteilungen des Grundlagenvertrags hinsichtlich seiner Bedeutung für die Zukunft Deutschlands.

a) Walter Scheel (FDP), Bundesaußenminister (November 1972):

Der Grundvertrag ist kein Schlussstein im Verhältnis zwischen den beiden Teilen Deutschlands. Er ist das für uns wichtigste Stück einer Entspannungspolitik, die in die Zukunft weist. [...] Der Vertrag enthält zwei Elemente, die auch unsere Deutschlandpolitik kennzeichnen. Er ändert nichts an der rechtlichen Lage in Deutschland. Dazu gehört: 1. Beide Staaten sind Teil einer Nation mit gemeinsamer Sprache, gemeinsamer Geschichte und einem engen Geflecht von Bindungen. 2. Es gibt für Deutschland noch keinen Friedensvertrag; deshalb bestehen die Rechte und Verantwortlichkeiten der vier Mächte fort. Diese Rechtspositionen haben wir im Vertrag aufrechterhalten. Unsere Politik bleibt, auf einen Zustand des Friedens in Europa hinzuwirken, in dem das deutsche Volk in freier Selbstbestimmung seine Einheit wiedererlangt. [...]

b) Heinz Barche, Direktor der SED-Parteischule in der SED-Zeitung „Freie Erde" (Dezember 1972):

Wir entlarven dieses Gerede sozialdemokratischer Führer von der „Einheit der Nation" als Heuchelei. [...] Der Vertrag selbst ist die Abgrenzung von der BRD und hat nichts zu tun mit einer einfach illusionären Tendenz zur Annäherung an die BRD oder zur „Wiedervereinigung Deutschlands". Und wenn verwandtschaftliche Beziehungen beim einen oder anderen Bürger der DDR zu Bürgern der BRD bestehen, dann ist es unsere Aufgabe, mitzuhelfen, dass sich diese Verwandten einreihen in die Schar der friedliebenden, progressiven, demokratischen und revolutionären Kräfte der BRD.

c) Karl Carstens (CDU) im Bundestag (Juni 1973):

[Die] beiden Staaten [...] bekräftigen einander die Unverletzlichkeit ihrer Grenzen, sie erklären, dass keiner den anderen international vertreten kann. [...] Die Begriffe „Deutsche Nation", „Deutsche Einheit" suchen Sie in diesem Vertrag vergebens. Ja, da, wo offenbar dem Sinne nach von Deutschland als Ganzem die Rede ist, wenn nämlich von den Verantwortlichkeiten und Rechten der vier Mächte gesprochen wird, wird sorgfältig vermieden, zu sagen, um welche Verantwortlichkeiten und Rechte es sich handelt, nur damit das Wort „Deutschland" in diesem Vertrag nicht erscheint. Darin, in der Nichterwähnung unseres politischen Zieles der deutschen Einheit in diesem Vertrag, liegt ein schweres, möglicherweise nicht wiedergutzumachendes historisches Versäumnis.

9.2.4
Die Ära Kohl bis zur Wiedervereinigung (ab 1982)

Die Kanzlerschaft Helmut Kohls (CDU, *1930) begann 1982, nachdem sein Vorgänger Helmut Schmidt durch ein konstruktives Misstrauensvotum mithilfe der FDP gestürzt worden war, und endete mit seiner Abwahl 1998 und der Bildung einer rot-grünen Koalition unter Bundeskanzler Gerhard Schröder (SPD, *1944). In Kohls Regierungszeit fiel die deutsche Wiedervereinigung 1990.

In der **Außenpolitik** setzten die Koalitionen aus CDU/CSU und FDP die von der sozialliberalen Koalition eingeleitete Ost- und Deutschlandpolitik fort: offizieller Besuch des DDR-Staatsratsvorsitzenden Erich Honecker (1912–94) in Bonn; 1983 Zustimmung zum Aufbau von amerikanischen Mittelstreckenraketen in Deutschland (gemäß dem NATO-Doppelbeschluss von 1979).

In der **Wirtschafts- und Sozialpolitik** gab es eine Neuorientierung: Förderung von Eigeninitiative und Wettbewerb, Abbau staatlicher Regulierung, steuerliche Entlastung der Unternehmen; Einschränkung von Sozialleistungen; Anwachsen von Staatsverschuldung und Arbeitslosigkeit; Erhöhung von Steuer- und Abgabenlasten; Entstehung neuer gesellschaftlicher Kräfte (Ökologie-, Friedens- und Frauenbewegung).

Wissen **konstruktives Misstrauensvotum**

Nach der Weimarer Verfassung war die Abwahl der Regierung durch ein einfaches Misstrauensvotum möglich. Das barg die Gefahr, dass sich keine neue mehrheitsfähige Koalition zusammenfand und eine schwere Regierungskrise folgte, wie es in der Endphase der Weimarer Republik der Fall war. Aus diesem Grund sieht das Grundgesetz in **Artikel 67** nur die Möglichkeit eines konstruktiven Misstrauensvotums vor: Dem amtierenden Bundeskanzler kann nur dadurch das Misstrauen ausgesprochen werden, indem das Parlament einen Nachfolger wählt.

9.3 Die Entwicklung der DDR

9.3.1 Die DDR bis zum Mauerbau 1961

Die erste Phase der DDR-Geschichte stand ganz im Zeichen einer **sozialistischen Umgestaltung von Wirtschaft, Staat und Gesellschaft,** die sich an der Sowjetunion und dem Marxismus-Leninismus orientierte. Geprägt wurde sie von SED-Partei- und Staatschef Walter Ulbricht (1893–1973). Ihre Herrschaft konnte die DDR-Regierung allerdings nur mit massiver Unterdrückung und der Hilfe der UdSSR aufrechterhalten.

Wirtschaftliche Umgestaltung

- zwangsweise Enteignung der Privatbetriebe zugunsten volkseigener Betriebe (VEB) oder landwirtschaftlicher Produktionsgenossenschaften (LPG);
- Einführung einer Zentralverwaltungswirtschaft und Schwerpunktverlagerung von der Konsumgüter- und Leichtindustrie auf die Schwerindustrie;
- Folgen: geringe Arbeitsproduktivität, Mangel an Innovationsbereitschaft, Mangel an Konsumartikeln, Arbeitskräftemangel wegen Abwanderung in den Westen, hoher Frauenerwerbsanteil.

Umgestaltung des Staates

- führende Rolle der SED, die sich als „Kaderpartei“ verstand und nach dem Prinzip des „demokratischen Zentralismus“ organisiert war (strenge Parteidisziplin, hierarchische Machtstrukturen, straffe Lenkung von oben nach unten);

- Einbindung der sog. Blockparteien (CDU, LDPD, NDPD und DBD) und Massenorganisationen (FDGB und FDJ) in das scheinparlamentarische System;
- Blockwahlsystem zur Volkskammer: Zustimmung oder Ablehnung von vorher zusammengestellten festen Einheitslisten der sog. Nationalen Front (SED, Blockparteien und Massenorganisationen);
- Auflösung der fünf Länder und Neugliederung in 14 zentralistisch von einem SED-Funktionär geleitete Bezirke;
- Umformung der Justiz zu einem Teil des Unterdrückungsapparats;
- Einrichtung des Ministeriums für Staatssicherheit (Stasi) zur Kontrolle der Bevölkerung und zur Ausschaltung politischer oder gesellschaftlicher Opposition.

Wissen **Blockparteien und Massenorganisationen**

Nach dem Zweiten Weltkrieg waren die in der sowjetisch besetzten Zone entstandenen Parteien und Massenorganisationen zum sog. **Demokratischen Block** zusammengefasst worden. Diese sollten zwar verschiedene gesellschaftliche Kräfte repräsentieren, mussten sich aber dem Führungsanspruch der SED unterwerfen. Seit den 1950er-Jahren waren sie faktisch Erfüllungsgehilfen des SED-Staats und wurden von der Bevölkerung ironisch „Blockflöten" genannt.
Beteiligte Parteien und Organisationen: CDU (Christdemokraten), LDPD (Liberale), NDPD (Nationaldemokraten), DBD (Demokratische Bauernpartei), FDGB (Freier Deutscher Gewerkschaftsbund), FDJ (Freie Deutsche Jugend), DFD (Demokratischer Frauenbund), KB (Kulturbund).

Die sozialistische Gesellschaft

Flankiert wurden die wirtschaftlichen und politischen Veränderungen von sozial-, bildungs- und kulturpolitischen Maßnahmen, die die Loyalität der Bevölkerung sichern und mögliche Opposition unter Kontrolle halten sollten: Vereinheitlichung von Schule und Ausbildung, Erziehung zu sozialistischer Gesinnung; Vorrang der „Arbeiterklasse" und der „richtigen" politischen Gesinnung bei der Vergabe von Studienplätzen, bei Beförderungen in Betrieben und der Verwaltung; Sicherung eines gewissen Lebensstandards durch allgemeine Beschäftigungsgarantie, Subventionierung von Grundnahrungsmitteln, Mieten und Energiekosten; kostenlose medizinische Versorgung; preisgünstige Urlaubsreisen; staatliche Kontrolle der Massenmedien sowie von Kunst und Literatur, Benachteiligung der Kirchen.

Diese sozialistische Gesellschaft hatte jedoch erhebliche Schattenseiten, so z. B. die starke staatliche Reglementierung fast aller Lebensbereiche, der zwar wachsende, aber hinter dem Niveau der BRD zurückbleibende durchschnittliche Lebensstandard, das bescheidene Rentenniveau, die extremen Preise höherwertiger Konsumgüter wie

Waschmaschine, Fernseher oder gar Auto, die Privilegien der Führungskader aus Partei und Staat und die fehlende Reisefreiheit.

Aufgabe 4

Aus der SED-Bezirkszeitung *Freiheit* vom 5. November 1953

1. Arbeiten Sie die hier genannten Probleme bei der Verwirklichung einer „sozialistischen Gesellschaft" heraus.
2. Beurteilen Sie die in der Parteizeitung vorgenommene Ursachenanalyse.

In Wiehe, Kreis Artern, wird es bei näherem Hinsehen deutlich, dass hier die Feinde unserer demokratischen Staatsordnung Fuß gefasst haben. Im Sinne der westdeutschen Monopolisten und Junker versuchen sie, das ganze Dorf ihren Zielen untertänig zu machen. Diese Wühlarbeit des Feindes ist nicht zufällig, sie trägt systematischen Charakter und ist organisiert. Doch die Genossen der Parteiorganisation in Wiehe merken anscheinend von alledem nichts. [...]

Die landwirtschaftliche Produktionsgenossenschaft in Wiehe besteht heute nur noch aus zwei Mitgliedern; vor wenigen Monaten noch waren es acht Mitglieder. Sechs Mitglieder der Produktionsgenossenschaft sind den Einflüsterungen der Feinde in Wiehe erlegen und traten aus der Produktionsgenossenschaft aus.

Auch ein neu erbautes Kulturhaus haben die Wieher. Oft führen hier Halbstarke ihre Boogie-Woogie-Tänze vor, während Genossen und Mitglieder der FDJ daneben stehen und den blödsinnigsten Verrenkungen Beifall klatschen. Es geschieht sogar, dass in Wiehe fortschrittliche Filme ausgepfiffen werden. Manche Genossen meinen, die Pfeifkonzerte richteten sich lediglich gegen technische Störungen bei den Filmvorführungen. Diese Genossen haben eine sehr naive Auffassung vom Klassenkampf. Es ist doch der Wunsch des Feindes, unsere Kulturhäuser zu Speichern amerikanischer Kulturbarbarei herabzuwürdigen.

Diese Beispiele beweisen eindeutig, dass die Parteiorganisation in Wiehe dem Klassenfeind das Feld überlässt. Sie hat jegliche politische Arbeit aufgegeben. Der Opportunismus in all seinen Schattierungen hat sich in die Parteiorganisation in Wiehe eingefressen. Sozialdemokratismus, linker Radikalismus, Cliquenwirtschaft bestimmen das ideologische Gesicht der Parteiorganisation. Von etwa 130 Mitgliedern leisten [...] ungefähr nur zwanzig Parteiarbeit, die sich aber auch nur auf den Besuch von Mitgliederversammlungen und den Besuch des Parteilehrgangs erstreckt. [...]

Die FDJ-Gruppe in Wiehe steht nur auf dem Papier, von der Parteiorganisation wird sie überhaupt nicht beachtet. Es ist klar, in Wiehe muss der Karren aus dem Dreck gezogen werden. Offensichtlich ist die Verbesserung der Parteiarbeit die Hauptaufgabe, die in Wiehe gelöst werden muss, um den Einfluss der Klassenfeinde ausrotten zu können.

Mit welchen Reaktionen die Bevölkerung im Falle von Protesten zu rechnen hatte, zeigte der **Juniaufstand 1953:**

- Bereits Anfang Juni hatten in manchen Betrieben Beschäftigte aus Protest gegen die Erhöhung der Arbeitsnormen spontan die Arbeit niedergelegt. Am 15./16. Juni kam es zu Streiks und Demonstrationen in Berlin, die sich am 17. Juni auf zahlreiche Städte und Ortschaften (vor allem Industriegebiete) ausweiteten. Ein Volksaufstand drohte. Neben wirtschaftlichen stellten die Protestierenden auch politische Forderungen auf: Sie verlangten den Rücktritt der Regierung, freie Wahlen, die Wiedervereinigung, sowie die Freilassung politischer Gefangener.
- Ein massiver Militäreinsatz sowjetischer Truppen führte zur raschen Niederschlagung des Aufstands. Zahlreiche Beteiligte wurden zu hohen Zuchthausstrafen verurteilt. Um eine Wiederholung des Sieb-

zehnten Juni auszuschließen, führte die SED „Säuberungen" in der Partei durch und baute den Sicherheitsapparat systematisch aus.

9.3.2 Die DDR von 1961 bis 1989

Der Mauerbau war eine Art **zweite Staatsgründung** der DDR. Jetzt mussten sich die Menschen mit dem Regime arrangieren, das den **politischen Druck milderte** und Maßnahmen zur **Erhöhung des Lebensstandards** ergriff:

- Lockerung der politischen Kontrolle, Beendigung der Zeit des Klassenkampfs, Ankündigung einer „sozialistischen Menschengemeinschaft";
- mehr Entfaltungsmöglichkeiten und Freiräume für die Kirchen;
- Einführung des Neuen Ökonomischen Systems (1963), das Betrieben mehr Entscheidungsfreiheit zugestand und materielle Anreize für die Beschäftigten vorsah;
- Ankurbelung der Konsumgüterindustrie;
- erhebliche Investitionen in Naturwissenschaft und Technik, Vorrang des Sachwissens vor der Parteilinientreue in den Betrieben, Folge: Ausweitung der Schwerindustrie;
- Erhöhung von Löhnen und Renten;
- massive Ankurbelung des Wohnungsbaus (Plattenbauten);
- Verbesserung der Sozialleistungen (u. a. Kinderkrippen, Babyjahr).

Anfang der 1970er-Jahre belegte die DDR im Ostblock hinsichtlich ihrer Industrieproduktion den zweiten Platz und wies den höchsten Lebensstandard auf. Allerdings brachten der in den 1970er-Jahren rapide steigende Ölpreis sowie die hohen Sozialleistungen und Subventionen für Grundnahrungsmittel, Wohnungen und Energie die DDR in erhebliche wirtschaftliche Schwierigkeiten. Die nur langsam steigende Wirtschaftsleistung konnte mit den stark wachsenden Sozialausgaben nicht Schritt halten. Die nun **beginnende Krise** hatte zur Folge, dass

- die Auslandsverschuldung stark anwuchs;
- der Lebensstandard kaum weiter verbessert werden konnte;
- notwendige Modernisierungen und Neuinvestitionen in der Industrie unterblieben;
- die Bausubstanz in den Städten verfiel und die Umweltverschmutzung stark zunahm.

Zugleich mehrten sich die **regimekritischen Stimmen** in der DDR in den 1970er-Jahren; mit Verweis auf die auch von der DDR-Führung unterschriebene KSZE-Schlussakte von Helsinki (1975) drängten sie auf die Einhaltung der Menschenrechte und forderten mehr politische Freiheiten und wirtschaftliche Verbesserungen. Das Regime reagierte mit dem

Ausbau des staatlichen Kontroll- und Unterdrückungsapparats, der Verfolgung Oppositioneller und kritischer Intellektueller (z. B. Biermann-Ausbürgerung 1976).

9.4 Die Wiedervereinigung

9.4.1 Ursachen für den Zusammenbruch der DDR

Die schwere **wirtschaftliche Krise** und die zunehmende **Unzufriedenheit** wegen der wachsenden Bevormundung, Kontrolle und Unterdrückung, der einseitigen Berichterstattung in den Medien, der Versorgungsmängel sowie der erheblichen Reisebeschränkungen waren die Hauptursachen für das innere Ende der DDR.

Dazu kam, dass die DDR nicht mehr von der UdSSR geschützt wurde. Die **Aufgabe der Breschnew-Doktrin** und die **Reformpolitik Gorbatschows** verhinderten ein bewaffnetes Eingreifen der sowjetischen „Schutzmacht" und bewahrten die DDR vor einer Wiederholung des 17. Juni 1953.

Aufgabe 5

Aus einem Stasibericht vom 1. Juni 1989

1. Fassen Sie die wesentlichen Aussagen des Berichts zusammen.
2. Nehmen Sie kritisch dazu Stellung.

Eine der Hauptstoßrichtungen im subversiven Vorgehen des Gegners gegen den Sozialismus bilden Versuche der Schaffung und Legalisierung einer sogenannten inneren Opposition. [...] In Durchsetzung des von imperialistischen Kreisen der USA beschlossenen antisozialistischen „Programmes für Demokratie" wirken führende politische Kräfte der NATO-Staaten darauf hin, unter der Flagge einer „Demokratisierung, Liberalisierung und eines Eintretens für politischen Pluralismus westlicher Prägung in kommunistischen Ländern" in diesen Staaten Oppositionsparteien und -bewegungen zu entwickeln und zu fördern [...]. Dieses Vorgehen widerspiegelt sich sowohl in der Staatspolitik der imperialistischen Hauptmächte als auch in den vielfältigen subversiven Aktivitäten feindlicher Zentren und Organisationen [...]. (Diese Aktivitäten sind zunehmend darauf ausgerichtet, unter Missbrauch des KSZE-Prozesses und unter Berufung auf bestimmte Entwicklungen in einigen sozialistischen Staaten, in der DDR feindliche, oppositionelle Kräfte [...] zu unterstützen sowie gegen die sozialistische Staats- und Gesellschaftsordnung gerichtete Handlungen zu inspirieren und zu aktivieren.)

Es ist einzuschätzen, dass die politischen, ideologischen und subversiven gegnerischen Einwirkungen sowie die von der aktuellen Lageentwicklung in einigen sozialistischen Ländern ausgehenden Einflüsse unter Teilen der Bevölkerung der DDR gewisse Wirkungen erzielen. Sie zeigen sich insbesondere im Vorhandensein [...] personeller Zusammenschlüsse, entsprechender Gruppierungen und Gruppen, die in Übereinstimmung bzw. im Zusammenwirken mit reaktionären kirchlichen Personen und gemeinsam mit äußeren Feinden im Sinne dieser gegnerischen Strategie wirksam zu werden versuchen.

Seit Beginn der 80er-Jahre anhaltende Sammlungs- und Formierungsbestrebungen solcher Personen [...] führten zur Bildung entsprechender Gruppierungen und Gruppen. Diese sind fast ausschließlich in Strukturen der evangelischen Kirchen in der DDR eingebunden [...]

9.4.2
Die friedliche Revolution in der DDR

Stationen der demokratischen Revolution

- Mai 1989: öffentliche Beschwerden und wiederholte Proteste gegen offensichtlich gefälschte Kommunalwahlergebnisse;
- August 1989: Beginn einer Massenfluchtbewegung von DDR-Bürgern über die geöffneten Grenzen zwischen Ungarn und Österreich und in die BRD-Botschaften in Budapest, Prag und Warschau;
- September 1989: Beginn der wöchentlichen Montagsdemonstrationen in Leipzig; im Laufe der nächsten Wochen schlossen sich Hunderttausende in anderen Städten an; Parole: „Wir sind das Volk";
- aus der Bürger- und Protestbewegung heraus Gründung landesweiter Vereinigungen wie Demokratie jetzt, Neues Forum und Demokratischer Aufbruch;
- Ausreisegenehmigung für DDR-Flüchtlinge in Prag und Warschau;
- 7. Oktober: 40-Jahr-Feier der DDR;
- 18. Oktober: Rücktritt Honeckers, Egon Krenz (*1937) wurde neuer Staats- und Parteichef;
- 9. November: Öffnung der innerdeutschen Grenze.

9.4.3
Die deutsche Wiedervereinigung

Am 17. November wählte die Volkskammer Hans Modrow (*1928) zum neuen Vorsitzenden des Ministerrats; in dessen Regierungszeit wurden „runde Tische", an denen auch die Oppositionsgruppen beteiligt waren, zu einem wichtigen Ort politischer Diskussion. Aus den freien Wahlen in der DDR am 18.3.1990 ging die bürgerliche „Allianz für Deutschland" als klare Siegerin hervor.

Am 1.7.1990 wurde zwischen DDR und BRD eine **Wirtschafts-, Währungs- und Sozialunion** gebildet, am 3.10.1990 traten die inzwischen wiederhergestellten Länder der DDR (Brandenburg, Mecklenburg-Vorpommern, Sachsen, Sachsen-Anhalt, Thüringen) dem Geltungsbereich des Grundgesetzes bei. Die **ersten gesamtdeutschen Bundestagswahlen** am 2.12. gewannen CDU und CSU, sie bildeten eine Koalitionsregierung mit der FDP.

Mit der Anerkennung des Rechts der Deutschen auf Wiedervereinigung und der Akzeptanz der NATO-Mitgliedschaft Gesamtdeutschlands ebnete die UdSSR den Weg zur Wiedervereinigung. Der **Zwei-plus-vier-Vertrag** (12.9.) zwischen den beiden deutschen Staaten und den Siegermächten schuf die Voraussetzungen für die Wiedervereinigung (volle Souveränität und Friedensvertrag für Gesamtdeutschland, endgültige Anerkennung der Grenzen in Osteuropa).

Aufgabe 6

Günther Rüther (Politikwissenschaftler) über Probleme und Perspektiven der deutschen Einheit, 1993
Fassen Sie die von Rüther genannten Probleme und Perspektiven der deutschen Einheit zusammen und beurteilen Sie sie aus heutiger Sicht.

Seit den historischen Umbrüchen und Veränderungen des Herbstes 1989 ist vieles nicht mehr so in Deutschland, wie es einmal war. Mit dem Beitritt der DDR zur Bundesrepublik Deutschland ist die Einheit noch nicht vollendet – als Gemeinschaftsaufgabe aller Deutschen hat sie vielmehr erst richtig begonnen. Während die meisten Westdeutschen zunächst glaubten, sie hätten damit nur am Rande etwas zu tun, mussten sich die Ostdeutschen auf umfassende Veränderungen ihres Lebensalltags einstellen. Letztlich haben aber beide Seiten das Ausmaß der Aufgabe und ihre Auswirkungen unterschätzt.

Festzuhalten bleibt jedoch, dass die Folgen der Wiedervereinigung vor allem die ostdeutsche Bevölkerung vor riesige Probleme gestellt hat, die erst zum Teil überwunden sind. [...]

Die Probleme haben sich seit der friedlichen Revolution 1989 nicht nur erweitert, sondern auch zum Teil in einer nicht vorhersehbaren Weise so verschärft, sodass wir alle gemeinsam Schwierigkeiten haben, sie zu begreifen, zu akzeptieren und innerlich zu verarbeiten, um daraus die richtigen Schlüsse zu ziehen. Dazu zählt auch die seit Jahren im Westen Deutschlands verdrängte Erkenntnis, dass die konsumverwöhnte Wohlstandsgesellschaft sich selbst infrage stellt, wenn sie sich nicht in Selbstbescheidung übt. Dies hat nicht nur, aber auch etwas mit der Vollendung der inneren Einheit zu tun. Denn obwohl für den Aufbau der neuen Bundesländer mit der Währungs-, Wirtschafts- und Sozialunion eine gute Grundlage geschaffen wurde und seitdem die wirtschaftliche, soziale und politische Transformation sichtbar voranschreitet, ist das Wohlstandsgefälle in Ost und West mittelfristig nur auszugleichen, wenn es zu einer großen Umverteilung kommt. Dabei handelt es sich – wie der Solidarpakt zeigt – um eine nationale Aufgabe, die den Einsatz lohnt, weil sie dem inneren Frieden dient und helfen kann, Versäumnisse zurückliegender Jahre aufzuarbeiten und Fehlentscheidungen zu korrigieren. [...]

Der Einigungsprozess eröffnet – trotz aller Schwierigkeiten – den Deutschen neue Chancen. Unser Gemeinwesen erfährt wichtige Impulse der Innovation, und zwar in dem Maße, wie wir uns aufeinander einlassen. Die so unterschiedliche „Sozialisation" der Ost- und Westdeutschen kann dabei helfen, festgeschriebene Standpunkte zu überprüfen und gemeinsam neue zu entwickeln. Dazu zählt auch die Frage, wie wir es künftig mit der Nation und dem Nationalstaat halten wollen. Besonders aus Ostdeutschland häufen sich derartige Fragen. [...]

Für das Zusammenwachsen der Deutschen bietet die Rückbesinnung auf die positiven Traditionen der Nation und des Nationalstaates dann die Chance einer Neuorientierung, wenn die Gefährdungen, die in einem nationalen Irrationalismus liegen, wachgehalten werden. Die verbindende Kraft nationaler Identifikation könnte dabei helfen, die Probleme (besser) gemeinsam zu lösen, die der innerdeutsche Einigungsprozess mit sich bringt, aber auch mit den Herausforderungen fertig zu werden, die sich Deutschland nach der Vereinigung im internationalen Rahmen stellen, sei es gegenüber Mittel- und Osteuropa, sei es in den Vereinten Nationen oder bei friedenssichernden Maßnahmen. [...]

Wenn die Deutschen in Ost und West gemeinsam zu einem neuen Verständnis der Nation zurückfänden, gewönnen sie gleichzeitig ein Stück der Normalität zurück, die Spanier, Franzosen und andere europäische Völker schon seit Langem als Selbstverständlichkeit. empfinden.

10
Die europäische Integration

Die Vorstellung einer gesamteuropäischen Identität lässt sich bis ins Mittelalter zurückverfolgen. Am Anfang stand die Vorstellung eines christlichen Abendlands in Abgrenzung vom muslimischen Orient. Während der Renaissance träumten die Humanisten von einer Gelehrtenrepublik ohne Grenzen und in der Zeit der Aufklärung entwickelte der deutsche Philosoph Immanuel Kant die Idee eines Friedensbunds, der künftige Kriege überflüssig mache. Nach den napoleonischen Kriegen gelang es den europäischen Großmächten auf dem Wiener Kongress, eine gesamteuropäische Friedensordnung auszuhandeln, die auf dem Gleichgewicht der Kräfte beruhte. Im späten 19. Jahrhundert, dem Zeitalter des übersteigerten Nationalismus, war davon keine Rede mehr. Doch die Erfahrungen der beiden verheerenden Kriege des 20. Jahrhunderts ließen die Europaidee wieder wach werden.

Typische Aufgabenstellungen

- Erläutern Sie die Wurzeln der europäischen Integration.
- Bewerten Sie die Bedeutung der Währungsunion für Europa.
- Begründen Sie die Anziehungskraft der Europäischen Union (EU) für die Länder des ehemaligen Ostblocks.
- Erklären Sie die Probleme bei der Verabschiedung einer gemeinsamen europäischen Verfassung.
- Beurteilen Sie die Rolle Deutschlands innerhalb der EU.

10.1
Motive der Europabewegung

Drei Motive gaben der Idee einer europäischen Integration nach dem Zweiten Weltkrieg Auftrieb:

1. Zunächst dominierte der Wunsch, eine **dritte Kraft** zwischen den kapitalistisch-demokratischen USA und der sozialistisch-undemokratischen UdSSR zu etablieren (z. B. Hertensteiner Programm von 1946: Europa-Union als selbstständiger Teil der UNO).

2. Als die Spannungen zwischen Ost und West zunahmen, gab man dieses Konzept auf und zielte stattdessen auf eine **militärische Stärkung Westeuropas** im beginnenden Kalten Krieg.
3. Die europäische Kooperation beim **wirtschaftlichen Wiederaufbau** im Rahmen des Marshallplans ab 1947.

Wissen **Europarat**

Im Mai 1948 forderten die wichtigsten „Verbände für die Vereinigung Europas" bei einem Kongress in Den Haag die Bildung eines vereinten Europas und die Gründung einer **Europäischen Versammlung.** Ein Jahr später riefen zehn Länder den **Europarat** ins Leben. Er ist bis heute eine Plattform zur Diskussion allgemeiner europäischer Fragen, hat seinen Sitz in Straßburg und will den wirtschaftlichen und sozialen Fortschritt in seinen Mitgliedsländern fördern. Heute gehören ihm 47 Staaten an.

Aufgabe 1

Winston Churchill: Rede in Zürich, 1946 (Auszug)
Arbeiten Sie, so weit möglich, Churchills Konzept eines vereinten Europa im Rahmen einer neuen Weltordnung heraus.

Wir müssen etwas wie die Vereinigten Staaten von Europa schaffen. Nur so können Hunderte von Millionen schwer arbeitender Menschen die einfachen Freuden und Hoffnungen zurückgewinnen, die das Leben lebenswert machen. [...] Ich glaube, dass die größere Zusammenfassung [UNO] nur dann überleben kann, wenn sie sich auf zusammenhängende natürliche Gruppen stützt. In der westlichen Hemisphäre gibt es bereits eine solche natürliche Gruppe. Wir Briten haben unser eigenes Commonwealth of Nations. Sie schwächen nicht, im Gegenteil, sie stärken die Weltorganisation. Sie sind sogar ihre Hauptstützen. Und warum sollte es keine europäische Gruppe geben, die den irregeleiteten Völkern dieses unruhigen und machtvollen Kontinents das Gefühl eines weiter gespannten Patriotismus und einer gemeinsamen Staatszugehörigkeit einflößen könnte, und warum sollte sie nicht bei der Gestaltung des menschlichen Schicksals ihren rechtmäßigen Platz neben anderen großen Gruppen einnehmen? [...] Der erste Schritt ist die Bildung eines Europarats. Wenn zu Anfang auch nicht alle Staaten Europas willens oder in der Lage sind, der Union beizutreten, müssen wir uns dennoch ans Werk machen, [...] Bei dieser so dringenden Aufgabe müssen Frankreich und Deutschland die Führung zusammen übernehmen. Großbritannien, das Britische Commonwealth of Nations, das mächtige Amerika und, ich hoffe, Sowjetrussland – denn dann wäre in der Tat alles gut – müssen die Freunde und Förderer des neuen Europas sein und für sein Recht auf Leben und Glanz eintreten.

10.2 Militärische Integration im Kalten Krieg

Die militärische Zusammenarbeit in Europa steht auf zwei organisatorischen Säulen, der „Westeuropäischen Union" (WEU) und der NATO. Vorläufer der WEU waren der Dünkirchener Pakt zwischen Großbritannien und Frankreich (1947) und der zwischen Großbritannien, Frankreich und Beneluxländern 1948 geschlossene Brüsseler Pakt.

Die **Westeuropäische Union (WEU)** ist ein 1954 von Großbritannien, Frankreich, den Beneluxländern, der BRD (Verzicht auf ABC-Waffen) und Italien gegründetes Verteidigungsbündnis (1988 um Spanien und Portugal, 1992 um Griechenland erweitert; bedingungslose Beistandspflicht im Falle eines bewaffneten Angriffs). Während des Kalten Kriegs kam der WEU kaum Bedeutung zu, da die NATO ihre Aufgaben übernahm; der Vertrag von Amsterdam (1999) sah eine schrittweise Integration in die EU vor (als Gremium blieb die WEU jedoch bestehen). Im Rahmen der Europäischen Sicherheits- und Verteidigungspolitik gehören auch humanitäre Hilfe, Rettungseinsätze, friedenserhaltende Maßnahmen sowie Kampfeinsätze zur Krisenbewältigung zu ihren Aufgaben. Von den Organen der WEU blieb die Parlamentarische Versammlung als Gremium ohne Aufgabe erhalten, die für Rüstungsfragen zuständige Westeuropäische Rüstungsgruppe ist seit 2004 Bestandteil der neuen europäischen Verteidigungsstruktur.

Die **NATO (North Atlantic Treaty Organization)** ist ein 1949 gegründetes Verteidigungsbündnis unter Führung der USA mit starker Beteiligung europäischer Staaten (BRD ab 1955, die meisten ehemaligen Ostblockstaaten seit 1999 bzw. 2004). Zu den Organen der NATO gehören der Nordatlantikrat, der Generalsekretär, der Militärausschuss und der Oberbefehlshaber. Ihre wichtigsten Aufgaben nach Ende des Kalten Kriegs sind der Einsatz in Krisengebieten, im Rahmen friedenserhaltender Maßnahmen mit UN-Mandat und bei der Rüstungskontrolle.

Wissen **Europäische Verteidigungsgemeinschaft (EVG)**

Als nach Beginn des Koreakriegs 1950 von Briten und Amerikanern ein deutscher Verteidigungsbeitrag gefordert wurde, präsentierte der französische Ministerpräsident **René Pleven** (1901–93) den **Plan einer Europäischen Verteidigungsgemeinschaft.** Unter einem gemeinsamen Oberkommando sollten Truppen Frankreichs, der BRD, Italiens und der Beneluxländer vereinigt werden. Die deutschen Soldaten sollten – anders als die der anderen Länder – allerdings kein zusammenhängendes Truppenkontingent bilden, sondern in die anderen Verbände integriert werden, um ein Wiedererstarken des deutschen Militarismus zu verhindern. Ein entsprechender Vertrag wurde im Mai 1952 unterzeichnet. Die EVG war in der BRD und Frankreich höchst umstritten. In der BRD stieß die beabsichtigte Remilitarisierung auf breite Ablehnung. In Frankreich wollte man die Kontrolle über die eigenen Truppen nicht aufgeben und fürchtete eine wiederbewaffnete BRD. Aus diesen Gründen scheiterte die Ratifizierung des EVG-Vertrags 1954 im französischen Parlament. Eine Wiederbewaffnung der BRD fand dann ab 1955 im Rahmen der NATO statt.

10.3
Wirtschaftliche und politische Integration – von der Montanunion zur EU

Der Hauptmotor der europäischen Einigung war die wirtschaftliche Kooperation. Sie verlief parallel zur militärischen Integration, war aber schon bald deutlich bedeutsamer als diese. Ein wichtiger Ausgangspunkt war die 1948 zur Durchführung der Marshallplan-Hilfe von 17 europäischen Staaten gegründete **OEEC** (Organization for Economic European Co-Operation). 1961 wurde sie in die **OECD** (Organization for Economic Co-Operation and Development) überführt.

10.3.1
Die Montanunion

Die eigentliche **Keimzelle** der europäischen Einigung war jedoch die auf Initiative des französischen Außenministers (Schuman-Plan) im April 1951 von Frankreich, der BRD, Italien und den Beneluxländern gegründete **Europäische Gemeinschaft für Kohle und Stahl (EGKS,** Kurzbezeichnung: **Montanunion),** die die Kohle- und Stahlproduktion ihrer Mitgliedsstaaten einer gemeinsamen Behörde unterstellte.

- **Aufgaben:** Modernisierung der Produktion, Qualitätsverbesserungen, Vereinheitlichung der Lieferbedingungen für Kohle und Stahl, Aufstellen gemeinsamer Ausfuhrregelungen in andere Länder, Schaffung gleicher und besserer Arbeits- und Lebensbedingungen für die Beschäftigen der Montanindustrie.
- **Organe der EGKS:** „Hohe Behörde“ als Exekutive, „Ministerrat“ als Bindeglied zu den einzelnen Regierungen, „Gemeinsame Versammlung“ als eine Art parlamentarisches Kontrollgremium der Hohen Behörde und „Gerichtshof“.
- **Auswirkungen für die BRD:** gleichberechtigte wirtschaftliche Zusammenarbeit, erweiterter Handlungsspielraum durch die Beendigung der alliierten Kontrollen der Schwerindustrie (Ende des Ruhrstatuts), wachsende politische Anerkennung.

Wissen **Ruhrstatut**

Kurz vor Gründung der BRD wurde 1949 mit dem „Ruhrstatut“ eine internationale Kontroll- und Aufsichtsbehörde über die Schwerindustrie des Ruhrgebiets geschaffen. Sie bestimmte und überwachte Art, Menge und Verwendung der Produktion von Kohle, Eisen und Stahl. Mit der Gründung der EGKS wurde das Ruhrstatut aufgehoben.

Aufgabe 2

Robert Schuman: Über die Gründung einer „Montanunion" am 9. Mai 1950
Analysieren Sie die ökonomischen und politischen Motive des „Schuman-Plans".

Der Friede der Welt kann nicht gewahrt werden ohne schöpferische Anstrengungen, die der Größe der Bedrohung entsprechen. Der Beitrag, den ein organisiertes und lebendiges Europa für die Zivilisation leisten kann, ist unerlässlich für die Aufrechterhaltung friedlicher Beziehungen. [...] Die Vereinigung der europäischen Nationen erfordert, dass der Jahrhunderte alte Gegensatz zwischen Frankreich und Deutschland ausgelöscht wird. Das begonnene Werk muss in erster Linie Deutschland und Frankreich erfassen. Zu diesem Zweck schlägt die französische Regierung vor, in einem begrenzten, doch entscheidenden Punkt sofort zur Tat zu schreiten.

Die französische Regierung schlägt vor, die Gesamtheit der französisch-deutschen Kohle- und Stahlproduktion einer gemeinsamen Hohen Behörde zu unterstellen, in einer Organisation, die den anderen europäischen Ländern zum Beitritt offensteht. Die Zusammenlegung der Kohle- und Stahlproduktion wird sofort die Schaffung gemeinsamer Grundlagen für die wirtschaftliche Entwicklung sichern – die erste Etappe der europäischen Föderation – und die Bestimmung jener Gebiete ändern, die lange Zeit der Herstellung von Waffen gewidmet waren, deren sicherste Opfer sie gewesen sind.

Die Solidarität der Produktion, die so geschaffen wird, wird bekunden, dass jeder Krieg zwischen Frankreich und Deutschland nicht nur undenkbar, sondern materiell unmöglich ist. Die Schaffung dieser mächtigen Produktionsgemeinschaft, die allen Ländern offensteht, die daran teilnehmen wollen, mit dem Zweck, allen Ländern, die sie umfasst, die notwendigen Grundstoffe für ihre industrielle Produktion zu gleichen Bedingungen zu liefern, wird die realen Fundamente zu ihrer wirtschaftlichen Vereinigung legen.

10.3.2
EWG, EURATOM und Europäische Gemeinschaften

Eine weitere Integration der europäischen Staaten war nach dem Scheitern der EVG (↑ S. 121) zunächst gefährdet. Schließlich gelang 1957 mit der Unterzeichnung der **Römischen Verträge** und der Gründung der **Europäischen Wirtschaftsgemeinschaft (EWG)** sowie der **Europäischen Gemeinschaft für Atomenergie (EURATOM)** ein entscheidender Schritt in Richtung auf ein vereinigtes Europa.

Die EURATOM diente dem Ausbau der friedlichen Nutzung der Kernenergie sowie der Koordination von Forschung und fachbezogener Ausbildung. Die EWG, deren Organe Europaparlament, Ministerrat, Europäische Kommission, Gerichtshof sowie Wirtschafts- und Sozialausschuss waren, hatte folgende Ziele:
- Abbau der Zollschranken zwischen den Mitgliedern;
- gemeinsame Außenhandelspolitik und Agrarpolitik;
- Schaffung eines gemeinsamen Marktes mit freiem Waren-, Dienstleistungs-, Personen- und Kapitalverkehr.

1967 schlossen sich EGKS, EWG und EURATOM zu den **Europäischen Gemeinschaften (EG)** zusammen. In den folgenden Jahren wurden die EG erweitert. 1973 traten Großbritannien, Irland und Dänemark bei, 1981 Griechenland, Spanien und Portugal folgten 1986.

Mit der Erweiterung waren auch Probleme verbunden:

- wachsende Diskrepanzen zwischen reichen und armen Mitgliedsländern („Nord-Süd-Gefälle“);
- nationale Interessenunterschiede zwischen den Mitgliedern gewannen an Bedeutung;
- hohe Agrarsubventionen belasteten den Haushalt der EG und zeichneten für massive Überproduktionen verantwortlich.

Aufgabe 3

Charles de Gaulle: in einer Pressekonferenz am 14. Januar 1963

1. Stellen Sie die Argumente de Gaulles zu einem möglichen Beitritt Großbritanniens zur EWG zusammen.
2. Inwiefern spiegeln sie grundsätzliche Probleme der europäischen Integration wider?

England ist ein Inselstaat, ausgerichtet auf die See. Es ist durch seinen Handel, seine Märkte und seine Versorgung an die verschiedensten, oftmals weit entlegenen Länder gebunden. Es ist in erster Linie ein Industrie- und Handelsstaat, der nur wenig Landwirtschaft betreibt. Es besitzt in all seinem Tun Gewohnheiten und Traditionen, die sehr ausgeprägt und eigener Art sind. Kurzum, das Wesen, die Struktur und die Umstände, die England eigen sind, unterscheiden es weitgehend von den kontinentalen Staaten.

Was soll man nun unternehmen, um England mit seinen eigenen Lebens-, Produktions- und Handelstraditionen in den Gemeinsamen Markt einzugliedern, so wie dieser nun einmal geschaffen wurde und wie er funktioniert? Die Art der Lebensmittelversorgung der Bevölkerung Großbritanniens – z. B. Einfuhr sehr billiger Lebensmittel aus Nord- und Südamerika und den ehemaligen Dominions bei gleichzeitiger beträchtlicher Subventionierung der englischen Landwirtschaft –, diese Art ist natürlich unvereinbar mit dem System, das die Sechs ganz natürlich für sich selbst geschaffen haben.

Das System der Sechs besteht darin, die Agrarprodukte innerhalb ihrer Gemeinschaft als ein Ganzes zu behandeln, die Preise für ihre Agrarprodukte rigoros festzusetzen, die Subventionen zu verbieten, ihren Verbrauch zu organisieren und jedem Partner zur Auflage zu machen, jeglichen Gewinn, den er erzielt, wenn er von außerhalb Lebensmittel einführen würde, anstatt die zu verbrauchen, die der Gemeinsame Markt anbietet, an die Gemeinschaft abzuführen.

Ich frage nochmals, wie kann man nun England, so wie es ist, in dieses System einfügen? Man hat manchmal annehmen können, dass unsere englischen Freunde sich mit ihrem Antrag auf Beitritt zum Gemeinsamen Markt so weit umstellen würden, dass sie sich alle Bedingungen auferlegen würden, die von den Sechs schon akzeptiert wurden und praktiziert werden. Aber die große Frage ist und bleibt, ob Großbritannien sich gegenwärtig wie der Kontinent, und genauso wie dieser, in den Rahmen eines wahrhaft gemeinsamen Zolltarifs einfügen kann, [...]. Auf diese Frage allein kommt es an. Man kann nicht sagen, dass sie gegenwärtig gelöst ist.

Wissen Europäische Freihandelszone/EFTA

Die **Europäische Freihandelsassoziation (EFTA)** wurde 1960 als Reaktion auf die Bildung der EWG von den Staaten Norwegen, Schweden, Dänemark, Großbritannien, Österreich, Portugal und Schweiz gegründet. Andere Staaten schlossen sich später an. Hauptziel: Abschaffung von Handelsschranken. Eine weiter gehende Integration war nicht geplant. Wegen des deutlichen Erfolgs der EWG schlossen sich einzelne EFTA-Staaten, u. a. Großbritannien, der EWG an. Heute besteht die EFTA nur noch aus der Schweiz, Norwegen, Island und Liechtenstein.

10.3.3
Die Europäische Union

In den **Schengener Abkommen** 1985/1990 beschlossen die Bundesrepublik, Frankreich und die Beneluxstaaten den Abbau der Personenkontrollen an den gemeinsamen Grenzen. Inzwischen (2008) gilt diese Regelung für 22 Mitgliedsländer der heutigen EU.

Die entscheidenden Weichen zur weiteren Integration stellte die **Einheitliche Europäische Akte** von 1987, auf deren Basis der Binnenmarkt bis 1992 verwirklicht werden sollte. 1992 wurde dann mit dem **Vertrag von Maastricht** die **Europäische Union** gegründet.

Die drei Säulen der Europäischen Union		
Gemeinsame Außen- und Sicherheitspolitik	**Europäische Gemeinschaften**	**Zusammenarbeit in der Innen- und Rechtspolitik**
Friedenserhaltung	Zollunion und Binnenmarkt	Asylpolitik
Menschenrechte	Agrarpolitik	Außengrenzen
Hilfe für Drittstaaten	Strukturpolitik	Einwanderungspolitik
WEU als Stütze	Handelspolitik	Kampf gegen Drogenabhängigkeit
Abrüstung	Wirtschafts- und Währungsunion	Bekämpfung des organisierten Verbrechens
wirtschaftliche Aspekte der Rüstung	Unionsbürgerschaft	Justizzusammenarbeit in Zivil- und Strafsachen
Europäische Sicherheitsordnung	Bildung und Kultur	Polizeizusammenarbeit
	Verbraucherschutz	Wegfall von Grenzkontrollen
	Gesundheitswesen	
	Forschung und Umwelt	
	Sozialpolitik	

Die **Organe der EU** (im Folgenden Auswahl) spiegeln die verschiedenen Ebenen und Interessen der Gemeinschaft auf nationalstaatlicher, übernationaler und parlamentarisch-demokratischer Ebene wider:

- Nationalstaatliche Ebene: **Europäischer Rat** der Staats- und Regierungschefs, **Ministerrat** der jeweiligen Fachminister der Länder, halbjährlicher Wechsel der Ratspräsidentschaft.
- Übernationale Ebene: **Europäische Kommission** als Exekutive, je ein nicht weisungsgebundener Vertreter der Mitgliedsländer.
- Parlamentarisch-demokratische Ebene: **Europäisches Parlament** (Direktwahl für fünf Jahre); **Europäischer Gerichtshof** als oberste Rechtsinstanz der EU-Länder.

Nach Gründung der EU erfuhr die „Gemeinschaft der 12" eine Erweiterung auf derzeit (2008) 27 Mitglieder:

- 1995 traten Österreich, Schweden und Finnland bei;
- 2004 Estland, Lettland und Litauen, Polen, Tschechien und die Slowakei, Ungarn, Slowenien, Malta und Zypern sowie
- 2007 Bulgarien und Rumänien.

Eine wichtige Maßnahme zur Verwirklichung der Wirtschafts- und Währungsunion war die **Einführung der europäischen Gemeinschaftswährung Euro** (als Buchgeld 1999 und als Bargeld 2002) und einer **Europäischen Zentralbank** in Frankfurt a. M.

Der Plan für eine gemeinsame **Verfassung für Europa** scheiterte im Sommer 2005, als der Verfassungsentwurf in Referenden in Frankreich und den Niederlanden abgelehnt wurde. Stattdessen einigten sich die Staats- und Regierungschefs auf dem EU-Gipfel in Lissabon im Dezember 2007 auf den **Vertrag von Lissabon.** Das neue Vertragswerk, das keine Verfassung darstellt, modernisiert aber die Institutionen der EU und verbessert ihre Arbeitsfähigkeit. Elemente des Reformvertrages:

- Verzicht auf staatstypische Symbole wie Flagge und Hymne;
- Ersatz des geplanten EU-Außenministers durch einen „Hohen Vertreter für Außen- und Sicherheitspolitik",
- Einführung der doppelten Mehrheit bei Abstimmungen im Europäischen Rat ab 2014 (Übergangsregelung bis 2017): 55 % aller Mitgliedstaaten, jedoch mindestens 15 Mitgliedsstaaten, die gleichzeitig mindestens 65 % der Bevölkerung repräsentieren, müssen einem Beschluss zustimmen.

Aufgabe 4

Roman Herzog (deutscher Bundespräsident a. D.) und Lüder Gerken (Direktor des Centrums für Europäische Politik) zu Problemen der EU-Verfassung, im Januar 2007

Erläutern Sie die Schwierigkeiten einer europäischen Verfassung.

Diese Probleme sind zurückzuführen auf die Existenz zweier sich ausschließender Vorstellungen über die endgültige Gestalt der EU. Auf der einen Seite stehen [diejenigen], die einen Verbund dauerhaft souveräner Staaten, ein „Europa der Vaterländer" anstreben. Sie konstatieren mit Sorge eine zunehmende Zentralisierung der Politik auf EU-Ebene, die mit einer Ausdünnung der Befugnisse der Mitgliedstaaten einhergeht. [...]

Auf der anderen Seite stehen die Föderalisten, die einen europäischen Bundesstaat anstreben. Sie beklagen massive institutionelle Defizite bei den Organen und Entscheidungsverfahren auf EU-Ebene, die ineffektiv, intransparent und undemokratisch seien, und empfinden diese Defizite als umso gewichtiger, je weiter sich die Europäische Union entwickelt. Sie fordern vollständige staatliche Strukturen für die EU im Sinne der klassischen Gewaltenteilungslehre, insbesondere ein Parlament als souveräne Legislative und eine Regierung als souveräne Exekutive – ohne dass die Regierungen der Mitgliedstaaten über den Rat Sand ins Getriebe streuen können. Der institutionelle Aufbau der EU ist ein Kompromiss aus diesen beiden idealtypischen Vorstellungen. [...]

Trainingsklausuren

Die hier abgedruckten Klausuren sind als typische Musterklausuren zu verstehen, wie sie vom Umfang und Anforderungsgrad in einer Abiturprüfung vorkommen können. Der Aufbau einer Abiturklausur kann von Bundesland zu Bundesland variieren.

Die jeweiligen Anforderungsbereiche (Definitionen ↑ Seiten 9, 21, 29) stehen hinter den Fragen in römischen Ziffern. Eine strenge Trennung der Bereiche ist oft nicht möglich. In diesem Fall sind zwei Bereiche angegeben (z. B. **I/II**).

Klausur 1

Der österreichische Kulturphilosoph und Journalist Egon Friedell (1878–1938) in seiner 1927–31 erschienenen „Kulturgeschichte der Neuzeit“ über die Heilige Allianz

1. Geben Sie Konzeption und Anliegen der Heiligen Allianz mithilfe des Textes wieder und zeigen Sie auf, welche ideologischen und politischen Prinzipien ihr zugrunde lagen. **(I)** — 10 Punkte
2. Fassen Sie die wesentlichen Ergebnisse des Wiener Kongresses zusammen. **(II)** — 15 Punkte
3. Erörtern Sie das Urteil Friedells über die Heilige Allianz. **(III)** — 15 Punkte
4. Beurteilen Sie die Bedeutung der Herrschaft Napoleons für Deutschland und für Preußen. **(III)** — 20 Punkte

60 Punkte

Kurz nach der Auflösung des Wiener Kongresses schlossen, auf Anregung des Zaren, [...] Russland, Österreich und Preußen die „Heilige Allianz“, in deren Akte es unter anderem hieß: „Ihre Majestäten [...] erklären feierlich [...] ihre unerschütterliche Entschließung, [...] sich nur die Vorschriften der heiligen Religion zur Regel zu nehmen, Vorschriften der Gerechtigkeit, der christlichen Liebe und des Friedens. [...] Demzufolge sind Ihre Majestäten übereingekommen: Gemäß den Worten der Heiligen Schrift, welche allen Menschen befiehlt, einander als Brüder zu betrachten, werden sie durch die Bande einer wahren und unauflöslichen Brüderschaft vereinigt bleiben und einander wie Landsleute bei allen Gelegenheiten und in allen Fällen Beistand leisten; ihren Untertanen und Armeen gegenüber werden sie sich als Familienväter betrachten und sie in demselben Geiste der Brüderlichkeit leiten, von dem sie beseelt sind. [...] Die drei verbündeten Herrscher fühlen sich nur als die Bevollmächtigten der Vorsehung, um drei Zweige derselben Familie zu regieren [...]. Alle Mächte, die sich zu diesen Grundsätzen bekennen, werden mit Freuden in diese Heilige Allianz aufgenommen werden.“

In der Tat schlossen sich ihr alle europäischen Potentaten an, mit Ausnahme des englischen Prinzregenten, [...] des Papstes [...], und des Sultans [...]. Dafür schloss England mit Russland, Preußen und Österreich [...] die Quadrupelallianz: Ihr Zweck war „Erhaltung des Bestehenden“, also Gleichgewicht in der äußeren Politik, „Ruhe und Ordnung“ im Innern. [...]

Dem Wortlaut nach gab es [...] kein vollkommeneres politisches Programm als das der Heiligen Allianz: „dass“, wie es in dem Vertragsentwurf hieß, „ein christliches Volk in Wahrheit keinen anderen Herrscher hat als den, dem allein die Macht gehört, weil in ihm allein der Schatz der Liebe, der Erkenntnis und der Weisheit ruht, das heißt: Gott, unsern göttlichen Erlöser Jesus Christus“; aber selten ist ein Ideal in solchem Maße Redensart geblieben wie damals. Dass der Heiland auf Erden herrsche, ist, seit er auf Erden erschienen ist, der Wunsch und Traum aller Christen: aber ihn zu erfüllen, sind kaltherzige Habsburgerkaiser, größenwahnsinnige Russenzaren, kleingläubige Hohenzollernkönige und zynische Lügenfürsten à la Metternich kaum die richtigen Werkzeuge. In der schönen Absicht, ihre Völker wie Familienoberhäupter zu regieren, machten sie aus Europa eine Kinderstube, und obschon ihre Liebe, nach den Züchtigungen zu schließen, sehr groß gewesen sein muss, erzeugten sie durch ihr väterliches Regiment nichts als einen ungeheuren Ödipuskomplex.

Klausur 2

Der nationalliberale Historiker Heinrich von Sybel (1817–95) in einem Beitrag für die britische „Fortnightly Review“ vom 1. Januar 1871 über das Regierungssystem des neu gegründeten Deutschen Reichs

1. Stellen Sie den Entstehungsprozess des Deutschen Reichs seit 1860 in seinen wesentlichen Grundzügen dar. **(I)** — 20 Punkte
2. Stellen Sie die Vor- und Nachteile des deutschen Verfassungssystems von 1871 nach von Sybel zusammen. **(II)** — 15 Punkte
3. Interpretieren Sie die Ausführungen von Sybels in ihrem historischen Kontext und im Hinblick auf ihre Adressaten **(II)** — 15 Punkte
4. Nehmen Sie Stellung zu von Sybels Haltung. **(III)** — 10 Punkte

60 Punkte

Aber ich höre bereits den Haupteinwurf. Dies Alles, sagt man, sei schön und gut, Aber wie stehe es mit dem entscheidenden Punkte, der politischen Freiheit der Nation [...]? Sei und bleibe nicht die Regierung des Königs oder des Kaisers, wenn gleich einsichtig, gemäßigt und erfolgreich, trotz alle dem ein gouvernement personnel [persönliche Herrschaft]? Es würde nicht viel helfen, dagegen anzuführen, daß wir Parlamente haben, zwei für eines, ein deutsches und ein preußisches, daß wir für beide das allgemeine, und wenigstens für jenes auch das gleiche, directe und geheime Stimmrecht besitzen, daß die Regierung nur einen verschwindend kleinen Einfluß auf die Wahlen ausübt, daß sie seit dem Ende des Verfassungsstreits von 1862 sich an die vom Parlamente genehmigten Steuergesetze und Ausgabeetats bindet, daß sie überhaupt keine Gesetze ohne parlamentarische Zustimmung erläßt. Ohne Zweifel ist mit diesen Dingen eine Verwaltung schnurstracks gegen den deutlichen Willen des Landes auf die Dauer unmöglich. Aber nicht minder gewiß ist es freilich, daß das neue Reich kein verantwortliches Ministerium, und sein Parlament kein Recht zur Ministeranklage [...] besitzt, und daß der preußische Landtag außerdem das Recht der jährlichen Bewilligung der Staatseinnahmen, und jeden unmittelbaren Einfluß auf die Landesverwaltung entbehrt. Leider fehlen also die directen Mittel, ein ihm mißliebiges Ministerium aus dem Amte zu treiben. Bleibt ein ministerieller Antrag oder Gesetzentwurf in der Minorität, so ist der Antrag freilich beseitigt, aber kein Minister denkt deshalb daran seine Entlassung zu nehmen, oder seinem politischen Verfahren eine andere Richtung zu geben. Wir haben eine constitutionelle Monarchie, aber wir haben keine parlamentarische Regierung.

Diese Thatsache ist vorhanden; sie dient unserer Sache bei den liberalen Parteien des Auslandes durchaus nicht zur Empfehlung, und im Inlande wurmt sie unser Volk, und manchen unserer Deputirten nicht wenig. Immer aber würde man sich gründlich täuschen, wenn man darin ohne Weiteres einzig und allein den Ausdruck eines unsere Verhältnisse beherrschenden Absolutismus erkennen wollte. Die königliche Prärogative [Vorrecht] ist heute stärker als in England [...]. Aber ganz sicher ist es nicht die Kraft der königlichen Prärogative allein, welche bei uns die Ausbildung der parlamentarischen Regierung hindert. Die Ursache liegt großen Theils in uns selbst, und ich denke, daß dies Verhältniß günstig für unsere Zukunft ist, da wie das Uebel so auch das Heilmittel in uns selbst liegt. [...]

Ich halte [einen politischen Reifeprozess der Bevölkerung und die Verwirklichung einer parlamentarischen Regierung] für möglich, unter bestimmten Voraussetzungen

zungen, welche glücklicher Weise so beschaffen sind, daß es in der Hand des Volkes selbst liegt, sie sich zu erzeugen. Sie lassen sich zusammenfassen in dem einen Worte: politische Bildung der Wähler. Liefern die Wahlen erst geschlossene Parteien, deren Führer zur Regierung zweifellos befähigt sind, so wird die Krone nicht lange zaudern, sich eines solchen Vortheils für die Kräftigung ihrer Regierung zu bedienen. Zu einer solchen Bildung aber ist nicht bloß Zeitungslesen und Vereinswesen, es ist praktische Arbeit im Dienste des Gemeinwohls, und als die beste Folge derselben der Sinn der Hingebung an das Ganze und die Möglichkeit fester Disciplin erforderlich. Wir besitzen nun in Preußen an der allgemeinen Wehrpflicht und der allgemeinen Schulpflicht die trefflichsten Grundlagen für eine solche Gesinnung und Erziehung praktischer Politik, wobei nur zu wünschen ist, daß der Staat die Schule nicht so ausschließlich [...] in den Dienst der hierarchischen Interessen stelle, sondern sie für die höchsten Zwecke der bürgerlichen Gesellschaft ergiebiger zu verwerthen wisse. Dann aber wird Alles abhängen von der Organisation der inneren Landesverwaltung, und wie gesagt wir dürfen hoffen, dass hier in kurzer Frist erhebliche Schritte zum Guten geschehn, dass die Verständigung über eine gedeihliche Kreis- und Gemeindeordnung nicht lange mehr ausbleiben werde! Dann aber erst wird der Weg zur Erreichung parlamentarischen Regiments eröffnet sein. Weit genug und schwierig genug, schwieriger als für England im 18. Jahrhundert, wird er sich uns auch dann zeigen. Wenn die politische Bildung der Wähler die entscheidende Bedingung parlamentarischen Regiments ist, so wird die Aufgabe immer schwieriger mit jeder Ausdehnung des Wahlrechts auf weniger gebildete Klassen. Nun geht die demokratische Strömung, welche die Welt erfüllt, auch durch Deutschland. [...]

Wenn diese Bemerkungen einige Wahrheit enthalten, so wird man für Deutschland dem System der parlamentarischen Regierung keinen raschen Triumph prophezeien, man wird dann aber auch in diesem Umstande keine absolute Gefahr für Freiheit und Gedeihen erblicken. Wenn das System nur unter ganz bestimmten historischen und localen Voraussetzungen lebensfähig ist, so kann es eben deshalb auch nicht das einzige allein seligmachende Evangelium der Freiheit sein. Alle irdischen Dinge haben ihre Licht- und Schattenseiten [...] Diese Regierung aber in fester Hand und den Wogen der populären Agitation entzogen zu wissen, erscheint uns gegenüber den entsetzlichen Folgen des Gegentheils in Frankreich als unschätzbarer Segen. Deutschland wird auch nach seinen letzten großen Siegen eine höchst gefährdete Stellung in Europa haben zwischen dem rachedurstigen Frankreich, dem ehrgeizigen Rußland, dem schwankenden Oesterreich. Was wir in dieser Lage vor Allem bedürfen, ist Stetigkeit und Sicherheit der Regierung. [...] Es mag idealere Zustände geben als die unserigen; für uns ist es eine Frage des Daseins, daß die guten Fäden unserer politischen Überlieferung nicht leichtsinnig zerrissen werden. Unsere Könige haben die Erfahrung gemacht, daß ihr Militärsystem, welches sie heute zu so beispiellosen Erfolgen geführt hat, auf der Voraussetzung einer weithin im Volke verbreiteten Summe von Cultur, Wohlstand und Patriotismus beruht, und indem wir wissen, daß dies von allen Mitgliedern unserer Regierung deutlich anerkannt wird, giebt uns gerade die Spannung unserer auswärtigen Lage eine feste Bürgschaft, natürlich nicht gegen einzelne Mißgriffe und Irrthümer, wohl aber für ein stetes Streben der Regierung nach Cultur, Wohlstand und Patriotismus, das heißt mit einem Worte, nach Freiheit des Volkes.

Klausur 3

Aus der Schrift „Politik“ des deutschen Historikers Heinrich von Treitschke (1834–96), 1890

Aus der Schrift „Draft of Ideas“ des Briten Cecil Rhodes (1855–1902; 1881 Parlamentarier, 1890 Premier der Kapkolonie), 1877

15 Punkte
1. Analysieren Sie den Text von von Treitschke und arbeiten Sie die Motive, die Konzeption und die Ideologie der deutschen Kolonial- und Weltmachtpolitik heraus. **(I/II)**

10 Punkte
2. Charakterisieren Sie Rhodes' Konzeption und Ideologie und vergleichen Sie diese mit der von Treitschkes. **(II)**

10 Punkte
3. Stellen Sie die Entstehung und Bedeutung des deutschen Kolonialreichs dar. **(I/II)**

4. Erörtern Sie die Problematik und Bedeutung des Konzepts von

15 Punkte	Treitschkes für die Zukunft auf dem Hintergrund der gesamteuropäischen Entwicklung nach 1890. **(III)**
10 Punkte	5. Skizzieren Sie kurz die verschiedenen Imperialismustheorien und prüfen Sie, inwieweit sie auf von Treitschkes und Rhodes' Überlegungen zutreffen. **(I/III)**
60 Punkte	

von Treitschke (1890): Wie viele der köstlichsten Kräfte haben wir durch die Auswanderung eingebüßt und büßen wir noch täglich ein, ohne dafür auch nur den geringsten Ersatz zu bekommen; Arbeitskraft wie Kapital der Auswanderer ist für uns verloren. Welche unermesslichen finanziellen Vorteile würden diese Leute uns als Kolonisten bieten.

So ist jene Kolonisation, welche das einheitliche Volkstum erhält, für die Zukunft der Welt ein Faktor von ungeheuerer Bedeutung geworden. Von ihr wird es abhängen, in welchem Maße jedes Volk an der Beherrschung der Welt durch die weiße Rasse teilnehmen wird; es ist sehr gut denkbar, dass einmal ein Land, das keine Kolonien hat, gar nicht mehr zu den europäischen Großmächten zählen wird, so mächtig es sonst sein mag. Darum dürfen wir nicht in jenen Zustand der Erstarrung kommen, der die Folge einer rein festländischen Politik ist, und das Ergebnis unseres nächsten glücklichen Krieges muss womöglich die Erwerbung irgendeiner Kolonie sein.

Aber nicht nur die Ackerbaukolonien, auch andere sind für das Mutterland von großer Bedeutung. So die Pflanzungskolonien, in denen dauernder Aufenthalt europäischer Völker nicht möglich ist, wo aber Eingeborene im Dienst des Mutterlandes arbeiten und die kostbaren Pflanzungsprodukte liefern. [...] Auch Bergbaukolonien sind sehr wertvoll [...]. Immerhin bringen diese Kolonien: Pflanzungskolonien, Bergwerkskolonien, reine Handelskolonien, bedeutenden Gewinn für das Vaterland, sie sind wirtschaftliche Machtquellen. Nur kann auch hier das Volk mündig werden und dann sich berechtigt fühlen dies fremde Joch der Kapitalskräfte abzuschütteln. Eine fremde Handelsherrschaft hat immer etwas Gehässiges, und ein Volk, das herangereift ist, empfindet sie als einen schweren Druck. [...]

Legen wir den Maßstab der Autarkie an, so ist zu beobachten, wie in der Staatengesellschaft Europas die größeren Staaten ein immer bedeutenderes Übergewicht gewinnen, wie unser Staatensystem einen immer mehr aristokratischen Charakter angenommen hat. [...] Es hat sich seit dem Siebenjährigen Kriege die Fünfherrschaft der großen Mächte herausgebildet, die sich als notwendig erwiesen hat; große europäische Fragen werden nur in diesem Kreise verhandelt. Italien ist nahe daran in ihn hineinzukommen; aber weder Belgien noch Schweden noch die Schweiz können mitreden, wenn sie nicht selbst unmittelbar beteiligt sind.

Die ganze Entwicklung unserer Staatengesellschaft geht also unverkennbar darauf aus, die Staaten zweiten Ranges zurückzudrängen. Und da eröffnen sich, wenn wir die nicht europäische Welt mit in Betracht ziehen, unendlich ernste Aussichten auch für uns. Bei der Verteilung dieser nicht europäischen Welt unter die europäischen Mächte ist Deutschland bisher immer zu kurz gekommen, und es handelt sich doch um unser Dasein als Großstaat bei der Frage, ob wir auch jenseits der Meere eine Macht werden können. Sonst eröffnet sich die grässliche Aussicht, dass England und Russland sich in die Welt teilen, und da weiß man wirklich nicht, was unsittlicher und entsetzlicher wäre, die russische Knute oder der englische Geldbeutel. Sehen wir näher hin, so ist doch deutlich, dass, wenn der Staat Macht ist, eben nur der Staat, der wirklich mächtig ist, seiner Idee entspricht.

Rhodes (1877): Ich behaupte, dass wir die erste Rasse in der Welt sind und dass es für die Menschheit umso besser ist, je größere Teile der Welt wir bewohnen. Ich behaupte, dass jedes Stück Land, das unserem Gebiet hinzugefügt wird, die Geburt von mehr Angehörigen der englischen Rasse bedeutet, die sonst nicht ins Dasein gerufen worden wären. Darüber hinaus bedeutet es einfach das Ende aller Kriege, wenn der größere Teil der Welt in unserer Herrschaft aufgeht. [...] Die Förderung des Britischen Empire, mit dem Ziel, die ganze zivilisierte Welt unter britische Herrschaft zu bringen, die Wiedergewinnung der Vereinigten Staaten, um die angelsächsische Rasse zu einem einzigen Weltreich zu machen. Was für ein Traum! Aber dennoch ist er wahrscheinlich. Er ist realisierbar. [...] Da [Gott] sich die englisch sprechende Rasse offensichtlich zu seinem auserwählten Werkzeug geformt hat, durch welches er einen auf Gerechtigkeit, Freiheit und Frieden gegründeten Zustand der Gesellschaft hervorbringen will, muss es auch seinem Wunsch entsprechen, dass ich alles in meiner Macht Stehende tue, um jener Rasse so viel Spielraum und Macht wie möglich zu verschaffen. Wenn es einen Gott gibt, denke ich, so will er daher eines gern von mir getan haben: nämlich so viel von der Karte Afrikas britisch rot zu malen wie möglich und anderswo zu tun, was ich kann, um die Einheit der englisch sprechenden Rasse zu fördern und ihren Einflussbereich auszudehnen.

Klausur 4

Auszug aus einer Rede des deutschen Reichskanzlers Adolf Hitler (NSDAP, 1889–1945) zum 1. Mai 1933

15 Punkte 1. Beschreiben Sie die sprachlichen Merkmale der vorliegenden Rede und arbeiten Sie die wesentlichen Aussagen des Autors heraus. **(I)**

20 Punkte 2. Untersuchen Sie, inwieweit die vorliegende Rede typisch für die NS-Ideologie ist, indem Sie deren grundlegende Elemente zusammenhängend darstellen sowie aufzeigen, in welcher Weise sie in der Quelle zum Ausdruck kommen. **(II)**

15 Punkte 3. Ordnen Sie die Quelle in den Ablauf der politischen Ereignisse des Jahres 1933 ein. **(II)**

10 Punkte 4. Erörtern Sie, inwieweit die zentralen Aussagen der vorliegenden Quelle mit den Prinzipien des Grundgesetzes vereinbar sind. Begründen Sie Ihre Meinung. **(III)**

60 Punkte

Unseres Volkes Erwachen ist da. Das Symbol des Klassenkampfes, des ewigen Streites und Haders wandelt sich nun wieder zum Symbol der großen Einigung und Erhebung der Nation. Und deshalb haben wir diesen Tag der erwachenden Natur für alle kommenden Zeiten gewählt als Tag der Wiedergewinnung unserer eigenen Kraft und Stärke und damit auch zugleich jener schaffenden Arbeit, die keine Grenzen kennt, nicht gebunden ist an die Gewerkschaften, an Fabriken und Kontore, einer Arbeit, die wir überall dort anerkennen und fördern wollen, wo sie in gutem Sinne für Sein und Leben unseres Volkes geleistet wird.

Die Millionen Menschen, die in Berufe aufgeteilt, in künstlichen Klassen auseinandergehalten worden sind, die, vom Standesdünkel und Klassenwahnsinn befallen, einander nicht mehr verstehen können, sie müssen wieder den Weg zueinander finden! Wenn 70 Jahre lang der Wahnsinn als politische Idee vertreten und gepredigt wurde, wenn 70 Jahre lang die Zerstörung der Volksgemeinschaft politisches Gebot war, dann ist es schwer, mit einem Schlag den Sinn der Menschen wenden zu wollen.

Doch es ist kein Zufall, dass es unseren Gegnern, die diesen Tag seit 70 Jahren feiern wollen und die 14 Jahre lang in Deutschland an der Macht gewesen sind, trotz allem nicht gelungen ist, das deutsche Volk an diesem Tag so zu erfassen, wie wir es bereits am ersten zuwege brachten.

Es bleibt unser unverrückbarer Entschluss, jeden einzelnen Deutschen, sei er, wer er sei, ob arm, Sohn von Gelehrten oder Sohn von Fabrikarbeitern, einmal in seinem Leben zur Handarbeit zu führen, damit er sie kennenlernt. Wir wollen in einer Zeit, da Millionen unter uns leben, ohne Verständnis für die Bedeutung des Handarbeitertums, das deutsche Volk durch die Arbeitsdienstpflicht zu der Erkenntnis erziehen, dass Handarbeit nicht schändet, sondern vielmehr wie jede andere Tätigkeit dem zur Ehre gereicht, der sie getreu und redlichen Sinnes erfüllt.

Wir werden in diesem Jahre zum ersten Male als weitere große Aufgabe die Befreiung der schöpferischen Initiative von den verhängnisvollen Einwirkungen majoritativer Beschlüsse [Mehrheitsbeschlüsse] durchführen. Nicht nur im Parlament, nein, auch in der Wirtschaft. Wir wissen, dass unsere Wirtschaft nicht emporkommen kann, wenn nicht eine Synthese gefunden wird zwischen der Freiheit des schöpferischen Geistes und der Verpflichtung dem Volksganzen gegenüber.

Wir wissen, dass wir noch gewaltige Schwierigkeiten zu überwinden haben. Wir wissen auch, dass alle menschliche Arbeit am Ende vergeblich sein muss, wenn über ihr nicht der Segen der Vorsehung leuchtet. Wenn die Welt gegen uns steht, müssen wir umso mehr zu einer Einheit werden, müssen wir ihr umso mehr unentwegt versichern: Ihr könnt tun, was ihr wollt! Aber niemals werdet ihr uns beugen, niemals uns zwingen, ein Joch anzuerkennen. Das deutsche Volk ist zu sich gekommen. Es wird Menschen, die nicht für Deutschland sind, nicht mehr unter sich dulden. Wir wollen tätig sein, arbeiten, uns brüderlich vertragen, gemeinsam ringen, auf dass einmal die Stunde kommt, da wir vor den Herrn hintreten können und ihn bitten dürfen: „Herr, Du siehst, wir haben uns geändert. Das deutsche Volk ist nicht mehr das Volk der Ehrlosigkeit, der Schande, der Selbstzerfleischung, der Kleinmütigkeit und Kleingläubigkeit. Nein, Herr, das deutsche Volk ist wieder stark in seinem Willen, stark in seiner Beharrlichkeit, stark im Ertragen aller Opfer. Herr, wir lassen nicht von Dir! Nun segne unseren Kampf, unseren Kampf um unsere Freiheit und damit unser deutsches Volk und Vaterland!"

Klausur 5

Stellungnahmen von Konrad Adenauer (West-CDU, 1876–1967), Kurt Schumacher (SPD, 1895–1952) und Jakob Kaiser (Ost-CDU, 1888–1961) zur Zukunft Deutschlands

1. Arbeiten Sie die Grundpositionen der drei Autoren zur Zukunft Deutschlands heraus. **(I)** — 15 Punkte
2. Beschreiben Sie Kennzeichen und Entwicklungsphasen des Kalten Krieges zwischen 1945 und 1989. **(I/II)** — 20 Punkte
3. Ordnen Sie die Quellen in ihren historischen Zusammenhang ein. **(II)** — 10 Punkte
4. Geben Sie ein begründetes Urteil ab, welche Realisierungschance die verschiedenen Positionen vor dem Hintergrund der weltpolitischen und deutschen Rahmenbedingungen hatten. **(III)** — 15 Punkte

60 Punkte

Konrad Adenauer (Vorsitzender der West-CDU) in einem Schreiben vom 31. Oktober 1945

Russland entzieht sich immer mehr der Zusammenarbeit mit den anderen Großmächten und schaltet in den von ihm beherrschten Gebieten völlig nach eigenem Gutdünken. In den von ihm beherrschten Ländern herrschen schon jetzt ganz andere wirtschaftliche und politische Grundsätze als in dem übrigen Teil Europas. Damit ist eine Trennung in Osteuropa, das russische Gebiet, und Westeuropa eine Tatsache. [...]

Der nicht von Russland besetzte Teil Deutschlands ist ein integrierender Teil Westeuropas. Wenn er krank bleibt, wird das von schwersten Folgen für ganz Westeuropa [sein]. [...] Dem Verlangen Frankreichs und Belgiens nach Sicherheit kann auf die Dauer nur durch wirtschaftliche Verflechtung von Westdeutschland, Frankreich, Belgien, Luxemburg, Holland wirklich Genüge geschehen. Wenn England sich entschließen würde, auch an dieser wirtschaftlichen Verflechtung teilzunehmen, so würde man dem doch so wünschenswerten Endziele „Union der westeuropäischen Staaten" ein sehr großes Stück näher kommen. Zum staatsrechtlichen Gefüge des nicht von Russland besetzten Teiles Deutschlands: Ein vernünftiges staatsrechtliches Gefüge besteht zurzeit überhaupt nicht, es muss wiederhergestellt werden. Die Schaffung eines zentralisierten Einheitsstaates wird nicht möglich, auch nicht wünschenswert sein, der staatsrechtliche Zusammenhang kann lockerer sein als früher, etwa in der Form eines bundesstaatlichen Verhältnisses.

Kurt Schumacher (Vorsitzender der SPD) in einer Rede am 31. Mai 1947

Die Westzonen haben dank der naiven und mehr pädagogischen als politischen Haltung der Westmächte mit „dem Aufbau der Demokratie von unten" und den Souveränitätsspielereien der einzelnen Länder einen gefährlichen Mangel an Konzentrationsmöglichkeiten erreicht. [...] Man kann nicht mit einem Programm der bloßen Worte die Demokratie für ganz Deutschland durchsetzen. Man muss soziale und ökonomische Tatsachen schaffen, die das Übergewicht der drei Westzonen über die Ostzone deklarieren, die das Leben im Westen als nützlicher und sinnvoller und angenehmer beweisen.

Die Prosperität der Westzonen, die sich auf der Grundlage der Konzentrierung der bizonalen Wirtschaftspolitik erreichen lässt, kann den Westen zum ökonomischen Magneten machen. Es ist realpolitisch vom deutschen Gesichtspunkt aus kein anderer Weg zur Erringung der deutschen Einheit möglich, als diese ökonomische Magnetisierung des Westens, die ihre Anziehungskraft auf den Osten so stark ausüben muss, dass auf die Dauer die bloße Innehabung des Machtapparates dagegen kein sicheres Mittel ist. Es ist gewiss ein schwerer und vermutlich langer Weg. Aber wir müssen ihn gehen, nicht nur des Westens, sondern auch des Ostens und vor allem Berlins wegen.

Jakob Kaiser (Vorsitzender der Ost-CDU bis Dez. 1947)

Am 13. Februar 1946: Mir scheint für Deutschland die große Aufgabe gegeben, im Ring der europäischen Nationen die Synthese zwischen östlichen und westlichen Ideen zu finden. Wir haben Brücke zu sein zwischen West und Ost; zugleich aber suchen wir unseren eigenen Weg zu gehen zu neuer sozialer Gestaltung. Die europäische Welt muss einmal wieder zur Ruhe kommen. Sie wird es, wenn die Ideen, die mit der aufsteigenden Schicht der Arbeiterschaft um Gestaltung ringen, Raum gefunden haben und wenn sie in jedem Volk einen dem Charakter und der Eigenart dieses Volkes entsprechenden Niederschlag gefunden haben.

Am 12. Juli 1947: Ich sehe den Sinn des für uns so schmerzlichen Geschehens in der gegenseitigen Befruchtung der Nationen, in der gegenseitigen Abstimmung auf eine europäische Gemeinschaft, die ganz Europa zu sozialen Formen kommen lässt, die eine neue und dauernde Verständigung möglich machen. Wir wollen uns klar darüber sein, dass wir an die schwere Lage unserer Menschen in der Zone schon manche Konzession gemacht haben. Wir haben sie gemacht, weil wir hier für die innere und äußere Verbundenheit der zwanzig Millionen in der Ostzone mit dem übrigen Deutschland stehen. Wir stehen aber auch um weitere Ziele hier: Wir stehen hier, um Deutschland nicht einer einseitigen politischen Westorientierung zuführen zu lassen und um der Mittleraufgabe Deutschlands zwischen Ost und West treu zu bleiben. Das bedeutet auch die Bereitschaft zu ehrlicher Zusammenarbeit mit dem Osten.

Klausur 6

Egon Bahr (SPD, * 1922), Leiter des Presse- und Informationsamtes des Landes Berlin, am 15. Juli 1963 in der Evangelischen Akademie in Tutzing

1. Fassen Sie mit eigenen Worten die zentralen Thesen und die Argumentation Bahrs zusammen. **(I)** — 10 Punkte
2. Erläutern Sie den historischen Kontext von Bahrs Rede. **(II)** — 20 Punkte
3. Vergleichen Sie Bahrs Konzept mit der bis dahin praktizierten Politik der BRD gegenüber der DDR. **(II)** — 15 Punkte
4. Zeigen Sie die Konsequenzen und konkreten Auswirkungen von Bahrs Konzept nach der Regierungsübernahme durch die sozialliberale Koalition 1969 auf und beurteilen Sie ihre langfristige Bedeutung. **(II/III)** — 15 Punkte

60 Punkte

Die Voraussetzungen zur Wiedervereinigung sind nur mit der Sowjetunion zu schaffen. Sie sind nicht in Ostberlin zu bekommen, nicht gegen die Sowjetunion, nicht ohne sie. Wer Vorstellungen entwickelt, die sich im Grunde darauf zurückführen lassen, dass die Wiedervereinigung mit Ostberlin zu erreichen ist, hängt Illusionen nach und sollte sich die Anwesenheit von 20 oder 22 gut ausgerüsteten sowjetischen Divisionen vergegenwärtigen. Die Wiedervereinigung ist ein außenpolitisches Problem. [...]

Die amerikanische Strategie des Friedens lässt sich auch durch die Formel definieren, dass die kommunistische Herrschaft nicht beseitigt, sondern verändert werden soll. Die Änderung des Ost-West-Verhältnisses, die die USA versuchen wollen, dient der Überwindung des Status quo, indem der Status quo zunächst nicht verändert werden soll. Das klingt paradox, aber es eröffnet Aussichten, nachdem die bisherige Politik des Drucks und Gegendrucks nur zu einer Erstarrung des Status quo geführt hat. Das Vertrauen darauf, dass unsere Welt die bessere ist, die im friedlichen Sinn stärkere, die sich durchsetzen wird, macht den Versuch denkbar, sich selbst und die andere Seite zu öffnen und die bisherigen Befreiungsvorstellungen zurückzustellen. Die Frage ist, ob es innerhalb dieser Konzeption eine spezielle deutsche Aufgabe gibt. Ich glaube, diese Frage ist zu bejahen, wenn wir uns nicht ausschließen wollen von der Weiterentwicklung des Ost-West-Verhältnisses. Es gibt sogar in diesem Rahmen Aufgaben, die nur die Deutschen erfüllen können, weil wir uns in Europa in der einzigartigen Lage befinden, dass unser Volk geteilt ist. Die erste Folgerung, die sich aus einer Übertragung der Strategie des Friedens auf Deutschland ergibt, ist, dass die Politik des Alles-oder-Nichts ausscheidet. Entweder freie Wahlen oder gar nicht, entweder gesamtdeutsche Entscheidungsfreiheit oder ein hartes Nein, entweder Wahlen als erster Schritt oder Ablehnung, das alles ist nicht nur hoffnungslos antiquiert und unwirklich, sondern in einer Strategie des Friedens auch sinnlos. Heute ist klar, dass die Wiedervereinigung nicht ein einmaliger Akt ist, der durch einen historischen Beschluss an einem historischen Tag auf einer historischen Konferenz ins Werk gesetzt wird, sondern ein Prozess mit vielen Schritten und vielen Stationen. Wenn es richtig ist, was Kennedy sagte, dass man auch die Interessen der anderen Seite anerkennen und berücksichtigen müsse, so ist es sicher für die Sowjetunion unmöglich, sich die Zone zum Zwecke einer Verstärkung des westlichen Potenzials entreißen zu lassen. Die Zone muss mit Zustimmung der Sowjets transformiert werden. Wenn wir so weit wären, hätten wir einen großen Schritt zur Wiedervereinigung getan. Nun kann es kaum Zweifel geben, dass Änderungen in der Zone besonders schwer zu erreichen sind. [...]

Wenn es richtig ist, und ich glaube, es ist richtig, dass die Zone dem sowjetischen Einflussbereich nicht entrissen werden kann, dann ergibt sich daraus, dass jede Politik zum direkten Sturz des Regimes drüben aussichtslos ist. Diese Folgerung ist rasend unbequem und geht gegen unser Gefühl, aber sie ist logisch. Sie bedeutet, dass Änderungen und Veränderungen nur ausgehend von dem zurzeit dort herrschenden verhassten Regime erreichbar sind. [...]

Der amerikanische Präsident hat die Formel geprägt, dass so viel Handel mit den Ländern des Ostblocks entwickelt werden sollte, wie es möglich ist, ohne unsere Sicherheit zu gefährden. Wenn man diese Formel auf Deutschland anwendet, so eröffnet sich ein ungewöhnlich weites Feld. Es wäre gut, wenn dieses Feld zunächst einmal nach den Gesichtspunkten unserer Möglichkeiten und unserer Grenzen abgesteckt würde. Ich glaube, sie sind sehr viel größer als alle Zahlen, die bisher genannt wurden. Wenn es richtig ist, dass die Verstärkung des Ost-West-Handels mit der genannten Einschränkung im Interesse des Westens liegt, und ich glaube, es ist richtig, dann liegt sie auch im deutschen Interesse, erst recht in Deutschland. [...] Das Ziel einer solchen Politik kann natürlich nicht sein, die Zone zu erpressen, denn kein kommunistisches Regime, und schon gar nicht das so gefährdete in der Zone, kann sich durch Wirtschaftsbeziehungen in seinem Charakter ändern lassen. [...] Uns hat es zunächst um die Menschen zu gehen und um die Ausschöpfung jedes denkbaren und verantwortbaren Versuchs, ihre Situation zu erleichtern. Eine materielle Verbesserung müsste eine entspannende Wirkung in der Zone haben. Ein stärkeres Konsumgüterangebot liegt in unserem Interesse. [...]

Ich sehe nur den schmalen Weg der Erleichterung für die Menschen in so homöopathischen Dosen, dass sich daraus nicht die Gefahr eines revolutionären Umschlags ergibt, die das sowjetische Eingreifen aus sowjetischem Interesse zwangsläufig auslösen würde. Die Bundesregierung hat in ihrer letzten Regierungserklärung gesagt, sie sei bereit, „über vieles mit sich reden zu lassen, wenn unsere Brüder in der Zone sich einrichten können, wie sie wollen. Überlegungen der Menschlichkeit spielen hier für uns eine größere Rolle als nationale Überlegungen." [...] Wir haben gesagt, dass die Mauer ein Zeichen der Schwäche ist. Man könnte auch sagen, sie war ein Zeichen der Angst und des Selbsterhaltungstriebes des kommunistischen Regimes. Die Frage ist, ob es nicht Möglichkeiten gibt, diese durchaus berechtigten Sorgen dem Regime graduell so weit zu nehmen, dass auch die Auflockerung der Grenzen und der Mauer praktikabel wird, weil das Risiko erträglich ist. Das ist eine Politik, die man auf die Formel bringen könnte: Wandel durch Annäherung. Ich bin fest davon überzeugt, dass wir Selbstbewusstsein genug haben können, um eine solche Politik ohne Illusion zu verfolgen, die sich außerdem nahtlos in das westliche Konzept der Strategie des Friedens einpasst, denn sonst müssten wir auf Wunder warten, und das ist keine Politik.

Klausur 7

Aus einer Rede des SPD-Vorsitzenden Kurt Schumacher zum Schuman-Plan, gehalten auf der Konferenz der Sozialen Arbeitsgemeinschaften der SPD in Gelsenkirchen am 24. Mai 1951

Bundeskanzler Konrad Adenauer (CDU) im ersten Band seiner Memoiren zum Schuman-Plan, 1965

1. Nennen und erläutern Sie die Argumente Schumachers gegen den Schuman-Plan. **(I)** — 10 Punkte
2. Fassen Sie Adenauers Haltung und Argumente zum Schuman-Plan zusammen und vergleichen Sie diese mit der Schumachers. **(I/II)** — 10 Punkte
3. Skizzieren Sie kurz den Inhalt des Schuman-Plans und stellen Sie die Motive dar, die den französischen Außenminister Robert Schuman zur Präsentation seines Plans bewogen. **(II)** — 10 Punkte
4. Stellen Sie den europäischen Integrationsprozess in seinen Grundzügen dar und bewerten Sie dabei die Bedeutung der Montanunion. **(I/III)** — 20 Punkte
5. Beurteilen Sie die Kritik Schumachers aus heutiger Sicht. **(III)** — 10 Punkte

60 Punkte

Schumacher 1951: Der Schuman-Plan ist, da er nur sechs Länder umfasst, nicht ein europäischer Plan, sondern ein regionaler Spezialpakt innerhalb Europas. Er umfasst die Länder eines gewissen kulturellen, politischen und wirtschaftlichen Typs. Dieser Typ ist konservativ und klerikal, er ist kapitalistisch und kartellistisch. Er ist bei der großen Auseinandersetzung der Prinzipien restaurativ und liegt nicht im Sinne der modernen Arbeiterbewegung. Er birgt, weil er nur eine bestimmte Gruppe von bestimmter Prägung umfasst, mehr noch die Gefahr der Absonderung dieser Gruppe von den anderen europäischen Faktoren in sich als die Chance des Auswachsens zu einem Ganzen der Demokratie in Europa. [...]

Es kommt noch ein anderer Faktor hinzu. [...] Dieser andere ist die große Hypothek der Unterschiede in den wirtschaftlichen Voraussetzungen der einzelnen Länder. Ich meine hier nicht nur die Verschiedenheiten in Löhnen, Steuern und Sozialgesetzen, die sich auch in den Produktionskosten auswirken. Ich denke an die machtpolitischen, von den Besatzungsmächten zum Zwecke der Begünstigung der einen und der Benachteiligung der anderen geschaffenen Tatsachen. [...]

Angesichts der Tatsache, dass mithilfe der amerikanischen ERP-Mittel speziell die Stahlindustrie der Nationalwirtschaft in Frankreich, in den Beneluxländern und in Italien übermäßig ausgebaut worden ist, bedeutet dieses Verhältnis von Kohle und Stahl eine Hypothek auf die zukünftige deutsche Produktion. Mit dem Schuman-Plan wird eine Marktordnung geschaffen, die Frankreich und den anderen Ländern die Konkurrenz der deutschen Stahlindustrie vom Halse schafft, aber den Zugriff auf die deutsche Kohle aus bevorzugter Position heraus ermöglicht. [...]

Im Rat der Außenminister stellt die deutsche Bundesrepublik von sechs Vertretern einen. Das sind 16 Prozent. In der „Hohen Behörde" stellen wir zwei von neun Vertretern, das sind 22 Prozent. In der gemeinsamen Versammlung sollen wir 18 von 78 Delegierten, gleich 23 Prozent, haben. Das vergleiche man mit den 45 Prozent, die wir im Produktions- und Umsatzwert stellen. [...]

Die Zusammenfassung der „Hohen Behörde" ist nicht nur nationalpolitisch zu sehen, sie hat auch eine klassenpolitische Bedeutung. Acht Kapitalmanager sollen einem Gewerkschafter gegenüberstehen. Das ist das „paritätische Mitbestimmungsrecht" für Kohle und Eisen im europäischen Rahmen. Ich meine, die deutsche Mitbestimmung in diesen Wirtschaftszweigen erleidet aus dieser internationalen Organisationsform eine sehr starke Einbuße. Es gibt im Plan nicht nur privilegierte Völker, es gibt auch privilegierte Klassen. Aber die Schlacht um das Mitbestimmungsrecht der arbeitenden Menschen in Deutschland ist noch lange nicht geschlagen. [...]

Um den Weg nach Europa freizuhalten, müssen wir den Schuman-Plan ablehnen. Wir lehnen ihn ab aus der Gesinnung der internationalen Sozialisten. Wir lehnen ihn ab aus den Notwendigkeiten der Arbeiterbewegung. Wir lehnen ihn ab aus den Gründen der Selbstbehauptung des deutschen Volkes. Wir lehnen ihn gleicherweise ab als internationale Sozialisten wie als deutsche Patrioten. Wir lehnen ihn ab als Europäer! Wir wollen die Zusammenarbeit der Freien und Gleichen!

Adenauer 1965: Schumans Plan entsprach voll und ganz meinen seit Langem vertretenen Vorstellungen einer Verflechtung der europäischen Schlüsselindustrien. Ich teilte unverzüglich Robert Schuman mit, dass ich seinem Vorschlag aus ganzem Herzen zustimme. [...] Am Abend gab ich auf der Pressekonferenz Erläuterungen zum Schuman-Plan [...].

Ich ging dann auf den Beschluss des französischen Ministerrates ein, der an diesem Vormittag des 9. Mai 1950 [Bekanntgabe des Schuman-Plans] gefasst worden war. Ich betonte nachdrücklich, dass ich ihn als einen großherzigen Schritt Frankreichs und seines Außenministers Schuman gegenüber Deutschland und gegenüber der europäischen Frage betrachte. Er sei zweifellos von der denkbar größten Bedeutung für die Beziehungen zwischen Deutschland und Frankreich und für die ganze europäische Entwicklung. Der Beschluss enthalte nicht allgemeine Redensarten, sondern konkrete und präzise Vorschläge über eine Zusammenfassung der Produktionen von Kohle, Eisen und Stahl Frankreichs und Deutschlands unter ausdrücklicher Betonung, dass alle anderen Staaten diesem Abkommen beitreten könnten. Ich hob hervor, der französische Vorschlag beruhe auf der Basis der Gleichberechtigung. Es sei vorgesehen, falls die Deutschen und die Franzosen sich in dem vorgesehenen Gremium nicht einigen könnten, dass ein Schiedsrichter, der von beiden Seiten gewählt würde, die Entscheidung über strittige Fragen fällen solle. Ich betrachtete den Vorschlag Schumans als einen sehr wichtigen Fortschritt in den deutsch-französischen Beziehungen, dessen Bedeutung nicht nachdrücklich genug unterstrichen werden könne. Ich fügte hinzu, dass auch die Saarproduktion unter diesen Plan falle und dass dadurch ein wesentliches Moment der Entfremdung zwischen Frankreich und uns beseitigt werde. Ich erklärte, die Zusammenlegung der Grundproduktion von Kohle, Eisen und Stahl schaffe eine echte Voraussetzung dafür, dass zwischen Frankreich und Deutschland in Zukunft jeder Konflikt ausgeschaltet sein werde.

Lösungen

Die hier abgedruckten Lösungen bieten Vorschläge, wie eine Aufgabe bzw. eine Klausur gelöst werden könnte. Sie geben den Erwartungshorizont für eine gute bis sehr gute Lösung wieder.

Kapitel 1: Die Amerikanische und die Französische Revolution

Aufgabe 1

Für Paine sprechen viele Gründe für eine Trennung der amerikanischen Kolonien von ihrem Mutterland Großbritannien:

1. Das Mutterland bzw. seine Führung legten es darauf an, die Kolonien mit Gewalt zu unterwerfen. Die Bezeichnung „Mutterland" sei nur eine Phrase, um die wahren Absichten zu verschleiern. In Wirklichkeit beabsichtigten sie, die andersgläubigen puritanischen Amerikaner wieder unter die Herrschaft der offiziellen Staatskirche zu bringen, die Paine im Grunde für papistisch hält.
2. Nur in den Kolonien herrsche dagegen bürgerliche und religiöse Freiheit, sodass viele Menschen vor den Verfolgungen in Europa dort Asyl gesucht hätten. Insofern sei in Wirklichkeit Europa das Mutterland Amerikas.
3. Eine Bindung an Großbritannien verwickle die Amerikaner unnötigerweise in europäische Konflikte und erschwere so die Handelsmöglichkeiten mit anderen europäischen Staaten. Der Handel mit den Ländern Europas sei jedoch das Lebenselixier der amerikanischen Kolonien.
4. Überall in der Alten Welt (Europa), in Afrika und Asien herrschten Unterdrückung und Tyrannei, nur Amerika sei ein Hort der Freiheit. Alle Freunde der Menschheit und der Freiheit müssten sich also für eine Unabhängigkeit der amerikanischen Kolonien von Großbritannien einsetzen.

Aufgabe 2

Die von Thomas Jefferson formulierte Unabhängigkeitserklärung beruft sich auf „natürliches und göttliches Gesetz". Demzufolge entsprechen das Recht der Menschen auf „Leben, Freiheit und das Streben nach Glück" sowohl den göttlichen Grundsätzen, wie sie in der Bibel formuliert sind, als auch dem Naturrecht, das mithilfe der Vernunft erfasst werden kann. Jefferson liefert also sowohl eine religiöse als auch eine vernunftgemäße Begründung für die Unabhängigkeit der amerikanischen Kolonien. Im weiteren Verlauf argumentiert er jedoch kaum noch auf religiöser Basis, auch wenn er den Begriff „Schöpfer" noch einmal benutzt. Ganz im Sinne aufklärerischen Denkens überprüft er die Regierungspraxis der Briten dahin gehend, ob sie den oben genannten Zielen dient oder nicht. Dabei leugnet er die Vorstellung einer göttlichen Legitimation der Herrscher und formuliert dagegen die These einer Herleitung der Regierungsautorität aus der Zustimmung der Regierten. Demnach wäre das Volk der Souverän, nicht der Herrscher. Die britische Regierung habe nun durch ihre ständigen Rechtsverletzungen, ihren „unumschränkte(n) Despotismus" und ihre „Tyrannei" ihr Herrschaftsrecht und ihren Anspruch auf den Gehorsam der Regierten verwirkt. Also hätten die Menschen der Kolonien das Recht, ihre Regierungsform zu ändern und sich von der britischen Krone zu lösen.

Aufgabe 3

Der Verfasser des Flugblattes muss ein Vertreter des dritten Standes sein, da er eindeutig Partei für Bauern und Bürger ergreift und deren Interessen formuliert. Er wird wahrscheinlich aus dem gebildeten Bürgertum stammen. Bauern konnten in aller Regel nicht schreiben. Ausdrucksweise und Wortwahl (z. B. „Katechismus") setzen eine gute Bildung voraus.

Das Anliegen des Verfassers ist aufklärerisch und erzieherisch. Aufklärerisch ist er insofern, als er die Bauern und gewerbetreibenden Bürger über ihre wahre Bedeutung für den Staat aufklären will. Und erzieherisch ist er, weil er sie mit seinem „Unterweisungshandbuch" zu erwachsenen Menschen heranbilden will, die selbstbewusst ihre Interessen vertreten. Seine Gegner sind die ersten beiden Stände, der Adel und die Geistlichkeit, die seiner Meinung nach kaum etwas zum Wohle des Staates beitragen, während der dritte Stand als Entschädigung für seine Opferbereitschaft mit Hunger und Tod rechnen müsse.

Aufgabe 4

Die Rede stammt aus der Zeit der sogenannten Schreckensherrschaft, die mit der Hinrichtung des Königs 1793 begann und mit dem Sturz Robespierres und seiner Anhänger im Sommer 1794 endete. Wegen einer Gefährdung der Revolution von außen (durch die Armeen der alten Mächte) und von innen (regimefeindliche Aristokraten, Bauernaufstände, Hungersnöte und Inflation) übernahmen die Jakobiner im Nationalkonvent die Macht und errichteten mithilfe des Wohlfahrtsausschusses ein Terrorregiment, um alle tatsächlichen und vermeintlichen Gegner der Revolution auszurotten. Massenverhaftungen und Hinrichtungen durch die Guillotine waren an der Tagesordnung.
In seiner Rede will Robespierre den Terror als „Ausfluss der Tugend" in einer besonderen Situation des Staates darstellen und ihn dadurch legitimieren. Er argumentiert dabei folgendermaßen: Eine demokratische Volksregierung sei zwei wichtigen Triebkräften bzw. Grundsätzen verpflichtet, der Förderung der Tugend, die in der „Liebe zum Vaterland und zu seinen Gesetzen" bestehe, und der Verwirklichung der Gleichheit der Staatsbürger. Diese Prinzipien seien jedoch nur in Zeiten des Friedens ohne Gewalt einzuhalten. In einer Situation, in der die Republik in Gefahr sei, bleibe die Triebkraft der Tugend jedoch wirkungslos und ohnmächtig, wenn sie nicht durch den Schrecken ergänzt werde. Der Schrecken sei notwendig, wenn die Republik von innen oder außen gefährdet sei, um letztlich mit Gewalt und Terror die Freiheit zu verwirklichen. Seine moralische Rechtfertigung erfährt der Schrecken nach Robespierre dadurch, dass er im Dienst der Tugend stehe und die Tyrannei bekämpfe. Insofern handele es sich bei dem Gebrauch von Terror in Wirklichkeit um einen „Despotismus der Freiheit" und eine besondere Form der Demokratie.

Kapitel 2: Deutschland zwischen Restauration und Revolution

Aufgabe 1

Einen Aspekt der Vorgeschichte nennt Hardenberg ausdrücklich gleich am Anfang: die Französische Revolution und die ihr folgenden Kriege zwischen dem revolutionären Frankreich und den alten Mächten. In der Französischen Revolution waren überkommene Privilegien beseitigt und die Ständegesellschaft abgeschafft worden. Der Versuch der anderen europäischen Herrscher, ein Übergreifen des revolutionären Geistes auf ihre Länder zu verhindern und Frankreich durch Krieg zu einer Rücknahme der revolutionären Veränderungen zu zwingen, war letztlich an der Überlegenheit der Revolutionsarmeen und dem Feldherrngeschick Napoleons gescheitert. Hierauf nimmt der zweite Aspekt der Vorgeschichte Bezug, den Hardenberg indirekt am Schluss des Textes erwähnt. Dort spricht er von einer eingetretenen „große(n) Veränderung" des preußischen Staates und der Notwendigkeit seiner „gänzlichen Wiedergeburt". Hiermit meint er sicherlich die Niederlage Preußens gegen die französischen Armeen bei Jena und Auerstedt und die erniedrigenden Friedensbedingungen, nach denen Preußen rund die Hälfte seines Territoriums abtreten und eine immense Kriegsentschädigung an Frankreich zahlen musste.
Aus dieser Vorgeschichte erklärt sich auch die Motivation und Zielsetzung des Textes. Hardenberg plädiert für eine Art Revolution von oben, eine „Revolution im guten Sinne". Nur so könne alles Veraltete und Schwache in Staat und Gesellschaft beseitigt und die „schlafenden Kräfte" des Volkes geweckt werden. Denn die neuen Prinzipien der Französischen Revolution seien so überzeugend, dass man auf Dauer nicht am Alten festhalten dürfe. Wenn man das tue, verstärke man nur die revolutionären Impulse. Ein Staat, der sich gegen die sinnvollen Neuerungen sperre, sei entweder langfristig dem Untergang geweiht oder werde durch innere oder äußere Gewalt zu ihrer Übernahme gezwungen. Gleichzeitig will Hardenberg die Auswüchse der Französischen Revolution vermeiden. Sein Anliegen ist es, die Demokratie in Staat und Gesellschaft mit der monarchischen Regierungsform zu verbinden und so Preußen als Staat unter einem aufgeschlossenen und modernen Monarchen wieder zum Leben zu erwecken. Der Zeitpunkt für solch drastische Reformmaßnahmen sei nach der schweren Niederlage gegen Napoleon ausgesprochen günstig. So könne Preußen nicht nur die Gefahr einer umstürzenden sozialen Revolution vermeiden, sondern als Staat sogar wieder erstarken.

Aufgabe 2

Die zwischenstaatlichen Beziehungen in Europa hatte der Wiener Kongress mit der Einrichtung der Pentarchie durchaus positiv beeinflusst. Das angestrebte Ziel eines Gleichgewichts der fünf Großmächte wurde weitgehend erreicht. Dadurch bescherte der Wiener Kongress den Völkern Europas nach den fast zwanzig Jahre dauernden Kriegen im Gefolge der Französischen Revolution immerhin eine rund 50 Jahre währende Zeit des Friedens.
Für alle nationalen und freiheitlichen Bestrebungen war der Wiener Kongress jedoch verhängnisvoll. Er sorgte für die Rückkehr bzw. Festigung des monarchischen Prinzips und eine weitgehende Restauration der vorrevolutionären Verhältnisse. Das galt auch für

Deutschland und den auf dem Wiener Kongress geschaffenen Deutschen Bund. Durch seine fürstenstaatliche Struktur gelang es ihm, mithilfe der Karlsbader Beschlüsse die freiheitlich-demokratische deutsche Nationalbewegung für lange Jahre zu ersticken.
Für die Zukunft Deutschlands bedeuteten die Beschlüsse des Wiener Kongresses weiter eine Stärkung der deutschen Mittelstaaten vor allem in Süddeutschland und eine Verschärfung des preußisch-österreichischen Dualismus. Österreich zog sich durch seine territoriale Südostverschiebung allmählich aus Deutschland zurück; Preußen erhielt weite Gebiete in Westdeutschland. Diese Westverschiebung Preußens war ein Motiv, die östlichen und westlichen Landesteile zusammenzuführen. So zeichnete sich bereits 1815 die künftige Bedeutung Preußens für eine mögliche deutsche Einheit ab.

Aufgabe 3

Siebenpfeiffer ist eindeutig den radikalen Demokraten zuzuordnen. Gleich am Anfang seiner Rede betont er, er sei „Republikaner von ganzer Seele". Nur eine Republik könne „freies Denken, freies Handeln" ermöglichen, nur in einer republikanischen Staatsform könnten die liberalen und nationalen Bestrebungen der Zeit angemessen verwirklicht werden, nur dort herrsche wirklich die „Gesamtheit" des Volkes. In einer konstitutionellen Monarchie dagegen stünden zwei gegensätzliche Prinzipien im Widerstreit, der Grundsatz der Volkssouveränität („Wille[n] des Volkes") und das monarchische Prinzip („Wille[n] des Monarchen"). Entweder dominiere der Herrscher, dann gebe es keine echte Mitwirkung des Volkes („Gaukelspiel"), oder die wahre Macht liege bei der Volksvertretung („Volksrat"), dann löse sich die Monarchie faktisch in der Republik auf.
Im Hinblick auf die politische Aktionsform distanziert sich Siebenpfeiffer vom „Weg allmählicher Reformen", wie ihn die gemäßigten Liberalen vertreten. Er will im Grunde eine rasche Umgestaltung der Gesellschaft. Das, so lässt es sich aus dem folgenden Satz erschließen, ließen jedoch die gegenwärtigen Verhältnisse nicht zu (Verschärfung der Repression nach dem Hambacher Fest). Gleichzeitig wendet sich Siebenpfeiffer gegen Anarchie, Umsturz und Pöbelherrschaft, die ihre Wurzel im „Mangel an Aufklärung und Überfluss an Elend" hätten. An diesem Zustand seien letztlich die Herrschenden Schuld, diese seien der wahre Pöbel der deutschen Gesellschaft. Siebenpfeiffer will also offensichtlich einerseits eine rasche und grundlegende soziale Veränderung, andererseits will er jedoch Unordnung und Chaos vermeiden.

Aufgabe 4

Im Zentrum des Bildes steht ein bärtiger und langhaariger Mann mit Stiefeln. Er ist mit einem Gewehr mit aufgepflanztem Bajonett und einem Schwert bewaffnet. Auf dem Kopf trägt er eine Jakobinermütze mit einer Kokarde. Vor seinen Füßen liegen Kronen und ähnliche Fürsteninsignien, die er mit einem Reisigbesen beiseitefegt. Im Hintergrund rechts weht eine dreifarbige Fahne.
Die Bildunterschrift gibt einen Hinweis zur Interpretation. Der Mann soll den „deutschen Michel" darstellen, eine Figur, die normalerweise mit einer Schlafmütze versehen wurde und den unpolitischen und untertänigen Bürger der deutschen Biedermeierzeit karikierte. Hier nun trägt Michel die Jakobinermütze, das Zeichen der Französischen Revolution. Auch die Fahne und die Kokarde erinnern an die französische Trikolore. Der Zeichner nimmt also eindeutig Bezug auf die Französische Revolution. Der deutsche Michel hat die Schlafmütze abgelegt, hat sich bewaffnet, einen Besen in die Hand genommen und macht sich daran, die Fürstenkronen hinwegzufegen.

Aufgabe 5

Die Legislative besteht aus dem Reichstag, der sich aus dem Volkshaus und dem Staatenhaus zusammensetzt. Im Volkshaus sitzen die gewählten Vertreter des deutschen Volkes, im Staatenhaus die Vertreter der 38 Reichsländer bzw. freien Städte. Insofern spiegelt sich in der Legislative die föderalistische Struktur des geplanten Deutschen Reichs.
Der Kaiser und die Reichsregierung bilden die Exekutive. Dabei führt der Kaiser als Staatsoberhaupt den Oberbefehl über das Heer, vertritt das Reich nach außen, ernennt und entlässt die Minister und hat das Recht zur Einberufung und Schließung sowie zur Auflösung des Volkshauses. Als Judikative ist das Reichsgericht vorgesehen.
Die starke Stellung der Exekutive springt sofort ins Auge. Die Minister sind nicht dem Reichstag bzw. dem Volkshaus verantwortlich, sondern nur dem Kaiser. Das Volkshaus hat zwar das Recht zur Kontrolle der Regierung, nicht aber zu deren Wahl oder Abwahl. Auch das Recht zur Auflösung des Volkshauses und die Möglichkeit eines suspensiven (aufschiebenden) Vetos betonen die starke Stellung des Kaisers. Dadurch hat er eine erhebliche Einflussmöglichkeit auf die gesetzgeberischen Aktivitäten des Parlaments.

Aufgabe 6

Beide Autoren zählen eine Reihe von Gründen auf, die zum Scheitern der Revolution von 1848/49 in Deutschland beigetragen haben. Schieder nennt u. a. den „Widerstand der alten Dynastien" und die „Lethargie der bäuerlichen Massen", Nipperdey das „großdeutsch-kleindeutsche Problem". In den Mittelpunkt ihrer Überlegungen stellen beide Autoren jedoch die „innere Schwäche der revolutionären Bewegung" bzw. den „Zwiespalt zwischen Linken und Mitte" im bürger-

lichen Lager. Die Rolle, die dieser innere Zwiespalt für das Scheitern der Revolution gespielt hat, beurteilen die beiden Autoren allerdings sehr verschieden. Schieder nennt die Schwäche des Bürgertums zwar als einen Faktor unter mehreren, aber durch seine intensive Beschäftigung mit dem Thema zeigt er, welch große Bedeutung er ihm beimisst. Das Bürgertum war nach Schieder in zweierlei Hinsicht zu schwach, um eine erfolgreiche Revolution zu führen: Es sei in bürgerliche Liberale und radikale Demokraten gespalten gewesen, die mit jeweils eigenen Strategien die alten Mächte bekämpft hätten, dem liberalen „Weg der Vereinbarung“ und dem demokratischen Weg der „Konfrontation“. Darüber hinaus sei das Bürgertum nicht in der Lage gewesen, sich mit anderen Gesellschaftsklassen, z. B. den Bauern, Handwerkern oder Arbeitern, zusammenzutun und so seine revolutionäre Stoßkraft zu verstärken. Wegen dieser beiden fundamentalen Schwächen des Bürgertums sei die Gegenrevolution der alten Mächte letztlich siegreich geblieben.
Nipperdey meint dagegen, die Revolution sei nicht an der von Schieder monierten Schwäche des Bürgertums gescheitert. Überhaupt lehnt er eine Schuldzuweisung für das Scheitern der Revolution ab. Der Gegensatz innerhalb des Bürgertums sei „unvermeidlich“ gewesen und daher einerseits „legitim“, andererseits aber auch „tragisch“ im Sinne eines verhängnisvollen Schicksals. Vielmehr sei die Gegenseite zu fest geschlossen und zu stark und die Probleme, die auf der Tagesordnung der Revolution standen, seien zu gegensätzlich und schwierig gewesen, als dass sie auf einen Schlag hätten bewältigt werden können. Für die größte Schwierigkeit hält Nipperdey das Problem der nationalen Frage, wie es am Beispiel des „österreichischen Nationalitätenstaates“ offen zutage getreten sei. Dadurch seien die Einheitlichkeit und Stoßkraft der Revolution erschüttert worden, sodass sich schließlich die alten Mächte mit Preußen an der Spitze durchsetzen konnten.
Die Klärung einer historischen Schuld ist im Nachhinein immer schwierig. Es fällt zwar leicht, in Kenntnis des Ausgangs der Revolution aus heutiger Sicht Schuldzuweisungen auszusprechen. Doch die Beteiligten steckten mitten im Geschehen und konnten in der Regel nur im Rahmen ihrer gedanklichen und sozialen Möglichkeiten handeln. Insofern erscheint Nipperdeys Urteil angemessener zu sein, da er die objektiven historischen Probleme und Schwierigkeiten in den Mittelpunkt stellt, nicht aber die Schuld einzelner beteiligter Gruppen.

Kapitel 3: Die Industrielle Revolution und die soziale Frage

Aufgabe 1

Smith stellt die These auf, dass das Allgemeinwohl und der Wohlstand einer Volkswirtschaft am besten gefördert würden, wenn jeder Einzelne im Rahmen der Gesetze in völliger Freiheit danach trachte, einen möglichst großen Gewinn zu erwirtschaften. Deshalb dürfe der Staat weder fördernd noch regulierend in das Marktgeschehen eingreifen.
Seine These begründet er folgendermaßen: Der Einzelne sei bestrebt, sein Kapital möglichst gewinnbringend einzusetzen. Deshalb investiere er in diejenigen einheimischen Gewerbe, die den größten Ertrag versprechen. Wenn jeder so handele, wachse zwangsläufig das Volkseinkommen eines Landes, das aus der Summe aller Wirtschaftserträge bestehe. Indem der Einzelne nach dem eigenen Gewinn strebe, fördere er, ohne es eigentlich zu wollen, wie „von einer unsichtbaren Hand geleitet“ das Allgemeinwohl. Darum müsse ihm von staatlicher Seite völlig freie Hand bei der Befolgung seiner wirtschaftlichen Ziele im ungehinderten Wettbewerb mit anderen gelassen werden.

Aufgabe 2

Wirtschaftsliberalismus bedeutet, dass alle am Wirtschaftsgeschehen teilnehmenden Menschen frei und ungebunden sind. Das bedeutet für die Unternehmer, dass ihre Entscheidungsfreiheit nicht durch staatliche Regeln oder Eingriffe eingeschränkt wird. Für die Arbeiter heißt das, dass sie ihren Arbeitsplatz frei wählen und die Lohn- und Arbeitsbedingungen frei mit dem Unternehmer aushandeln können. Der Staat soll nur die gesetzlichen Rahmenbedingungen (z. B. Schutz des Eigentums) sichern.

Aufgabe 3

Lists Zollkonzept zielt auf eine Förderung der einheimischen Industrie im Deutschen Bund. Zu diesem Zweck will er alle die wirtschaftliche Entwicklung hemmenden Binnenzölle innerhalb der Mitgliedstaaten des Deutschen Bundes und zwischen den deutschen Staaten abschaffen. Gleichzeitig soll die deutsche Industrie gegen auswärtige Konkurrenz durch Außenzölle geschützt werden.
Lists Argumente:
Nach dem Ende der Kontinentalsperre habe die Einfuhr billiger Textilwaren aus Großbritannien nach Kontinentaleuropa und Amerika die deutsche Textilindustrie zerstört, die bisher nicht nur den deutschen Binnenmarkt, sondern auch wichtige europäische und amerikanische Exportmärkte beliefert hätte. Die Ausfuhr

deutscher Erzeugnisse werde durch Zollschranken der möglichen Einfuhrländer stark behindert.
Eine Entfaltung der deutschen Industrie werde durch die vielen innerdeutschen Zölle erheblich erschwert, die Investitionen hemmten und die Erschließung großer Märkte beeinträchtigten.
Die Lösung des Problems bestehe also in der Aufhebung der innerdeutschen Zollmauern und einem wirksamen Schutz nach außen durch hohe Einfuhrzölle.

Aufgabe 4

1. Friedrich Engels (1820–95), Sohn eines Textilfabrikanten in Barmen (Wuppertal), hielt sich 1842–44 im Rahmen seiner kaufmännischen Ausbildung in Manchester auf. Die dort gemachten Erfahrungen, die er in seinem Buch „Die Lage der arbeitenden Klasse in England" von 1845 verarbeitete, machten ihn zum Sozialisten. Engels, der lange in England lebte und in der Fabrik seines Vaters in Manchester arbeitete, wurde ein enger Freund von Karl Marx und verfasste mit ihm zusammen des „Kommunistische Manifest" von 1848. Er unterstützte Marx finanziell und beschäftigte sich sein Leben lang mit sozialistischer Theorie und Politik.
2. Mögliche Kriterien: Wohnen, Gesundheit/Hygiene, Moral.

Wohnen: äußerste Enge, pro Familie ein Zimmer und ein Bett, feuchte Kellerräume, dazu Kost- und Schlafgänger, überbelegte Logierhäuser.
Gesundheit/Hygiene: schmutzige Strohdecken, Feuchtigkeit, Schweinehaltung im Wohnraum, Unsauberkeit, Gestank.
Moral: Liederlichkeit und Stumpfsinn, moralische Probleme durch Schlafgänger, Kriminalität, Unsittlichkeit.

Aufgabe 5

Das Konzept des Wirtschaftsliberalismus bevorzugt die Starken und benachteiligt die Schwachen. Bei einem Überangebot an Arbeitskräften wie im 19. Jahrhundert ist die Wahl- und Verhandlungsfreiheit des Arbeiters nur eine Scheinfreiheit. Wollte er überleben, musste er die Bedingungen der Fabrikherren akzeptieren. Die Unternehmer andererseits verfügten über eine starke Position, die sie zu ihren Gunsten ausnutzen konnten.

Aufgabe 6

Bei den Unternehmern, den Kirchen und dem Staat findet sich eine Mischung aus egoistischen und altruistischen Motivkomplexen. Dabei spielt das Eigeninteresse eine jeweils unterschiedliche Rolle. Am stärksten steht es wohl noch bei den Unternehmern im Vordergrund (Bindung der Arbeiter an den Betrieb, Kontrolle durch Sozialleistungen), aber auch bei den Kirchen (Zurückgewinnung der Arbeiter für das Christentum) und beim Staat (Integration der Arbeiter in Staat und Gesellschaft) darf man dieses Motiv nicht unterschätzen. Andererseits darf man aber auch echte fürsorgliche Beweggründe nicht übersehen: ein patriarchalisches, oft religiös gespeistes Verantwortungsgefühl einzelner Unternehmer für ihre Belegschaft, karitative Hilfe im Geiste der christlichen Nächstenliebe aufseiten der Kirchen und die Erkenntnis einer staatlichen Fürsorgepflicht angesichts des schlimmen Pauperismus der arbeitenden Klassen.
Durchaus von Eigeninteresse motiviert sind die Aktivitäten der Arbeiterbewegung, wobei die Gewerkschaften in z. T. harten Auseinadersetzungen mit den Unternehmern (Streiks) auf unmittelbare Verbesserungen am Arbeitsplatz und auf Anhebungen der Löhne abzielen, während die Arbeiterparteien stärker politische Ziele verfolgen. Über die Erringung der politischen Macht soll in ferner Zukunft die Lage der Arbeiterklasse insgesamt gebessert werden. Hierbei besteht natürlich die Gefahr, dass diese politischen Ziele möglicherweise die ursprünglichen Interessen der Arbeiterschaft überlagern.
Hinsichtlich ihrer Auswirkung auf die Betroffenen waren sicherlich die Aktivitäten am wichtigsten und erfolgreichsten, die auf eine unmittelbare Verbesserung der sozialen Lage abzielten. Aus der Sicht der Betroffenen war deshalb vermutlich das Engagement der Gewerkschaften am wichtigsten. Aber auch das Wirken der Arbeiterparteien war bedeutsam, soweit diese sich auf die gesetzliche Verbesserung sozialer Probleme konzentrierten.

Aufgabe 7

1. Beschreibung:
Die Karikatur zeigt in grober Schwarz-Weiß-Grafik zwei Männer. Im Vordergrund steht eine große, kräftige männliche Gestalt mit Arbeitermütze, langem Vollbart, langer Hose und aufgekrempelten Hemdsärmeln, die sich auf eine Spitzhacke stützt. Hinter ihr kniet der zweite Mann, der einen schwarzen Mantel und einen Zylinder trägt, und legt dem anderen zwei Fußfesseln an. An den Fußfesseln hängen mit einer Kette verbunden zwei Kugeln mit der Aufschrift „Pensionskasse" und „Arbeiterwohnungen".
2. Interpretation:
Die beiden männlichen Gestalten sind mit den typischen zeitgenössischen Attributen einerseits eines Arbeiters (Spitzhacke, Mütze, aufgekrempelte Hemdsärmel) und andererseits eines wohlhabenden Bürgers (Zylinder, Mantel bzw. Gehrock) ausgestattet. Der Karikaturist bezieht sich in seiner Zeichnung offensichtlich auf die unter den damaligen Unternehmern weitverbreitete Praxis, ihren Arbeitern Betriebswohnungen, Pensionskassen und Ähnliches zur Verfügung zu stellen. Diese „Wohlthaten" der Unternehmer will er als nur scheinbare Hilfe entlarven. In Wirklichkeit beraube der Unternehmer den Arbeiter seiner Freiheit, indem er ihn an den Betrieb und damit letztlich an die Unternehmerinteressen fessele. Diese Aussage wird durch die

Bildunterschrift unterstrichen. Der Zeichner steht offensichtlich auf dem linken Flügel der Sozialdemokratie. Er favorisiert vermutlich statt unternehmerischer „Wohlthaten“ die Überführung der Produktionsmittel in die Hände der Arbeiterklasse. Soziale Hilfen vonseiten der Unternehmer hält er hingegen nur für ein Trostpflaster, das wie eine Fessel wirkt, da es nichts an den wirklichen Machtverhältnissen in der Gesellschaft ändert.

Kapitel 4: Das Deutsche Kaiserreich

Aufgabe 1

1. Die „Centralstelle“ plädiert gegenüber der württembergischen Regierung uneingeschränkt dafür, den Zollverein mit Preußen zu verlängern und keine Zollunion mit Österreich anzustreben.
2. Argumente: Der württembergische Handel und der Export süddeutscher Industrieprodukte seien auf störungsfreie und nicht durch Zölle u. Ä. behinderte Verbindungswege zur Nordsee angewiesen, die über weite Strecken auf preußischem Gebiet lägen.
Die „naturgemäße Entwicklung“ der Industrie dürfe nicht durch unnötige Zollmauern und staatliche Eingriffe gehemmt werden, auch wenn das zum Nachteil vieler traditioneller Handwerker sei.
Die „Centralstelle“ vertrat offensichtlich die Interessen der auf einen großen und freien Wirtschaftsraum angewiesenen gewerblichen Wirtschaft und Handelsunternehmen. In dem Bericht betont sie, dass die wirtschaftlichen Ziele der Industrie auf Dauer nur durch eine ökonomische und dann auch politische Einigung Deutschlands befriedigt werden können. Insofern könnten sich die ökonomischen Interessen als wichtige Triebkräfte zur Bildung eines deutschen Nationalstaats erweisen.

Aufgabe 2

1. Jacoby verhehlt zwar nicht seine Bewunderung für den errungenen militärischen Erfolg Preußens gegen Österreich, das politische Ergebnis, die Gründung des Norddeutschen Bunds, kritisiert er jedoch. Dieser sei mit militärischen Mitteln Preußens „von oben“ und nicht vom Volk „von unten“ verwirklicht worden. Darüber hinaus diene die Einigung Norddeutschlands primär preußischen Machtinteressen. Und diese bestehen nach Jacobys Ansicht nicht in einer Verwirklichung der deutschen Einheit auf demokratischem Wege und in Freiheit, sondern „dem unumschränkten Herrschertum, der Machtvollkommenheit des obersten Kriegsherrn“, also der Stärkung der preußischen Monarchie und des preußischen Militärstaats. Jacoby hält also die Gründung des Norddeutschen Bunds nach dem Sieg von Königgrätz für eine ausschließlich preußischen Sonderinteressen dienende „Zwangseinheit“. Diese aber sei tatsächlich eine „Sklaveneinheit“, da sie keinen Wert auf die Verwirklichung von Recht und Verfassung, von „bürgerliche(r) und staatliche(r) Freiheit“ lege.
2. Jacoby stand auf dem linken Flügel der Liberalen und hielt an den genuin liberalen politischen Freiheitsprinzipien fest. Für ihn war die politische Freiheit wichtiger als die nationale Einheit („Zwangseinheit, Einheit ohne Freiheit, ist eine Sklaveneinheit“). Für die mit Bismarck kooperierenden Nationalliberalen hatte die Verwirklichung nationaler Einheit hingegen Vorrang.

Aufgabe 3

Staat und Kirche sind nach katholischer Vorstellung zwei von Gott gestiftete Ordnungssysteme bzw. Gewalten. Beide dienten auf Erden dem Endzweck, ein über die ganze Welt sich erstreckendes christliches Gemeinwesen zu verwirklichen. Dabei müsse sich die irdische Ordnung, wie sie vom Staat repräsentiert wird, dem in den christlichen Lehren formulierten „ewige(n) Ziel“ unterordnen. Der von Gott eingerichtete Staat sei also das Mittel, das dem eigentlichen Zweck, dem christlichen Heil im Jenseits, den Weg bereite. Ein Staat ohne göttliche Legitimation sei eine willkürliche Konstruktion. Die Kirche habe das Recht, einen Staat, der seinen göttlichen Auftrag nicht erkennt oder verfehlt, zu rügen und zu kritisieren. Auch Erziehung und Schule müssten dem göttlichen Heilsziel dienen und seien daher eine Domäne der Kirche. Sie seien eine christliche Gründung und „göttliche Mission“. Die Übernahme der Aufsicht über die Schulen durch den Staat ist also nach katholischer Überzeugung ein Verstoß gegen die göttliche Ordnung.

Aufgabe 4

Mit dem „Albtraum der Koalitionen“ meint Bismarck die Gefahr einer antideutschen Koalition, und zwar speziell zwischen dem durch die Niederlage von 1871 gedemütigten und langfristig auf Revanche sinnenden Frankreich im Westen und dem russischen Zarenreich im Osten. Diese Verbindung würde das neu gegründete Reich, das auch im Innern erst konsolidiert werden musste, extrem gefährden, da es dann von zwei Seiten umklammert wäre und ein Zweifrontenkrieg drohte. Um das zu verhindern, war Bismarcks Außenpolitik darauf ausgerichtet, Frankreich außenpolitisch zu isolieren und es von Koalitionen mit anderen europäischen Mächten abzuhalten. Dazu dienten das Dreikaiserabkommen von 1873 mit Österreich-Ungarn und Russland einerseits, vor allem aber der später (1887) geschlossene geheime Rückversicherungsvertrag mit Russland (Zusicherung russischer Neutralität vor allem im Falle eines französischen Angriffs). Auch die Erweiterung des Zweibundes von Deutschland und Österreich

1882 um Italien zum Dreibund hatte eine antifranzösische Stoßrichtung.

Aufgabe 5

Ludwig Quidde (1858–1941) war ein aus Bremen stammender Historiker, der wegen seiner Kritik am Regierungsstil Kaiser Wilhelms II. keine akademische Karriere machen konnte. 1907–18 gehörte er als Liberaler dem bayerischen Landtag und 1919/20 der Nationalversammlung an; lange Jahre war er Mitglied und Präsident der Deutschen Friedensgesellschaft. 1927 Friedensnobelpreis, 1933 Emigration in die Schweiz.
Quidde greift die vorherrschende Hochschätzung des Militärs im Deutschen Reich an. Er ist der Meinung, dass sich der Militarismus vor allem beim deutschen Bürgertum (der „guten Gesellschaft", den „besitzenden und gebildeten Klassen") negativ auswirke. Die Ursache für die militaristische Gesinnung sieht er in der langjährigen Beeinflussung der jungen Männer während ihrer Militärdienstzeit und ihres Reservistendaseins. Außerdem spielten bei der Wertschätzung militärischer Einstellungen und Verhaltensweisen in Deutschland der militaristische Charakter Preußens und die Kriegserfolge der preußischen Armeen während der Einigungskriege eine entscheidende Rolle. Quidde hält den Militarismus und die hohe Stellung militärischer Berufe für ein Überbleibsel einer niedrigen Kulturstufe. Beides sei zwar für den „kindischen Ehrgeiz" junger Leute verlockend, die Kulturentwicklung sei jedoch weitergegangen. Jetzt dürfe das Militär im Vergleich zu den gebildeten Bevölkerungsgruppen nur noch eine geringe kulturelle Bedeutung beanspruchen.
Quidde will den deutschen Militarismus als Produkt einer niedrigen Kulturstufe bloßstellen, die eines Kulturvolks des ausgehenden 19. Jahrhunderts unwürdig sei.

Aufgabe 6

Eugen Dühring entwickelt hier eindeutig die Überlegungen eines rassischen Antisemitismus, der mit ökonomischen und sozialen Motiven vermischt ist. Auf in der Religion beruhende antijüdische Motive geht er nicht ein. Vielmehr betont er, dass die Juden ein hinsichtlich Begabung und Moral von Natur aus minderwertiges Volk seien. Das zeige sich vor allem in der ungerechten und übermäßigen Anhäufung von Besitz. Mithilfe ihres Geldes und ihres unmoralischen Verhaltens („Schleichertum") sei es den Juden gelungen, die Gesellschaft, in der sie leben, zu durchdringen und wichtige gesellschaftliche und politische Positionen zu besetzen. Dagegen könne sich eine Gesellschaft nur zu Wehr setzen, indem die jeweilige Legislative ein „Judenrecht" beschließe, das „Rassejude(n)" per Gesetz die Einnahme obrigkeitlicher Stellen in der Justiz, der Verwaltung und dem Militär („sonst befehlshaberische Funktionen") verbiete.

Kapitel 5: Zeitalter des Imperialismus und Erster Weltkrieg

Aufgabe 1

Die Statistik stellt die Entwicklung der Industrieproduktion in den wichtigsten europäischen Staaten, den USA und der Welt zwischen 1860 und 1913 dar. Sie enthält keine absoluten Zahlen, sondern macht Prozentangaben. Das bedeutet, dass die Statistik keine Auskunft über das absolute Volumen der Industrieproduktion gibt, sondern nur über ihre relativen Veränderungen. Das gleich 100 gesetzte Bezugsdatum für die Prozentzahlen ist das Jahr 1913.
Bemerkenswert ist zunächst, dass sich in der gesamten Welt die Industrieproduktion in dem genannten Zeitraum mehr als versiebenfacht hat. Dabei hat sich das Industrialisierungstempo ab etwa 1890 erheblich beschleunigt. Bei einzelnen Ländern wie Italien, Russland und den USA ist die Steigerung besonders stark ausgefallen, und zwar um mehr als das Zwölffache. Das hängt sicherlich mit dem geringen Industrialisierungsgrad dieser Länder um 1860 zusammen. Am geringsten gestiegen dagegen ist die Industrieproduktion in Großbritannien. Das wiederum ist darauf zurückzuführen, dass das Land schon vor 1860 hoch industrialisiert war, sodass nur noch relativ mäßige Steigerungsraten möglich waren.
Auffällig ist das unterschiedliche Tempo der Industrialisierung in einzelnen Ländern. Wenn man einmal die Mitte des 19. Jahrhunderts noch weitgehend agrarisch geprägten Länder Russland und Italien außer Betracht lässt, so ergibt ein Vergleich der wichtigsten Industrienationen Großbritannien, Frankreich, Deutschland und USA ungefähr folgende Veränderung der Produktionsmenge: in Großbritannien eine Verdreifachung, in Frankreich eine Vervierfachung, in Deutschland eine Versiebenfachung und in den USA eine Verzwölffachung. Für einen genaueren Vergleich müsste man das zahlenmäßige Volumen der jeweiligen Industrieproduktion kennen. Immerhin kann man mit guten Gründen vermuten, dass sich die wirtschaftliche Rangordnung dieser Industrieländer in dem Zeitraum von 53 Jahren erheblich verschoben hat: Aufsteiger waren die USA und Deutschland, mehr oder weniger starke Absteiger Frankreich und Großbritannien.

Aufgabe 2

Friedrich von Holsteins Argumente gegen die deutsche Flottenpolitik um 1900 lauten:
1. Die gegen Großbritannien gerichtete Aufrüstung der Flotte fördere eine engere Verbindung zwischen dem Inselstaat und Frankreich;

au einer deutsche Flotte, die der britischen wäre, sei nicht finanzierbar;
m möglichen Konflikt mit Frankreich sei eine Flotte nahezu unwichtig;
4. die ausdrücklich gegen Großbritannien gerichtete Aufrüstung der Flotte sei eine Bedrohung für England.

Holstein ist davon überzeugt, dass die Flottenrüstung ihr eigentliches Ziel, England zur See auf Augenhöhe gegenüberzustehen, nicht erreichen wird. Vielmehr mache man sich England unnötigerweise zum Feind. Deutschland solle dagegen seine ganze Kraft auf die Stärkung des Landheers richten. Holstein vermutet hinter der weitverbreiteten Flottenpropaganda weniger patriotische als vielmehr materielle Motive, da es beim Bau der Flotte „ungezählte Millionen“ zu verdienen gebe.
Holsteins Überlegungen basieren auf einem möglichen Konflikt Deutschlands mit Frankreich, nicht aber auf weiter gehenden deutschen Weltmachtplänen („Herrschaft auf dem Meere“). Deutschland solle sich also für eine Auseinandersetzung zu Lande rüsten. Gleichzeitig gelte es, einen Konflikt mit Großbritannien zu vermeiden. Nach Holsteins Meinung sollte Deutschland auf weitgehende Weltmachtansprüche verzichten. Diese erforderten nämlich eine große Flotte und seien zwangsläufig eine Gefahr für Großbritannien. Holstein steht also im klaren Gegensatz zur zeitgenössischen deutschen Weltmachtpolitik.

Aufgabe 3

Crowe geht davon aus, dass es Deutschland im Sommer 1914 darum gehe, die „politische Vorherrschaft in Europa“ zu erlangen, während die anderen Mächte nur ihre „individuelle Freiheit“ erhalten wollten. Großbritannien müsse in dieser Situation alles daran setzen, Deutschland von seinen Plänen abzubringen, ohne sich dabei direkt militärisch zu engagieren. Das beste Mittel dazu sei, die britische Flotte kriegsbereit zu machen und so Deutschland die möglichen Konsequenzen eines Kriegseintritts Großbritanniens vor Augen zu führen.
Crowe ist davon überzeugt, dass Großbritannien sich letztlich nicht aus dem Konflikt heraushalten könne, wenn die Flottendrohung nichts fruchte und es doch zum Krieg komme. Der Inselstaat müsse sich militärisch engagieren, denn wenn Deutschland zusammen mit Österreich bei einem Sieg faktisch ganz Europa unterwerfen würde, wäre England völlig isoliert; bei einem russisch-französischen Sieg dagegen seien Englands koloniale Interessen im Mittelmeer und in Indien gefährdet. Am besten sei es also, sich bei einem möglichen Konflikt an die Seite Frankreichs und Russlands zu stellen.
Die Konsequenz für den Zweibund ist klar: Die Hoffnung, den Krieg auf Kontinentaleuropa beschränken zu können und mithilfe des Schlieffenplans Frankreich und Russland nacheinander zu besiegen, war trügerisch. Zum Erhalt des europäischen Mächtegleichgewichts und seiner eigenen Position kündigte Großbritannien an, mit seiner überlegenen Streitmacht zur See in den Krieg einzutreten, was neben der militärischen Stärkung der Gegner Deutschlands auf Dauer auch erhebliche Probleme für den deutschen Nachschub über See mit sich brachte.

Aufgabe 4

Die Denkschrift stammt vom deutschen Generalstabschef Erich von Falkenhayn. Sie analysiert die militärischen Erfahrungen nach dem ersten Kriegsjahr und zieht daraus Schlüsse für die künftige strategische Ausrichtung der deutschen Kriegsführung. Ein Adressat wird nicht ausdrücklich genannt, vermutlich soll die Denkschrift das neue strategische Konzept vor den politischen Entscheidungsträgern erläutern und rechtfertigen.
Falkenhayn bezieht sich in seiner Analyse darauf, dass nach den ersten Monaten des Bewegungskriegs die Fronten vor allem in Frankreich im Stellungskrieg erstarrt sind. Und diese Art der Kriegführung habe gezeigt, dass das massenhafte Anstürmen der Truppen gegen gut befestigte Verteidigungsanlagen bei einem „moralisch intakten, gut bewaffneten und zahlenmäßig nicht erheblich unterlegenen Feind“ wenig Aussicht auf Erfolg verspreche.
Für die zukünftige Kriegsstrategie gegen Frankreich bedeute diese Erkenntnis Folgendes: Es komme nicht darauf an, die gegnerische Front mit riesigem Truppenaufwand zu durchbrechen, sondern den Gegner (vermutlich durch ständigen Artilleriebeschuss u. Ä.) immer weiter zu schwächen, bis sich „Frankreichs Kräfte verbluten“. Frankreich sei dabei in einer Zwickmühle, da es entweder den Kürzeren ziehe, weil Deutschland dabei weiteres französisches Terrain einnehme oder, wenn das nicht gelinge, die französischen Truppen im Dauerfeuer der Deutschen zugrunde gingen. Dieser Erfolg könne auch „mit beschränkten Kräften“ gelingen, sodass keine Truppen von anderen Fronten abgezogen werden müssten.
Aus dieser Neuausrichtung der deutschen Strategie ergab sich, dass der Krieg immer mehr zu einer Materialschlacht wurde. So war vorauszusehen, dass diejenige Partei den Sieg davontragen würde, die über die größten materiellen Ressourcen verfügte.

Aufgabe 5

Die deutsche Sozialdemokratie will sich im Sommer 1915 für einen schnellen Verständigungsfrieden einsetzen. Im August 1914 habe die Partei zwar den zur Kriegführung nötigen Krediten im Reichstag zugestimmt, sie sei dabei aber von der Überzeugung ausgegangen,

dass der Krieg nur zur Verteidigung geführt werden sollte. Einen Eroberungskrieg dagegen habe sie auf keinen Fall gutgeheißen, denn dieser stehe nicht im Einklang mit den Prinzipien der Sozialdemokratie und sei auch nicht mit den „materiellen und moralischen Interessen der arbeitenden Klassen Deutschlands" zu vereinbaren.
In dem Aufruf vom Sommer 1915 bezieht sich die SPD offensichtlich auf weitreichende Eroberungs- und Expansionsprogramme, die damals von bestimmten Verbänden, Körperschaften oder herausragenden Persönlichkeiten öffentlich verkündet wurden. Dagegen wendet sich die Partei in ihrem Aufruf mit folgender Begründung: Angesichts der zunehmenden Kriegsmüdigkeit in der Bevölkerung aller Länder sei es die Pflicht der SPD als „Partei des Friedens", sich energisch für einen raschen Verständigungsfrieden einzusetzen. Nur ein solcher Friede in „freier Vereinbarung" mit den Kriegsgegnern biete die Aussicht auf langfristige Dauer, während ein aufgezwungener Siegfrieden den Keim für neue Konflikte in sich trage. Auch die Schwesterparteien in den anderen Ländern sollten sich für dieses Ziel einsetzen.

Kapitel 6: Weimarer Republik

Aufgabe 1

Die Abbildung zeigt zwei Männer, links – an der Uniform erkenntlich – einen Soldaten in Rückansicht mit Patronengurt und Gewehr und rechts einen Mann in roter Kleidung mit Maske. Der Soldat hält in seiner linken Hand eine schwarz-weiß-rote Fahne. Der finster blickende Mann zur Rechten stößt dem Soldaten ein Messer in den Rücken.
Das Wahlplakat der DNVP bezieht sich eindeutig auf die sogenannte Dolchstoßlegende, die von der Obersten Heeresleitung um Hindenburg und Ludendorff nach dem Ende des Ersten Weltkriegs in die Welt gesetzt wurde. Demnach sei das deutsche kaiserliche Heer „im Felde unbesiegt" geblieben. Die Niederlage hätten in Wahrheit Sozialisten und Kommunisten verschuldet, die durch ihre revolutionären Aktionen den deutschen Streitkräften „in den Rücken gefallen" seien und sie gleichsam „von hinten erdolcht" hätten. Der Soldat mit der kaiserlichen Fahne symbolisiert das deutsche Heer und die rote maskierte Gestalt die sozialistischen Linken. Rot ist die traditionelle Farbe von Sozialisten und Kommunisten.
Die Dolchstoßlegende hatte eine starke propagandistische Wirkung. Sie diente den republikfeindlichen konservativen und reaktionären Gruppierungen zur Diskriminierung der Novemberrevolution, der Weimarer Republik und ihrer Verfassung, der die Republik tragenden Parteien sowie des Versailler Vertrages. Das Ende des Kaiserreichs und die Einführung der Republik wurden als Werk linker vaterlandsloser „Novemberverbrecher" hingestellt. Damit wurde die Schuld an der Niederlage den Linken zugesprochen und gleichzeitig wurden die wahren Schuldigen entlastet.

Aufgabe 2

Die Karikatur zeigt acht Männer, die sich durch ihre Kleidung deutlich unterscheiden. Sie tragen an langen Stangen die acht Buchstaben des Wortes „Republik". Der die Karikatur kommentierende Text macht die Absicht des Zeichners deutlich. Nach seiner Meinung haben die dargestellten Gestalten in Wirklichkeit keine republikanische Gesinnung, auch wenn sie die Buchstaben der Republik vor sich hertragen, also formal Mitglieder der Republik sind. Die Männer lassen sich anhand ihrer Kleidung mit einiger Wahrscheinlichkeit bestimmten gesellschaftlichen Gruppen zuordnen, denen es nach Meinung des Grafikers am republikanischen Geist mangelt (von links nach rechts): katholische Geistliche, hohe Beamte, Angehörige des Militärs, Arbeiter, revolutionäre Anarchisten, Wirtschaftsbürger, Akademiker und Mitglieder rechter Kampfverbände (vermutlich SA). Nach Heine stehen also breite Gruppen des Bürgertums und der Arbeiterschaft der Republik feindlich oder fremd gegenüber.

Aufgabe 3

Zu klärende Begriffe, Namen und Sachverhalte:
Rentenmark: durch Gesetz geschaffene Übergangswährung nach der Hyperinflation 1923, gedeckt durch eine Hypothek auf landwirtschaftlichen, gewerblichen und industriellen Grundbesitz.
Kriegsanleihe (oder Kriegskredit): von der Regierung ausgegebene meist verzinsliche Wertpapiere, die zur Finanzierung eines Krieges dienen; dadurch verschuldet sich der Staat bei den Käufern der Anleihe, in der Regel den eigenen Bürgern. Bei einem Sieg soll die Anleihe aus der Kriegsbeute zurückgezahlt werden; bei einer Niederlage droht den Käufern der Anleihen ein Totalverlust.
Fememorde: Feme ist ein aus dem Mittelalter stammender Begriff für ein für schwere Straftaten wie Mord und Raub zuständiges Gericht. Im 20. Jahrhundert verstand man darunter illegale Gerichtsverfahren, Urteile und Hinrichtungen meist rechtsradikaler Geheimbünde gegen Abweichler oder Verräter.
Revolution der Kommunisten: Vermutlich meint Mayer den Hamburger Aufstand der KPD im Oktober 1923, den die Polizei blutig niederschlug.
Stinnes: Hugo Stinnes (1870–1924) baute nach dem Ersten Weltkrieg einen riesigen Konzern auf, schloss ein wichtiges Abkommen mit den Gewerkschaften (Stinnes-Legien-Abkommen), war Reichstagsabgeord-

neter der liberalen DVP und profitierte von der Inflation durch mit Krediten finanzierte Investitionen und Zukäufe von Betrieben.
Beobachtungen und Erfahrungen: Rasante Geldentwertung (mit vielen Beispielen); faktische Enteignung des deutschen Bürgertums in der eigenen Familie (Verlust der Kriegsanleihen) und bei Klassenkameraden; Entwertung der Beamtengehälter; Auftauchen „neureicher Geschäftemacher", Stinnes als Musterbeispiel eines Inflationsgewinners; Luxus und Reichtum auf der einen, Arbeitslosigkeit und Armut auf der anderen Seite.

Aufgabe 4

Der nicht namentlich genannte Ministerialbeamte aus dem preußischen Innenministerium sieht die Ursache für den Aufstieg der NSDAP in der desolaten wirtschaftlichen Situation weiter Bevölkerungskreise in Deutschland. Er meint damit offensichtlich die Auswirkungen der von den USA ausgehenden Weltwirtschaftskrise. Die Anhängerschaft bzw. die soziale Basis der NSDAP rekrutiert sich nach der Denkschrift vor allem aus den Bevölkerungskreisen, die am meisten unter wirtschaftlicher Not zu leiden haben. Fünf Gruppen macht der Verfasser aus: (1) den Mittelstand in den Kleinstädten, kleine Händler und Gewerbetreibende, die unter dem Preisverfall von Agrarprodukten, teuren Krediten und der Konzernbildung in der Wirtschaft zu leiden hatten; (2) arbeitslose oder von Arbeitslosigkeit bedrohte Angestellte; (3) junge Akademiker ohne Berufsperspektive; (4) große Teile der Landbevölkerung, die von der NSDAP die Bewahrung alter agrarischer Traditionen und Lebensformen erhoffen; (5) junge, meist wenig gebildete Menschen, die von der Republik und den Parteien enttäuscht sind und bei den fanatischen und aktivistischen Nationalsozialisten eine Aufgabe und eine Heimat zu finden hoffen. Die ersten drei Gruppen befürchten nach Ansicht des Verfassers ein Absinken ins Proletariat und wenden sich darum nicht den „proletarischen" Kommunisten, sondern dem andern Extrem, einem „‚nicht marxistischen' Radikalismus" zu, wie ihn die Nationalsozialisten verkörpern.

Aufgabe 5

Thälmann entwickelt in seiner Rede vor dem Zentralkomitee der KPD die sogenannte Sozialfaschismus-Theorie. Demnach vertrete die SPD genauso wie die Hitlerpartei die Interessen des Finanzkapitals. Sie sei aber ein viel gefährlicherer Gegner für die Kommunisten als die Nazis. Die SPD sei nämlich der „gemäßigte Flügel des Faschismus" und gaukle den Massen eine sozialistische Politik vor, während sie in Wirklichkeit die „soziale Hauptstütze der Bourgeoisie" sei. Darum müsse sich die Hauptzielrichtung des revolutionären Kampfs der KPD gegen die SPD richten, um ihr sozusagen die Maske vom Gesicht zu reißen und den proletarischen Massen ihren wahren Charakter zu zeigen. Erst dann könne das vereinte Proletariat den Kampf gegen den Hitlerfaschismus und die Bourgeoisie erfolgreich führen und anschließend der proletarischen Revolution zum Siege verhelfen.
Im Zentralkomitee der KPD saß die Führung der Partei. Thälmann wollte seine Partei offensichtlich auf eine gemeinsame Linie einschwören. Viele KPD-Mitglieder favorisierten nämlich die Bildung einer sogenannten Volksfront aus KPD und SPD gegen die Nationalsozialisten, um mit vereinten Kräften den Aufstieg der NSDAP besser verhindern zu können. Thälmann dagegen orientierte sich an den Vorgaben aus Moskau und erteilte nicht nur jeder Form von Zusammenarbeit mit der SPD eine Absage, sondern erklärte die SPD sogar zum Hauptgegner der KPD. Dass er damit die organisierte Arbeiterbewegung als Gegner der Nazis spaltete und erheblich schwächte, war ihm nicht so wichtig wie die Einhaltung der aus Moskau vorgegebenen und angeblich einzig richtigen politischen Linie.

Aufgabe 6

Kershaw konzentriert seine Ausführungen über die Gründe für das Scheitern der Weimarer Republik auf vier Problemkomplexe: die Schwächen der Demokratie, die Belastungen durch die Niederlage, die mangelnde Akzeptanz der Republik durch die gesellschaftlichen Eliten und die durch die Weltwirtschaftskrise hervorgerufene allgemeine Empörung und Enttäuschung, die Sündenböcke benötigten und die Menschen für nationale Heilslehren empfänglich machten.
Schwächen der Demokratie: Die Weimarer Verfassung wies vier fundamentale Schwächen auf: (1) Das Verhältniswahlrecht ohne Sperrklausel begünstigte eine Parteienzersplitterung und erschwerte eine Regierungsbildung. (2) Mit dem Notstandsartikel 48 hatte der Reichspräsident ein Instrument in der Hand, an Parlament und Verfassung vorbei zu agieren und so die Verfassung auszuhöhlen. (3) Die Verfassung enthielt keine wirksamen Werkzeuge zur Bekämpfung von Verfassungsfeinden (z. B. Parteienverbot), sodass die Gegner der Republik ungehindert den Staat bekämpfen konnten. (4) Der Staat konnte ohne parlamentarische Regierung dastehen, wenn keine Koalition zustande kam oder eine bestehende Regierung keine Mehrheit mehr hatte.
Belastungen durch die Niederlage: Zu nennen wären hier der als demütigend hart und ungerecht empfundene Versailler Vertrag mit seinen erzwungenen Gebietsabtretungen und Reparationen und dem Kriegsschuldartikel, der den Republikfeinden Munition gegen die Republik lieferte („Novemberverbrecher").
Mangelnde Akzeptanz durch die sozialen Eliten: Der Beamtenapparat, die Justiz, das Militär, das Wirtschaftsbürgertum und die Großagrarier standen – wenn über-

haupt – nur formal hinter dem neuen Staat. Obrigkeitliche und undemokratische Traditionen dominierten. Die Justiz z. B. war „auf dem rechten Auge blind" und bagatellisierte rechte Gewalt. Dagegen verfolgte sie linke Republikfeinde mit aller Härte.
Folgen der Weltwirtschaftskrise: Die hohe Arbeitslosigkeit, die Verarmung des Mittelstands und der Arbeiterschaft (auch durch die Inflation von 1923) sowie die daraus resultierenden sozialen Spannungen machten die Menschen anfällig für alte Feindbilder, radikale Lösungen und nationale Heilsversprechen.

Kapitel 7: Nationalsozialismus und Zweiter Weltkrieg

Aufgabe 1

Das Foto zeigt vor dem Eingangsbereich der Potsdamer Garnisonkirche im Vordergrund halb von hinten den Reichspräsidenten und ehemaligen kaiserlichen General Paul von Hindenburg. Vor ihm ist Adolf Hitler in dunkler Zivilkleidung zu erkennen, der Hindenburg die Hand reicht und sich vor ihm verbeugt. Umringt sind die beiden von uniformierten Angehörigen der Reichswehr.
Der Anlass des Fotos war die feierliche Eröffnung des neu gewählten Reichstags, die nicht im ausgebrannten Berliner Reichstag, sondern in der alten Garnisonkirche von Potsdam stattfand. Der Auftritt Hitlers in Zivil und seine Verbeugung vor Hindenburg konnten (und sollten) folgende Eindrücke beim Betrachter hervorrufen: Die Unterordnung Hitlers unter den Reichspräsidenten als Repräsentanten der Republik, aber auch als Vertreter der alten konservativen Traditionen des Deutschen Reichs; umgekehrt die Anerkennung des Emporkömmlings Hitler durch Hindenburg per Händedruck; die Akzeptanz Hitlers durch die Reichswehr; gleichzeitig die Eingliederung Hitlers in die preußisch-deutsche Geschichte (Potsdam als ehemalige Residenz Friedrichs d. Gr. und die Garnisonkirche als Gotteshaus des preußischen Militärs). Durch den (von Goebbels bewusst inszenierten) Akt vor der Garnisonkirche sollten also durch den Naziterror aufgeschreckte Bürgerliche beruhigt und die alten preußischen und militärischen Eliten mit Hitler versöhnt werden.

Aufgabe 2

Hitlers Reden vermochten offensichtlich die Massen zu elektrisieren und sie in eine Art Taumel zu versetzen. Dazu benutzte er eine Mischung aus emotional stark wirksamen rhetorischen Methoden, die der Tagebuchschreiber hellsichtig erkennt: „Brutalität, Drohungen, Kraftprotzentum und dann wieder Demut" vor Gott. Damit sprach Hitler gleichzeitig aggressive, ängstliche, frustrierte und religiöse Menschen an, die er – eine entsprechende Empfangsbereitschaft vorausgesetzt – stark erregen konnte. Diese Bereitschaft wurde offensichtlich vorher durch Goebbels erzeugt.
Die politische Bedeutung der Propaganda und vor allem des Radios hat der Autor klar erfasst. Er erkennt, dass ein nicht geringer Teil von Hitlers Wirkung auf seiner geschickten Massenpropaganda beruht, die über das Radio Millionen von Menschen unmittelbar erreicht. Zu Hause vor den Geräten wird der Begeisterungstaumel wohl nicht so groß wie im Berliner Sportpalast gewesen sein, aber sicherlich wird die im Rundfunk hörbare Begeisterung auch auf empfangswillige Hörer übergesprungen sein.

Aufgabe 3

In dem Aufruf der DAF spiegeln sich in der Verneinung von Klassengegensätzen und Interessenunterschieden einerseits und der Betonung der innerbetrieblichen Struktur von Führer und Gefolgschaft andererseits die nationalsozialistischen Grundsätze der Volksgemeinschaft und des Führerprinzips. Es ging der DAF also nicht um ein Aushandeln von Lohn- und Arbeitsbedingungen zwischen Betriebsführung und Belegschaft, sondern um „die Erziehung aller im Arbeitsleben stehenden Deutschen zum nationalsozialistischen Staat und zur nationalsozialistischen Gesinnung". Damit wurde die DAF zum Instrument der NSDAP zur Umsetzung und Verankerung ihrer ideologischen Grundsätze in den Betrieben und zur Entmachtung der Gewerkschaften. Die Stellung der Unternehmer dagegen wurde durch das Führerprinzip gestärkt. Insofern liegt der Unterschied der DAF zu den Gewerkschaften auf der Hand: Diese gingen (und gehen) von klaren Interessengegensätzen zwischen Unternehmern und Belegschaft aus, sie wollten und wollen höhere Löhne und bessere Arbeitsbedingungen erreichen. Streik war und ist für sie ein wichtiges Kampfmittel, während in der DAF Streiks ausgeschlossen waren.

Aufgabe 4

Gleich zu Anfang verweist Hitler auf zwei für seine außenpolitische Konzeption wesentliche ideologische Elemente, den Rassismus und das völkische Denken. Das Ziel einer an diesen Elementen orientierten Außenpolitik müsse sein, dem zwar in einem Staat zusammengefassten, aber im Kern rassisch verstandenen deutschen Volk das Überleben zu sichern und ihm die Ressourcen und den Raum für ein künftiges Wachstum zu verschaffen. Geschehe das nicht, bestehe die Gefahr, dass das deutsche Volk im Kampf der Völker und Rassen den Kürzeren ziehe und untergehe. Hitler denkt dabei nicht nur an die Ernährungsgrundlage für das Volk, sondern auch an die Rohstoffquellen, die Deutschland infolge des Raumgewinns zufielen und die militä-

kraft erhöhten. Er grenzt sich klar von der en Weltkrieg an rein ökonomischen und kischen Kriterien orientierten „Kolonial- und spolitik" ab. Als vorrangigen Ausdehnungsraum für das deutsche Volk sieht er Osteuropa und Russland an. Insofern hat Hitler bereits 1925 klar die außenpolitische Perspektive entwickelt, die er 1937 im „Hoßbach-Protokoll" der Militärführung mitgeteilt, bei der Aufteilung Osteuropas im Hitler-Stalin-Pakt vorangetrieben und spätestens mit dem Angriff auf Russland 1941 zu vollenden versucht hat. So lange wie möglich hat er diese Zielsetzung vor der deutschen Bevölkerung und den europäischen Mächten verheimlicht und statt dessen behauptet, es ginge ihm nur um eine Revision des Versailler Vertrags.

Aufgabe 5

Himmler fußt in seinen Äußerungen zur Moral auf rein rassistischen und antisemitischen Wertvorstellungen. Seine Worte zeigen die extremen und menschenverachtenden Konsequenzen dieses dem Nationalsozialismus zugrunde liegenden Wertesystems. Zur Kritik dieses Wertesystems muss man sich auf andere Normen als die rassistischen beziehen. Uns Westeuropäern stehen grundsätzlich zwei Wertesysteme zur Wahl, ein christliches oder ein humanistisches. Beide stellen die Würde des einzelnen Menschen in den Mittelpunkt, unabhängig von Rasse oder Volkszugehörigkeit, und zwar entweder als Geschöpf Gottes, dem die Nächstenliebe zu gelten hat, oder als grundsätzlich autonomes, freies und gleiches mit Vernunft begabtes Einzelwesen, wie es der Humanismus z. B. der Aufklärung formuliert hat. Beide Vorstellungen sind im Artikel 1 des Grundgesetzes gebündelt, der die Unantastbarkeit der Würde des Menschen als höchsten Verfassungsgrundsatz ausweist.
Himmlers Worte offenbaren also eine von allen Bindungen gelöste Herrenmoral, die nur einer bestimmten Menschengruppe dient, aber nicht als allgemein verbindliches Moralsystem gelten kann. Eine rassistische Moral ist inakzeptabel, da ein tragfähiges Moralsystem zumindest in seinen entscheidenden Werten allgemeingültig sein und von allen Menschen akzeptiert werden muss.

Kapitel 8: Die bipolare Welt und der Kalte Krieg

Aufgabe 1

Churchill schreibt unmittelbar nach dem Ende des Zweiten Weltkriegs an den amerikanischen Präsidenten Truman, der dem kurz zuvor verstorbenen Amtsvorgänger Roosevelt im Amte gefolgt war. Offensichtlich ist er von dem Vorgehen der sowjetrussischen Regierung unter Stalin in Osteuropa erheblich beunruhigt. Er meint damit vermutlich die Etablierung einer prosowjetischen Regierung in Polen, die Ausschaltung nicht kommunistischer Gruppen sowie die rasche Sowjetisierung in Rumänien, Bulgarien und Ungarn nach dem Einmarsch und der Machtübernahme der Roten Armee. Das alles ist nach Churchills Überzeugung nicht durch die gemeinsamen Beschlüsse von Jalta gedeckt und ein Indiz für den aggressiven und expansiven Charakter der sowjetischen Politik. Bei einer militärischen Entblößung Westeuropas drohe bei der Truppenüberlegenheit der Sowjets ein Vormarsch der Roten Armee bis an den Atlantik.
Churchill will Truman auf die Bedrohung durch die UdSSR aufmerksam machen. Aus seiner Sicht der Dinge ergeben sich folgende Konsequenzen: (1) eine weitere enge Zusammenarbeit der USA und Großbritanniens über das Kriegsende hinaus; (2) ein Auseinanderbrechen der sogenannten Anti-Hitler-Koalition; (3) eine längerfristige starke militärische Präsenz der Westmächte, vor allem der USA, in Europa; (4) eine machtpolitische Absicherung des Gebiets westlich des „Eisernen Vorhangs" durch die Westmächte; (5) eine neue Frontstellung zwischen der UdSSR einerseits sowie den Westmächten andererseits; (6) langfristig die Spaltung Deutschlands.

Aufgabe 2

Aus den wirtschaftlichen Grundsätzen des Potsdamer Abkommens geht im ersten Teil klar hervor, dass das deutsche Industriepotenzial so geschwächt werden soll, dass Deutschland als Militärmacht ausgeschaltet wird und als Industriemacht keine große Rolle in Europa mehr spielen kann. In Zukunft solle das Hauptgewicht der deutschen Wirtschaft auf der landwirtschaftlichen Produktion und der Konsumgüterindustrie für den unmittelbaren Bedarf der Bevölkerung liegen. Zur Erreichung dieser Ziele sind folgende Maßnahmen vorgesehen: Zerstörung der deutschen Rüstungsindustrie, strenge Überwachung möglicher Zulieferindustrien, Zerschlagung der großen Konzerne, Syndikate, Monopolverbände usw. und Demontage oder Vernichtung überflüssiger Produktionskapazität.
Im zweiten Teil geht es um die konkrete Umsetzung der geplanten Maßnahmen. Dabei legt das Abkommen ausdrücklich fest, dass Deutschland „als eine wirtschaftliche Einheit zu betrachten" sei. Für die Durchführung müssten feste Regeln aufgestellt werden, die folgerichtig in allen Besatzungszonen gelten sollten. Das bedeutet sinngemäß, dass die Regulierung der Industrie- und Agrarproduktion, die Verteilung und Rationierung der Waren, die Kontrolle von Löhnen und Preisen, Bestimmungen zu Import und Export, zum Währungs- und Bankwesen, zur Besteuerung und die Organisation der Reparationen und der Industriedemontagen sowie des

Transport- und Verkehrswesens in ganz Deutschland gleich sein sollten. Dafür sollten alliierte Kontrollgremien sorgen. Diese sollten besonders darauf achten, dass durch eine gleichmäßige Warenverteilung in den verschiedenen Zonen ein „ausgeglichenes Wirtschaftsleben" in Deutschland entstehe, sodass zusätzliche Einfuhren nach Möglichkeit unnötig würden. Zur Unterstützung des Alliierten Kontrollrats sollte ein deutscher Verwaltungsapparat geschaffen werden.
Zum Schluss folgen Bestimmungen zur Behebung der unmittelbaren wirtschaftlichen Probleme (Ausbesserung der Verkehrswege, Ankurbelung der Kohleerzeugung und der Landwirtschaft, Instandsetzung von Wohnungen und öffentlichen Gebäuden) und zur Beschlagnahme deutscher Auslandsguthaben. Zu den deutschen Reparationsleistungen wird festgehalten, dass sie das deutsche Volk nicht so stark belasten sollen, dass es „ohne eine Hilfe von außen" nicht existieren könne. Zudem wird eine ausgeglichene Zahlungsbilanz angestrebt: Die nötige Einfuhr von Lebensmitteln und sonstigen Waren solle durch die Ausfuhr deutscher Produkte bezahlt werden.

Aufgabe 3

1. Bevins Rede markiert einen Wendepunkt in der britischen und amerikanischen Deutschlandpolitik. Der Auslöser war das unterschiedliche Vorgehen der Siegermächte bei der Entnahme von Reparationen aus ihren Besatzungszonen. Die Sowjets, so Bevin, würden ungeachtet einer defizitären Zahlungsbilanz ihrer Zone Reparationen „aus laufender Produktion" entnehmen sowie Waren und Lebensmittel in die UdSSR exportieren. Dieses Vorgehen der Sowjets habe zur Folge, dass sich die Versorgungslage in der Ostzone nicht verbessert, sondern sich vermutlich sogar verschlechtert. Die Briten und die Amerikaner dagegen würden laut Bevin umgekehrt Lebensmittel und Waren nach Westdeutschland liefern, da ihre Zonen sich wegen der dort ebenfalls negativen Zahlungsbilanz noch nicht selbst versorgen könnten. Das heißt, dass die beiden westlichen Besatzungsmächte erhebliche Summen aus ihrem Staatshaushalt aufbringen müssten, um eine Versorgungskrise in ihren Zonen zu verhindern.
Laut Bevin stellt das einen Bruch des Potsdamer Abkommens durch die Sowjetunion dar. Dort sei festgelegt, dass Deutschland wirtschaftlich als Einheit behandelt werden solle. Zu ergänzen ist hier die ausdrückliche Bestimmung des Potsdamer Abkommens, dass die Reparationsentnahme nur so weit gehen dürfe, dass das deutsche Volk ohne Hilfe von außen existieren könne. Da diese Grundsätze aber von der UdSSR ignoriert würden, sei es notwendig, nach neuen Wegen zu suchen, um Deutschland wirtschaftlich wieder auf eigene Beine zu stellen und gleichzeitig die Briten und Amerikaner von ihren Hilfsverpflichtungen zu befreien. Das beste Mittel zur wirtschaftlichen Gesundung der britischen Besatzungszone und damit gleichzeitig auch zur Entlastung des britischen Steuerzahlers sei die Schaffung eines größeren zusammenhängenden westdeutschen Wirtschaftsraums durch die Zusammenlegung von Besatzungszonen, wie es die Amerikaner vorgeschlagen hätten. Darum werde sich Großbritannien diesem Vorschlag anschließen und seine Zone mit der der USA wirtschaftlich verschmelzen.

2. Für das Schicksal Nachkriegsdeutschlands stellte der Zusammenschluss zur Bizone am 1.1.1947 eine entscheidende Zäsur dar. Ob beabsichtigt oder nicht, wurde durch diese Entscheidung die Zweiteilung Deutschlands vorangetrieben. Auch wenn Frankreich sich zunächst noch fernhielt, da es den östlichen Nachbarn möglichst zerstückelt und schwach halten wollte, stellt der von der Nordsee bis Bayern reichende zusammenhängende Wirtschaftsraum einen entscheidenden Schritt zur Bildung eines westdeutschen Teilstaats dar. Dass sich die sowjetisch besetzte Zone nicht anschließen würde, war wegen der grundsätzlich anderen politischen und wirtschaftlichen Ziele der UdSSR zu erwarten.

Aufgabe 4

Sir Ivone Kirkpatrick, als Hoher Kommissar höchster Vertreter Großbritanniens in der Bundesrepublik, sprach im Herbst 1950 vor amerikanischen Offizieren in Frankfurt über eine mögliche Wiederbewaffnung der BRD. Man kann davon ausgehen, dass er damit die Haltung der britischen Regierung zum Ausdruck brachte. Hintergrund seiner Überlegungen war sicherlich der Koreakrieg, der im Juni des gleichen Jahres ausgebrochen war. Im damaligen Verständnis war dieser Krieg eine bewaffnete Eskalation der fundamentalen Systemauseinandersetzung zwischen westlichem und östlichem Lager und zeigte die angeblich expansionistischen Ziele der jeweils anderen Seite. Eine besondere Brisanz gewann der Konflikt in Korea wegen seiner Vergleichbarkeit mit der Lage in Mitteleuropa. Auch hier standen sich die beiden weltpolitischen Kontrahenten in einem geteilten Land sozusagen Auge in Auge gegenüber. Aus westlicher Sicht drohte also wie in Korea auch in Mitteleuropa ein Angriff der Kommunisten (UdSSR) auf das westliche Lager, repräsentiert durch die BRD.
Aus dieser Lagebeurteilung ergaben sich für die Briten klare Konsequenzen: Deutschland (gemeint ist die BRD) könne nicht neutral bleiben, da es dann wie eine Maus hilflos der (sowjetischen) Katze ausgeliefert sei. Es müsse, so wie ganz Westeuropa, durch Truppenverstärkungen und andere militärische Maßnahmen gegen einen möglichen Angriff aus dem Osten gewappnet werden.

In diesem Zusammenhang nun forderten die Briten von den Deutschen einen Verteidigungsbeitrag. Die westlichen Alliierten (gemeint sicherlich vor allem USA und Großbritannien) könnten die Lasten des militärischen Schutzes auf Dauer nicht alleine tragen. Außerdem sei es nicht hinzunehmen, dass die Westdeutschen die Vorteile der Zugehörigkeit zum westlichen Lager in Anspruch nähmen, sich aber vor den damit verbundenen Pflichten drückten.
Schließlich stellte Kirkpatrick gewissermaßen ein Ultimatum: Ohne die Bereitschaft zu einem Verteidigungsbeitrag könne die BRD nach britischer Überzeugung auch nicht voll und ganz ins westliche Lager aufgenommen werden. Diese „Drohung" hängt sicherlich damit zusammen, dass eine Wiederbewaffnung bei großen Teilen der politischen Parteien und in der Bevölkerung der BRD im Jahre 1950 noch äußerst unpopulär war.

Aufgabe 5

Der Brief Chruschtschows ist in dreierlei Hinsicht bemerkenswert. Zunächst einmal fällt die erstaunlich zurückhaltende und sachliche Sprache auf, die auf Propagandafloskeln und Kampfbegriffe wie „Klassenfeind", „US-Imperialismus", „aggressive kapitalistische Unterdrücker" u. Ä. verzichtet, wie sie aufseiten der UdSSR bisher im öffentlichen Verkehr mit den Amerikanern oft üblich waren.
Zum anderen ist die am Ende des Textes deutlich werdende Kompromissbereitschaft Chruschtschows hervorzuheben („Lassen Sie uns eine Vereinbarung treffen ..."). Damit signalisierte er seinem Adressaten in Washington, dass es der von ihm vertretenen sowjetischen Seite nicht mehr um den vollständigen Sieg und eine gleichzeitige Niederlage der Amerikaner im Kalten Krieg ging.
Und schließlich ist das von Chruschtschow betonte beiderseitige Interesse an der Erhaltung des Friedens auffällig. All das lässt darauf schließen, dass die russische Seite nach den Erfahrungen der Kubakrise und nach der Stabilisierung der Lage in Mitteleuropa durch den Mauerbau in Berlin im Jahr zuvor die Zeit der aggressiven Systemauseinandersetzung beenden wollte. Für die Zukunft eröffnete Chruschtschow gleichzeitig die Möglichkeit eines weitgehend friedlichen Nebeneinanders der beiden rivalisierenden Lager in Ost und West. Insofern ist dieser Brief ein bedeutsames Dokument in der Geschichte des Kalten Krieges. Er markiert einen Wendepunkt von einer durch Kriegsdrohungen und aggressive Propaganda geprägten Zeit zu einer Periode der „friedlichen Koexistenz".

Aufgabe 6

Kossygin stellt in seinem Prawda-Artikel klar, was für ihn bzw. die Sowjetunion das Konzept der friedlichen Koexistenz bedeutet, nämlich nur den Verzicht auf kriegerische Mittel bei der Klärung „strittiger Fragen zwischen Staaten". Dagegen behält sich die UdSSR ausdrücklich das Recht vor, Völkern zu helfen, die sich gegen einen bewaffneten Angriff verteidigen oder einen Freiheitskampf gegen auswärtige Fremdherrschaft führen.
Da die USA mit der von Eisenhower aufgestellten „Domino-Theorie" eine im Grunde ähnliche Rechtfertigungstheorie für ihr Engagement in anderen Ländern hatten, bedeuteten die Ausführungen, dass sich künftig die grundlegende weltweite Systemauseinandersetzung nicht mehr direkt zwischen den Ländern des westlichen Lagers (NATO) und den Ostblockstaaten (Warschauer Pakt) abspielen, sondern sich auf Gebiete der „Dritten Welt" verlagern würde: Die USA unterstützten antikommunistische Gruppierungen und Staaten, die UdSSR wiederum sozialistische und antiimperialistische Befreiungsbewegungen und Staaten.

Aufgabe 7

Will man den Untergang der Sowjetunion und das Ende des Kalten Krieges ergründen, muss man die Geschichte und Entwicklung der UdSSR einerseits und die Politik der Westmächte unter Führung der USA andererseits berücksichtigen.
Es gab zunächst eine Reihe von internen Gründen, die für den Zerfall der UdSSR verantwortlich waren. Die Sowjetunion hatte aufgrund ihrer fast ständigen wirtschaftlichen Rückständigkeit ihren eigenen Anspruch, Vorbereiterin der Weltrevolution zu sein und den Westen ökonomisch und im Lebensstandard zu überflügeln, nicht einlösen können. Dadurch hatte sie ihre Anziehungskraft und Vorbildfunktion verloren, die sie kurz nach ihrer Gründung noch ausgezeichnet hatten. Noch abschreckender wirkte der repressive und brutale Druck, den Stalin in den 1930er-Jahren und seine Nachfolger nach dem Zweiten Weltkrieg zur Aufrechterhaltung ihrer Herrschaft und zur Sicherung ihres Machtbereichs ausgeübt haben. Insofern war die Zeit des Kalten Krieges durch einen ständigen mehr oder weniger starken Widerstand gegen Moskau und den Kommunismus innerhalb des sowjetischen Machtbereichs gekennzeichnet. Es war vorauszusehen, dass, sobald dieser Druck nachließ bzw. nicht mehr aufrechterhalten werden konnte, das System mit großer Wahrscheinlichkeit zusammenbrechen musste, da die inneren Stabilisierungskräfte zu schwach und die Übereinstimmung der großen Mehrheit der Bevölkerung mit dem politischen und gesellschaftlichen System des Sozialismus sowjetischer Prägung zu gering war.
Aber auch die Politik des Westens trug zum Niedergang des Ostblocks bei. Vor allem amerikanische Politiker sind davon überzeugt, dass die „Politik der Stärke", wie sie zum Schluss noch einmal in der Ankündigung des SDI-Programms zum Ausdruck kam, letztlich zum

Erfolg geführt hat. Dadurch sei die UdSSR in einen Rüstungswettlauf getrieben worden, der sie an ihre ökonomischen Grenzen stoßen ließ.
Auch das westliche Konzept einer friedlichen Annäherung, wie sie der US-Präsident Kennedy und der deutsche Politiker Egon Bahr mit seinem Programm eines „Wandels durch Annäherung" entwickelt hatten, trug zur Destabilisierung der UdSSR bei. Durch offenere Informations- und Handelspolitik und verbesserte menschliche Kontakte wurden die starren Grenzen des Ostblocks nach und nach aufgeweicht.
Will man zu einem abgewogenen Urteil kommen, so spricht vieles dafür, dass die aufgeführten internen und externen Faktoren in ihrem Zusammenwirken den Zusammenbruch der UdSSR bedingt haben. Die finanziellen Belastungen der UdSSR durch den Zwang zur Weiterrüstung, die wachsenden Konsumansprüche der Bevölkerung des Ostblocks und der steigende Wunsch nach persönlicher Freiheit und politischer Selbstbestimmung, wie er z. B. in der KSZE-Schlussakte von Helsinki festgehalten war, entwickelten eine Stoßkraft, der man auf sowjetischer Seite nur mit massiver Gewalt hätte begegnen können. Es ist sicherlich das historische Verdienst Gorbatschows, dass er diesen Weg nicht beschritten, sondern auf friedliche Reformen gesetzt hat. Dass er damit den Untergang der UdSSR und das Auseinanderfallen des Ostblocks bewirken würde, hat er sicher nicht vorausgesehen.

Kapitel 9: Bundesrepublik und DDR bis zur Wiedervereinigung

Aufgabe 1

Loth stellt die These auf, dass die Westintegration der BRD aufgrund der realen Gegebenheiten in der Nachkriegszeit ohne echte Alternative war.

Begründung:

1. Durch die westlichen Besatzungsmächte waren in der Nachkriegszeit wirtschaftliche, gesellschaftliche und politische Vorentscheidungen getroffen worden, die von der politischen Führung der BRD weitgehend bejaht wurden.
2. Der „antikommunistische Grundkonsens" in der BRD verhinderte eine ernsthafte Verhandlungs- und Kompromissbereitschaft gegenüber der UdSSR.
3. Eine Wiedervereinigung bedeutete nach BRD-Vorstellungen ein Überstülpen des BRD-Systems auf die DDR.
4. Das Sicherheitsinteresse der UdSSR stand einer solchen Lösung grundsätzlich entgegen.

Fazit: Alles lief auf den Vorrang der Westintegration vor der Wiedervereinigung zu, wie ihn Adenauer von vornherein favorisiert hatte.

Aufgabe 2

Das „Paulskirchenmanifest" zeigt, dass Westorientierung und Wiederbewaffnung der BRD innenpolitisch höchst umstritten waren. Wichtige gesellschaftliche und politische Gruppen wie SPD, Gewerkschaften und die beiden christlichen Kirchen standen ihr grundsätzlich ablehnend gegenüber. Sie waren der Meinung, dass dadurch die deutsche Spaltung auf Dauer verfestigt werde. Statt einer Zustimmung zu den Pariser Verträgen forderten sie vom Bundestag und der Regierung ein Engagement für Viermächteverhandlungen zur Wiederherstellung der deutschen Einheit.
Angesichts der außenpolitischen Realitäten des Kalten Krieges war Mitte der 1950er-Jahre eine einvernehmliche Viermächtekonferenz zur Lösung der deutschen Frage im Sinne einer Wiedervereinigung so gut wie aussichtslos. Zwar haben die Verfasser des Manifests recht, wenn sie sagen, dass die Chancen auf eine Wiedervereinigung bei einer Wiederbewaffnung der BRD und ihrer Westintegration auf „unabsehbare Zeit" zunichte gemacht würden. Angesichts der politischen Gegebenheiten konnte das Manifest aber kaum mehr als nur einen demonstrativen Effekt haben.

Aufgabe 3

Der zentrale Punkt, in dem sich die drei Stellungnahmen grundsätzlich unterscheiden, ist das Problem einer möglichen Einheit der deutschen Nation in der Zukunft.
Außenminister Scheel spricht hier für die sozialliberale Bundesregierung, die den Vertrag ausgehandelt hat. Für ihn ist der Vertrag nur Teil einer allgemeinen Entspannungspolitik in Richtung Osten, die für die Zukunft bessere Möglichkeiten zu einer künftigen Wiederherstellung der deutschen Einheit „in freier Selbstbestimmung" des deutschen Volkes eröffnet. Insofern sei er nur ein Zwischenschritt in diese Richtung. Für Scheel ist dabei maßgeblich, dass in dem Vertrag an der Vorstellung einer einheitlichen deutschen Nation mit gemeinsamer Sprache und Geschichte sowie einem „Geflecht von Bindungen" festgehalten werde. Darüber hinaus stehe eine endgültige Friedensregelung für Gesamtdeutschland nur den vier Mächten zu.
Heinz Barche als hochrangiger SED-Funktionär vertritt demgegenüber vermutlich die offizielle Sichtweise der DDR-Führung. Diese sieht in dem Vertrag die Festschreibung der Eigenstaatlichkeit der DDR bzw. eine Bekräftigung der Existenz von zwei deutschen Staaten. Er grenze die DDR von der BRD ab und diene nicht einer künftigen Annäherung der beiden deutschen Staaten. Wenn überhaupt von einer Annäherung die Rede sein könne, dann von einer allmählichen Angleichung der BRD an die DDR, indem durch verwandtschaftliche Kontakte die „Schar der friedliebenden, progressiven, demokratischen und revolutionären Kräfte der BRD" gestärkt würde.

Karl Carstens schließlich spricht für die CDU/CSU-Opposition im Deutschen Bundestag. Er beklagt die faktische Aufgabe des Ziels der deutschen Einheit und der Vorstellung einer deutschen Nation in diesem Vertrag. Diese Begriffe seien bewusst ausgeklammert bzw. vermieden worden. Nach Carstens handelt es sich dabei um einen schwerwiegenden deutschlandpolitischen Fehler. Für ihn und die CDU/CSU wird offensichtlich durch den Grundlagenvertrag das Hauptziel der Wiederherstellung der deutschen Einheit aufgegeben.

Aufgabe 4

1. Der Artikel der SED-Zeitung vom 5. November 1953 zeigt an zwei Beispielen, dass das angestrebte Ziel einer sozialistischen Gesellschaft bei Weitem nicht erreicht ist. So sträuben sich offensichtlich die Bauern, ihren Besitz in „landwirtschaftliche Produktionsgenossenschaften" zu überführen. Der Text lässt vermuten, dass sich zwar einige – wohl unter Druck – zum Beitritt zu einer LPG hatten bewegen lassen, aber bei der nächstbesten Gelegenheit wieder ausgetreten sind. Das zweite von der Zeitung aufgeführte Beispiel bezieht sich auf Musik und Film, also den Kulturbereich. Offensichtlich ziehen die Dorfjugendlichen amerikanische Musik und Filme den von der Staatsführung geförderten „fortschrittlichen" Produkten vor.
Für diesen offensichtlichen Mangel an sozialistischem Geist macht die Zeitung nicht näher beschriebene ausländische Feinde verantwortlich, die angeblich mit systematischer „Wühlarbeit" die sozialistische Staats- und Gesellschaftsordnung „im Sinne der westdeutschen Monopolisten und Junker" untergraben. Außerdem klagt sie die örtliche SED-Parteiorganisation an, die die nötige Wachsamkeit und das nötige Engagement vermissen lasse. Vor allem aber fehle es ihr an der rechten Gesinnung. „Opportunismus", „Sozialdemokratismus, linker Radikalismus, Cliquenwirtschaft" hätten sich in der örtlichen Partei breitgemacht.

2. Diese Ursachenanalyse zeigt einen völlig fehlenden Sinn des Verfassers für die wahren Ursachen der beklagten Miseren. Die Unzufriedenheit der Menschen mit den Zwangsmaßnahmen in der Landwirtschaft und der staatlichen Kulturpolitik wird floskel- und formelhaft auf Wühlarbeit von außen und Opportunismus usw. im Innern zurückgeführt. Mit diesen schlichten Schuldzuweisungen glaubte man die nötigen Sündenböcke gefunden zu haben. Auch auf den damaligen Leser in der DDR wird diese Analyse – vor allem wegen ihrer vermutlich ständig wiederholten stereotypen Formelhaftigkeit – kaum sehr glaubhaft gewirkt und kein Vertrauen in die Staatsführung geweckt haben.

Aufgabe 5

1. Im vorliegenden Bericht werden aus der Sicht der Stasi die Ursachen für die Entstehung regimekritischer Bewegungen und Gruppen in der DDR zusammengefasst und die evangelischen Kirchen als wichtigste Sammel- und Organisationspunkte dieser Regimegegner genannt. Als Hauptursache für die Entstehung einer „inneren Opposition" in der DDR sieht der Stasibericht die staatliche Politik der USA und der NATO-Staaten sowie die diese unterstützende subversive Tätigkeit von „imperialistischem Kreisen". Diese seien bestrebt, unter dem Deckmantel von Demokratisierung, Liberalisierung und Pluralismus und „unter Missbrauch des KSZE-Prozesses" die DDR von innen zu destabilisieren. Dazu kämen „Entwicklungen in einigen sozialistischen Staaten", die die Oppositionsgruppen zusätzlich anspornten und inspirierten. Die evangelischen Kirchen böten diesen regimefeindlichen Gruppierungen Anlaufstellen und einen organisatorischen Rahmen.

2. Der Stasibericht ist offensichtlich noch völlig im Denken des Kalten Krieges gefangen. Pauschal und undifferenziert macht er für die Unzufriedenheit der DDR-Bevölkerung die „Wühlarbeit" der imperialistischen Feindstaaten verantwortlich. Er fragt in keiner Weise nach den Ursachen der Unzufriedenheit, weswegen auch keine Reformansätze entwickelt werden. Man sucht nur nach einem feindlichen Urheber und findet ihn natürlich leicht im gegnerischen Lager. Im Innern werde er von „reaktionären kirchlichen Personen" unterstützt. Auf diese Weise bagatellisiert der Bericht die wirkliche Brisanz und Wucht der Kritik und missversteht die Rolle der Kirchen sträflich. Interessant ist der dezente Hinweis auf die Reformbestrebungen in einigen Ostblockstaaten (Polen, Ungarn, Tschechoslowakei) infolge von Gorbatschows Reformpolitik. Diesen steht der Verfasser des Berichts anscheinend äußerst skeptisch gegenüber. Auch hier zeigt sich also seine offensichtliche Blindheit gegenüber gesellschaftlichen und politischen Veränderungsprozessen und seine völlig fehlende Bereitschaft, vielleicht über mögliche Reformen nachzudenken.

Aufgabe 6

Günther Rüther reflektiert drei Jahre nach der Wiedervereinigung die dadurch aufgetretenen Probleme und entwickelt mögliche Perspektiven zu ihrer Lösung. Er konstatiert zunächst, dass nach dem verfassungsrechtlichen Zusammenschluss der beiden bisherigen deutschen Staaten die innere Einheit noch längst nicht verwirklicht sei. Im Gegenteil, erst allmählich werde klar, wie schwierig es sei, den echten Zusammenschluss von Ost- und Westdeutschen herbeizuführen.

Worin diese Schwierigkeiten im Einzelnen bestehen, deutet der Autor allerdings nur schemenhaft an. Letztlich läuft es für ihn vor allen Dingen auf das „Wohlstandsgefälle“ zwischen Ost und West hinaus. Trotz aller sichtbaren Fortschritte in den Jahren seit 1990 sei die Kluft immer noch groß, was zu Missstimmungen und Frustrationen bei den Ostdeutschen führe. Außerdem spricht Rüther auch von einer „unterschiedliche(n) Sozialisation“ in den beiden deutschen Staaten, die das Aufeinanderzugehen und das Verständnis füreinander erschwere. Daher, so ist daraus zu schließen, habe die Wiedervereinigung den Ostdeutschen nicht das gebracht, was sie sich eigentlich erhofft hatten.
Im Zusammenhang damit beklagt der Autor aber auch die „konsumverwöhnte Wohlstandsgesellschaft“ im Westen, die wenig bereit sei, sich in „Selbstbescheidung“ zu üben und von ihrem Wohlstand etwas abzugeben. Aber gerade das sei zur Verwirklichung der inneren Einheit nötig. Nur bei einer „großen Umverteilung“ von West nach Ost könne das Wohlstandsgefälle eingeebnet werden.
In der „Rückbesinnung auf die positiven Traditionen der Nation und des Nationalstaates“ sieht Rüther einen guten Lösungsansatz zur Bewältigung der inneren Einheit Deutschlands. Anknüpfend an die unterschiedlichen Sozialisationserfahrungen solle man in Ost und West die eigenen Standpunkte reflektieren und infrage stellen, um auf diesem Wege Verständnis für den anderen aufzubringen, möglicherweise die eigene Haltung zu revidieren und dabei zu einer neuen gesamtdeutschen Identität zu finden. Diese Identität könne Deutschland dann auch in die Lage versetzen, seinen neuen internationalen Aufgaben gerecht zu werden.
Die Probleme, die aus der Wiedervereinigung erwachsen sind, bestehen heute im Prinzip nach wie vor. Das Wohlstandsgefälle ist zwar flacher geworden, aber noch nicht verschwunden. Auch die Arbeitslosenzahlen klaffen weit auseinander. Ob eine stärkere Identifikation mit der Nation stattgefunden hat, ist fraglich. Und es ist zu bezweifeln, dass ein positiv gemeintes Nationalgefühl die von Rüther umrissene Rolle spielen kann. Im Gegenteil, manchmal erscheint es so, als würde der von Rüther abgelehnte „nationale(n) Irrationalismus“, womit er wohl rechtsradikale Tendenzen meint, wieder Raum gewinnen. Eine echte Einheit, ein friedliches Zusammenleben in einer toleranten Gesellschaft, die gleichberechtigten Zugang zu Arbeit und Auskommen hat, ist offensichtlich noch nicht erreicht.

Kapitel 10: Die europäische Einigung

Aufgabe 1

In Churchills Vortrag zeichnen sich seine Vorstellungen der „Vereinigten Staaten von Europa“ nur recht vage ab. Immerhin spricht er von einem gesamteuropäischen Patriotismus, einer gemeinsamen Staatsangehörigkeit und einem wie auch immer zusammengesetzten Europarat. Dieses vereinte Europa könne eine wichtige Rolle in der neu gegründeten UNO spielen. Diese könne nämlich nur gut funktionieren, wenn sie sich auf „zusammenhängende natürliche Gruppen“ stütze. Dabei hat Churchill zum einen Großbritannien mit seinem „Commonwealth of Nations“ im Auge, zum anderen die USA und die UdSSR. Er hält es für wünschenswert, dass sich dazu eine weitere Gruppe gesellt, nämlich die europäischen Länder unter Führung Frankreichs und Deutschlands. Er ist sich sicher, dass Großbritannien und die USA dieses Projekt unterstützen werden, und hofft sogar auf dessen Förderung durch die UdSSR. Für die UNO bedeute das, dass sie sich in Zukunft bei ihrer Arbeit auf diese vier „natürlichen“ Großgruppen stützen könne.
Interessant ist, dass Churchill überhaupt keinen Gedanken an die Länder der Dritten Welt verschwendet; diese tauchen in seiner Zukunftsvision allenfalls als koloniale Anhängsel wie z. B. das britische Commonwealth auf. Von einer Freigabe der Kolonien ist keine Rede, obwohl z. B. die indische Unabhängigkeit unmittelbar bevorstand. Insofern entwickelte Churchill zwar eine Zukunftsvision für Europa, zeigte aber eine gewisse weltpolitische Blindheit.

Aufgabe 2

Politische Motive: Friedenssicherung auf europäischer Ebene in einer durch Krieg gefährdeten Welt; besonders wichtig die Beilegung der Jahrhunderte alten deutsch-französischen Rivalität; Kontrolle der für eine mögliche deutsche Wiederaufrüstung nutzbaren Schwerindustrie.
Ökonomische Motive: Verbesserte Rahmenbedingungen für einen wirtschaftlichen Wiederaufbau nach dem Zweiten Weltkrieg; Schaffung einer europäischen Produktionsgemeinschaft zur Ankurbelung aller an dem Projekt beteiligten Volkswirtschaften.

Aufgabe 3

1. Der französische Präsident de Gaulle hat grundsätzliche Einwände gegen eine Mitgliedschaft Großbritanniens in der EWG. Das Land unterscheide sich grundlegend von den kontinentaleuropäischen Staaten. Der Inselstaat sei viel stärker mit überseeischen Märkten verflochten, sein wirtschaftlicher Schwerpunkt liege

primär auf Industrie und Handel, weniger auf der Landwirtschaft und es habe eigene „Gewohnheiten und Traditionen".
All das erschwere eine Eingliederung Großbritanniens in die EWG. Besonders hebt de Gaulle die Einfuhr von Lebensmitteln aus Übersee und die Subventionierung der Landwirtschaft als mit den Prinzipien der EWG unvereinbar hervor. Diese untersagten nämlich Subventionen und regelten besonders den Agrarmarkt im Sinne ihrer Mitglieder dadurch, dass sie einen offenen agrarischen Binnenmarkt mit festgelegten Preisen organisierten und im Gegenzug Strafgelder auf die Einfuhr billiger Lebensmittel von außerhalb erhöben. Außerdem stünden die Vorzugszölle zwischen Großbritannien und dem Commonwealth sowie seine Mitgliedschaft in der europäischen Freihandelszone (EFTA) dem Beitritt zur EWG im Wege.

2. Die Bedenken de Gaulles sind symptomatisch für die Problematik, innerhalb der europäischen Gemeinschaft nationale Sonderinteressen mit den Gemeinschaftsinteressen in Einklang zu bringen. Bei einem überstaatlichen Zusammenschluss müssen zwangsläufig Kompromisse eingegangen werden. Diese Schwierigkeiten ziehen sich wie ein roter Faden durch den europäischen Einigungsprozess.

Aufgabe 4

Herzog und Gerken sehen die Hauptgründe für die nicht überall vorhandene Akzeptanz einer europäischen Verfassung bei den Völkern bzw. den Regierungsvertretern der EU-Mitglieder in ihrem Kompromisscharakter. Sie habe nämlich versucht, zwei sich eigentlich ausschließende Europavorstellungen unter einen Hut zu bringen. Die eine Seite favorisiere ein „Europa der Vaterländer", einen relativ losen Staatenbund, dessen Mitglieder auf möglichst wenige nationale Souveränitätsrechte verzichten müssten und nur wenige Befugnisse an die EU-Zentrale abzugeben hätten.
Die andere Seite denke dagegen eher an einen europäischen Bundesstaat mit effektiven staatlichen Organen, mit mehr demokratischer Transparenz sowie mit Strukturen, die den Prinzipien der Gewaltenteilung gehorchten. Das bedeute die Schaffung eines souveränen europäischen Parlaments mit einer nur von diesem abhängigen Regierung, die ihre Entscheidungen weitgehend unabhängig von den Regierungen der Mitgliedsländer hätte treffen können.

Trainingsklausuren

Klausur 1

1. Die Heilige Allianz von 1815 war ein Bündnis der drei Monarchen von Russland, Österreich und Preußen, das sie nach dem Abschluss des Wiener Kongresses schlossen und dem nach und nach fast alle christlichen Herrscher Europas beitraten. Sie bekräftigten darin ihren Willen zu einer brüderlichen Zusammenarbeit. Die Herrschaft über ihre Untertanen verglichen sie mit der Vormundschaft eines Vaters über seine Familie. Die Legitimation ihrer Herrschaft leiteten sie von einem göttlichen Auftrag ab. Überhaupt betrachteten sie das Christentum als die Basis jeglicher politischen Ordnung.
Die Heilige Allianz fußte also auf der Vorstellung von der göttlichen Einsetzung der weltlichen Herrscher, dem sogenannten Gottesgnadentum. Dieses impliziert ein patriarchalisches Herrschaftsverständnis und steht im Gegensatz zu jeder Vorstellung von Volkssouveränität. Stattdessen betonte die Allianz das Prinzip der Solidarität der christlichen Herrscher untereinander. Insofern ist die Heilige Allianz ein Bündnis, das an der Stabilisierung der alten Ordnung interessiert war und sich gegen die liberalen und nationalen Forderungen der Zeit richtete.

2. Die Beschlüsse des Wiener Kongresses waren geprägt vom Interesse der Teilnehmer an einer möglichst weitgehenden Wiederherstellung der vornapoleonischen Verhältnisse (Restauration), die sich am Prinzip der monarchischen Legitimität orientierte, nicht aber den nationalen oder liberalen Wünschen der betroffenen Völker. Dabei ging es den Teilnehmern um eine territoriale Neuordnung Europas nach den Eroberungen Napoleons, die ein ausgewogenes Gleichgewicht der Mächte zum Ziel hatte. Im Einzelnen bedeutete das:
- die Schaffung der europäischen Pentarchie, d. h. eines Gleichgewichts der fünf Großmächte Großbritannien, Frankreich, Österreich, Preußen und Russland;
- territoriale Verluste Frankreichs;
- Bestätigung Großbritanniens als führende See- und Handelsmacht, Personalunion mit dem neu geschaffenen Königreich Hannover;
- Russland erhielt „Kongresspolen", das der Zar in Personalunion regierte;
- Österreich verzeichnete Gebietsgewinne in Ost- und Südeuropa;
- Preußen gewann die Rheinprovinz (Rheinland und Westfalen), den Nordteil Sachsens und Schwedisch-Vorpommern;
- die durch den Reichsdeputationshauptschluss von

1803 in Deutschland geschaffenen territorialen Verhältnisse (Mittelstaaten in Südwestdeutschland) blieben erhalten;
- Schaffung des Deutschen Bunds (Staatenbund von 34 souveränen deutschen Fürsten und vier freien Städten) anstelle des 1806 untergegangenen Reichs.

3. Im letzten Abschnitt wird Friedells vernichtendes Urteil über die Heilige Allianz deutlich, wenn er die beteiligten Monarchen als kaltherzig, größenwahnsinnig und kleingläubig bezeichnet und den österreichischen Außenminister Metternich als geistigen Urheber der Allianz einen „zynische(n) Lügenfürsten" nennt. Sein Urteil begründet er damit, dass die Herrscher aufgrund ihres Selbstverständnisses nicht in der Lage seien, das angestrebte hehre Ziel eines christlichen Reichs auf Erden zu verwirklichen. All das sei vielmehr nur eine „Redensart", durch die die Monarchen ihre Völker unmündig halten wollten („Kinderstube"). Diejenigen, die dagegen aufbegehrt hätten, hätten sie unbarmherzig gezüchtigt und so zwangsläufig Hass auf ihre angeblich „väterliche" Herrschaft hervorgerufen.
Das Urteil Friedells ist zweifellos berechtigt. Die Betonung des Gottesgnadentums und einer religiös legitimierten Herrschaft sollte sicherlich dazu dienen, nationale Unabhängigkeitsbestrebungen zu unterbinden und Forderungen nach demokratischer Mitbestimmung und einer Verfassung zum Schweigen zu bringen. Alle beteiligten Herrscher hatten mit Nationalbewegungen zu kämpfen (Polen, Italien), die sich von der Fremdherrschaft befreien wollten. Darüber hinaus hatten die Französische Revolution und die folgenden Befreiungskriege gegen Napoleon der Kritik an der absolutistischen Herrschaft Auftrieb gegeben. Die Völker, die sich mit ihrem Leben für die Befreiung von der napoleonischen Herrschaft eingesetzt hatten, wollten nicht weiterhin wie unmündige Kinder behandelt werden. Insofern hat Friedell mit seinem harten Urteil über den Zweck der Heiligen Allianz recht: Sie sollte nur dem religiös verbrämten und legitimierten Machterhalt einer zutiefst konservativen Herrscherclique dienen.

4. Die Herrschaft Napoleons hatte tief greifende Auswirkungen auf das Schicksal Deutschlands und Preußens. Zu nennen sind einerseits erhebliche territoriale Veränderungen, andererseits politische Reformimpulse.
Territoriale Veränderungen: Nach der aufgrund des Friedens von Lunéville (1801) vorgenommenen Abtretung der linksrheinischen Gebiete an Frankreich wurden die deutschen Fürsten durch eine territoriale Neuordnung des Reichs entschädigt, die die alte Zersplitterung erheblich reduzierte. Im Reichdeputationshauptschluss von 1803 wurden alle geistlichen Herrschaften in weltlichen Besitz überführt (säkularisiert) und die kleinen Reichsritterschaften und Reichsstädte ihrer Reichsunmittelbarkeit beraubt (mediatisiert). All diese Gebiete wurden den bereits existierenden größeren deutschen Staaten zugesprochen, sodass besonders Preußen, Bayern, Baden und Württemberg ihr Territorium erheblich vergrößern konnten. Die so entstandenen größeren Staatsgebilde im süd- und südwestdeutschen Raum schlossen sich im sog. Rheinbund Napoleon an. Gleichzeitig erhielten dort zahlreiche Fürsten Rangerhöhungen zu Königen, Großherzögen usw. Die Mitglieder des Rheinbunds traten 1806 aus dem Reich aus. Damit und mit der Niederlegung der Kaiserkrone durch Franz II. hörte das alte „Heilige Römische Reich Deutscher Nation" auf zu existieren. Auf dem Wiener Kongress wurden die Grundzüge dieser territorialen Neuordnung bestätigt.
Politische Reformimpulse: In den Gebieten der französischen Herrschaft links des Rheins und in Westfalen wurde der napoleonische „Code civil" eingeführt, der wesentliche Errungenschaften der Französischen Revolution beinhaltete, wie z. B. Gleichheit vor dem Gesetz, Gewissensfreiheit, Trennung von Staat und Kirche, Aufhebung des Zunftzwangs. Auch in den Rheinbundstaaten wirkten diese französischen Reformimpulse gegen ständische Privilegien. Dort setzte sich eine Art aufgeklärter Absolutismus mit einer effektiven öffentlichen Verwaltung und religiöser Toleranz durch.
In Preußen weckte der Schock der Niederlage von Jena und Auerstedt von 1806 die Erkenntnis von der Reformbedürftigkeit des Staates. Die stein-hardenbergschen Reformen waren wichtige Schritte zu einer Modernisierung des Landes: die Bauernbefreiung durch das Agraredikt von 1807, die Einführung der Gewerbefreiheit (1810), die Heeresreform (Abschaffung der Prügelstrafen, Beförderung nach Leistung, Öffnung der Offizierslaufbahn für Bürgerliche), die Städteordnung mit ihrer Wahlmöglichkeit einer Gemeindevertretung, die Judenemanzipation und die Bildungsreform.

Klausur 2

1. Nach dem Scheitern der Revolution von 1848/49 machte sich Preußen das Anliegen einer nationalen Einigung zu eigen, weil es auf diese Weise die Vormachtstellung in Deutschland gegenüber Österreich-Ungarn zu erringen hoffte. Der Protagonist dieses Vorgehens war der preußische Ministerpräsident Otto von Bismarck. Unter Zuhilfenahme der deutschen Nationalbewegung und des auf eine Einigung drängenden Wirtschaftsbürgertums wollte er die deutsche Einheit ohne Österreich durch „Eisen und Blut" sozusagen „von oben" verwirklichen und nicht wie die Revolutionäre von 1848 durch eine Volksbewegung „von unten". Die entscheidenden Stationen der Umsetzung dieses Konzepts waren:
- die Schaffung eines schlagkräftigen Heeres und die Zähmung der liberalen Opposition im preußischen

Landtag im sogenannten Verfassungskonflikt von 1862;
- der deutsch-dänische Krieg von 1864, der eine Welle nationaler Begeisterung auslöste;
- der „deutsche Krieg" von 1866 zwischen Preußen und dem Deutschen Bund unter Führung Österreichs, der mit einer Niederlage Österreichs, der Auflösung des Deutschen Bundes, dem Ausscheiden des Habsburgerreichs aus Deutschland und der Annexion großer Gebiete nördlich des Mains durch Preußen endete;
- die Gründung des Norddeutschen Bunds (1867), eines Zusammenschlusses aller Gebiete nördlich der Mainlinie unter preußischer Führung;
- der Deutsch-Französische Krieg, der von Bismarck durch die „Emser Depesche" provoziert worden war und dem sich die süddeutschen Staaten anschlossen;
- nach der raschen französischen Niederlage Gründung des Deutschen Kaiserreichs am 1. 1. 1871 durch die deutschen Fürsten und freien Städte.

2. Von Sybel sieht die von Bismarck für das Deutsche Reich konzipierte Verfassung durchaus differenziert. In seiner Beurteilung wird auch sein politischer Standort im Lager der Liberalen sichtbar, die bereit waren, sich mit den durch die Reichseinigung von oben geschaffenen Tatsachen zu arrangieren. In der neuen Reichsverfassung, die auf der Verfassung des Norddeutschen Bundes fußte, sind für von Sybel wichtige Prinzipien festgeschrieben, die er uneingeschränkt positiv bewertet: die Gewähr einer stabilen Regierung, ein parlamentarisches System mit einer Volksvertretung auf Basis des allgemeinen und zum Teil auch gleichen Wahlrechts und eine wichtige Form der Gewaltenteilung, die Ausstattung des Parlaments mit dem Recht der Gesetzgebung (Legislative) und dem Budgetrecht.
Andererseits vermerkt von Sybel aber auch deutliche Schwächen der Verfassung, die den von ihm vertretenen liberalen Grundsätzen zuwiderlaufen. Ein gravierender Mangel des Systems ist für ihn die Tatsache, dass die Regierung nicht dem Parlament gegenüber verantwortlich und daher auch keine Ministeranklage möglich war. Außerdem habe das Abgeordnetenhaus in Preußen, dem größten und wichtigsten deutschen Land, kein Budgetrecht und keinen Einfluss auf die Verwaltung.

3. Von Sybel hat seinen am Tag der Reichsgründung veröffentlichten Beitrag für ein britisches Publikum geschrieben, dem er einerseits die deutsche Reichsgründung erklären und das er andererseits über den politischen Charakter des Reichs beruhigen will. Nicht zufällig geht er in seinem Artikel auch auf das britische System ein und betont, dass Großbritannien in seiner Verfassungsentwicklung schon weiter sei als Deutschland. So ist auch zu erklären, dass von Sybel zwar offen die Strukturmängel des politischen Systems des Kaiserreichs benennt, dass er aber gleichzeitig auf die spezifische außenpolitische Situation nach dem Deutsch-Französischen Krieg hinweist. Diese sei durch das „rachedurstige(n) Frankreich", das „ehrgeizige(n) Russland" und das „schwankende(n) Oesterreich" so gefährdet, dass eine stabile und nicht ganz und gar vom Parlament abhängige Regierung nötig sei. Daher erkläre sich auch die Rolle des Militärs, die zugleich auf der preußisch-deutschen Vergangenheit beruhe, in der das Militär eine fest in der Bevölkerung verwurzelte Rolle gespielt habe.
Darüber hinaus hält von Sybel große Teile des deutschen Volks für politisch noch nicht reif genug, um ein stärker parlamentarisch ausgerichtetes Regierungssystem zu praktizieren. Hier habe England den Deutschen eine jahrhundertealte Erfahrung voraus. Die Deutschen müssten erst nach und nach in die politische Verantwortung hineinwachsen, und zwar zunächst in der politischen Arbeit auf Kommunal- und Kreisebene. Dazu gehöre eine „Hingabe an das Ganze", die mit „fester Disciplin" gepaart sein müsse. Deshalb hält von Sybel auch die in Preußen bereits eingeführte Schulpflicht und die allgemeine Wehrpflicht für wichtige Elemente der politischen Bildung, wobei er sich allerdings darüber im Klaren ist, dass diese bisher weitgehend „im Dienst der hierarchischen Interessen" gestanden haben.
Für problematisch hält von Sybel die Ausdehnung des Wahlrechts „auf weniger gebildete Klassen". Dadurch wird seiner Meinung nach der Prozess der Parlamentarisierung zusätzlich verlangsamt. In dieser langsamen Entwicklung sieht von Sybel jedoch keine „Gefahr für Freiheit und Gedeihen", vielmehr berge eine unkontrollierte Verwirklichung des „Evangelium(s) der Freiheit" die Gefahr von Radikalisierung und Umsturz wie in Frankreich nach dem Deutsch-Französischen Krieg.
Von Sybel will also zeigen, dass der historisch zu erklärende mangelnde politische Reifegrad der deutschen Bevölkerung und konkrete außenpolitische Gründe die Struktur der Verfassung des Deutschen Reichs mit ihren nur unzureichenden parlamentarischen Mitwirkungsmöglichkeiten prägen. Als Zukunftsvision spricht von Sybel zu den Briten von der „Freiheit des Volkes", die die Regierung langfristig anstrebe. Wie diese inhaltlich gestaltet werde, sagt er freilich nicht.

4. Problematisch ist die Zukunftsvision von Sybels. Was er unter „Freiheit des Volkes" versteht, wird inhaltlich nicht weiter beschrieben. Es bleibt unklar, ob die Regierung – bei der obrigkeitsstaatlichen preußischen Tradition – irgendwann einmal freiwillig auf die ihr in der Verfassung eingeräumten Rechte verzichtet. Obrigkeitsstaatliche Strukturen können sich verfesti-

gen, vor allem im Zusammenhang mit dem im Deutschen Reich besonders mächtigen Militarismus.
Insgesamt vertritt von Sybel einen deutlich national- bzw. rechtsliberalen Standpunkt. Er gibt der Regierung einen Vertrauensvorschuss, legt Wert auf eine starke Regierung, bindet politisches Engagement an Bildung und Disziplin und steht revolutionären Bewegungen äußerst skeptisch gegenüber. Andererseits pocht er auf die politischen Mitbestimmungsrechte der Bürger und ist ein Feind eines konservativ-autokratischen Regierungsstils. Sein Vertrauen auf den politischen Fortschritt durch Bildung und politisches Engagement ist typisch für das liberale Denken des 19. Jahrhunderts.
Kritisch ist weiterhin anzumerken, dass von Sybel weitere undemokratische Elemente der Reichsverfassung ausblendet, wie z. B. die kaiserliche Kommandogewalt über das Militär und das Recht des Kaisers, den Reichstag aufzulösen und den Kanzler zu ernennen. Außerdem kommt bei ihm die Dominanz Preußens im Bundesrat und in der Regierung zu kurz. Das undemokratische preußische Dreiklassenwahlrecht erwähnt er nur ganz verdeckt und am Rande. Insgesamt gesehen beschönigt er also die Reichsverfassung. Vermutlich stören ihn diese Mängel nicht allzu sehr, auf jeden Fall will er aber das von Bismarck in Deutschland geschaffene politische System vor seinen englischen Lesern im Großen und Ganzen positiv darstellen.

Klausur 3

1. Von Treitschkes Ausführungen basieren auf folgenden Voraussetzungen: Er vertritt die Auffassung, dass nur ein machtvoller Staat seinen Daseinszweck erfülle und – davon ausgehend – ein Zusammenhang zwischen dem Kolonialerwerb eines Landes und seinem Status als Weltmacht bestehe. Nach seiner Überzeugung ist Deutschland bisher in dieser Hinsicht zu kurz gekommen. Des Weiteren hängt er der sozialdarwinistisch inspirierten Vorstellung von stärkeren und schwächeren Nationen an. Nur die starken Staaten, die über Kolonien verfügen und auch als Seemacht eine Rolle spielen, werden seines Erachtens künftig die Weltpolitik bestimmen. Darüber hinaus betont er die soziale und ökonomische Bedeutung der Kolonien für Deutschland, und zwar als Siedlungskolonien für deutsche Auswanderer, als Pflanzungskolonien (Nahrungsmittelproduktion mit einheimischen Arbeitskräften), für den Zugriff auf Rohstoffe und für den Handel. Zudem ist festzuhalten, dass von Treitschke in rassistischen Kategorien denkt: Er spricht von Siedlungskolonien zum Erhalt eines einheitlichen Volkstums und begreift die „Beherrschung der Welt durch die weiße Rasse" als Pflichtaufgabe der europäischen Völker. Daraus ergibt sich für von Treitschke ein klares außenpolitisches Konzept: Das Deutsche Reich müsse noch mehr Kolonien erwerben, um beim Wettrennen der europäischen Mächte bei der Beherrschung der Welt nicht zu kurz zu kommen und um seinen Rang als Weltmacht zu sichern.
Ein Verzicht darauf würde das Reich der „russische(n) Knute" oder dem „englische(n) Geldbeutel" unterwerfen. Nach von Treitschkes Überzeugung würde Deutschland dann zwangsläufig nicht mehr zur Elite, zur Aristokratie der europäischen Mächte gehören.
Rhodes' Überlegungen sind eindeutig rassistisch geprägt. Er geht vom Vorrang der englischen Rasse aus, was automatisch eine Minderwertigkeit der anderen Rassen einschließt. Besonders gilt dies offensichtlich für die farbigen Völker Afrikas. Außerdem strahlt Rhodes' Text ein zivilisatorisches Sendungsbewusstsein aus, wenn er von einem göttlichen Auftrag spricht, der Welt „Gerechtigkeit, Freiheit und Frieden" zu bringen. Unter der britischen Herrschaft könne ein weltweites Friedensreich anbrechen, das das „Ende aller Kriege" bedeute. Aus diesen beiden ideologischen Motiven entspringt Rhodes' imperialistische Konzeption. Sie lautet schlicht und einfach: Die britische Rasse müsse so viel „Spielraum und Macht" wie möglich in der Welt erlangen. Spielraum bedeutet wohl den Einfluss, den Großbritannien in der Weltpolitik auszuüben vermag. Macht bedeutet die britische Herrschaft über „die ganze zivilisierte Welt", die die Wiedergewinnung der Vereinigten Staaten, die im Grunde auch zur „angelsächsische(n) Rasse" gehörten, einbeziehe.
Zwischen Rhodes und von Treitschke gibt es Gemeinsamkeiten und Unterschiede. Gemeinsam ist die rassistische Ideologie, die allerdings bei Rhodes viel stärker im Mittelpunkt steht. Von Treitschke spricht von der weißen Rasse im Allgemeinen, während Rhodes ausschließlich die englische Rasse ins Zentrum seines Konzepts stellt. Stärkere Unterschiede gibt es in den machtpolitischen Vorstellungen. Beide fordern, ihr Land müsse Weltmacht sein, von Treitschke allerdings will nur die Gleichberechtigung Deutschlands mit den anderen Staaten, die einen Status als Weltmacht haben, während Rhodes die Herrschaft Großbritanniens über alle zivilisierten Nationen der Welt anstrebt.
Beide Autoren legen Wert auf die Gewinnung neuen Siedlungsraums für ihre expandierenden Völker. Von Treitschke geht es dabei mehr um soziale Aspekte, während Rhodes stärker an die Ausbreitung der englischen Rasse denkt. Der von Treitschke herausgestellte ökonomische Aspekt des Imperialismus spielt dagegen im vorliegenden Textauszug von Rhodes keine Rolle.

2. Die wesentlichen Gebiete des deutschen Kolonialreichs wurden in den Jahren 1884/85 während der Kanzlerschaft Bismarcks erworben. Bismarck war wegen seiner defensiv ausgerichteten Außenpolitik eigentlich nicht an einem Kolonialerwerb interessiert. Doch die eigenmächtigen Aktivitäten deutscher Kaufleute in Übersee (z. B. Lüderitz), der innenpolitische Druck laut-

starker kolonialer Interessenverbände, das Bedürfnis einer Entlastung der krisenanfälligen Wirtschaft und womöglich auch die Hoffnung, die inneren Konflikte des Reichs (Kulturkampf, Kampf gegen die Sozialdemokratie) durch äußere Erfolge zu besänftigen, brachten ihn dazu, einige Gebiete in Afrika und im Pazifik deutscher Schutzherrschaft zu unterstellen (Deutsch-Südwestafrika, Deutsch-Ostafrika, Kamerun, Togo, einige Inseln im Pazifik). Ende der 1890er-Jahre kamen noch weitere Pazifikinseln und ein Pachtgebiet in China hinzu (Kiautschou).
Die erhofften wirtschaftlichen Erträge der Kolonien stellten sich nicht ein. Der finanzielle Aufwand für die Kolonialverwaltung und die Kolonialtruppen war wesentlich höher als der wirtschaftliche Gewinn. Auch die Vorstellung von Siedlungskolonien konnten nur bedingt umgesetzt werden: Nur in Südwestafrika, dem heutigen Namibia, ließ sich eine nennenswerte Zahl von Siedlern nieder.
Rassismus und Verachtung prägten die Einstellung der Deutschen gegenüber der einheimischen Bevölkerung; darin gründet auch der Völkermord an den Herero.

3. Sowohl das Weltmachtstreben als auch die Auffassung vieler Deutscher, hinsichtlich der Kolonien zu kurz gekommen zu sein, bargen erhebliche Konfliktpotenziale, die vor dem Hintergrund, dass Krieg als Mittel der Politik nicht ausgeschlossen war, an Brisanz gewinnen konnten. Da bei den großen europäischen Mächten das Prestigedenken damals eine wichtige Rolle spielte, konnten sich schon kleine Konflikte zu ernsthaften Krisen ausweiten.
Konkreten Ausdruck gewann das deutsche Weltmachtstreben zunächst in der lauthals verkündeten Forderung nach einem „Platz an der Sonne", die von mitgliederstarken Interessenverbänden wie dem Deutschen Flottenverein und dem Alldeutschen Verein propagandistisch unterstützt wurde. Vor allem aber ist die nach dem „Tirpitz-Plan" mit Energie betriebene deutsche Flottenrüstung zu nennen, die ein Wettrüsten mit England einläutete. Dazu kamen noch die Errichtung eines deutschen Pachtgebiets in China und die Beteiligung am Bau der Bagdadbahn, die der imperialistischen Durchdringung des Vorderen Orients dienen sollte.
Diese deutsche Weltmachtpolitik, die meist ohne Augenmaß und mit starkem Säbelrasseln betrieben wurde, trug wesentlich zum Ausbruch des Ersten Weltkriegs bei. Im Vorfeld änderten sich die europäischen Bündniskonstellationen: Das von Bismarck konstruierte komplizierte Bündnissystem, das den Bestand des Reiches sichern sollte, zerbrach, als der Rückversicherungsvertrag mit Russland nicht erneuert wurde. Und die unzweideutig gegen Großbritannien gerichtete Politik (Flottenrüstung, Bagdadbahn) trieb die eigentlich mit den Deutschen sympathisierenden Briten in das gegnerische Lager. Großbritannien und Frankreich zeigten, wie man sich trotz eines ernsthaften Zusammenstoßes (bei Faschoda 1898) auch im Zeitalter des Imperialismus noch verständigen konnte: Man einigte sich 1904 auf eine Interessenabgrenzung in Nordafrika und schuf gleichzeitig die „Entente cordiale". Eine ähnliche Verständigung zwischen Russland und Großbritannien in Asien erweiterte 1907 dieses Bündnis zur „Triple Entente". Auf der anderen Seite war jetzt Deutschland mit seinem Partner Österreich-Ungarn isoliert und fühlte sich eingekreist. In Wirklichkeit hatte es sich jedoch durch sein aggressives und zum Teil plumpes Vorgehen (z. B. bei den Marokkokrisen von 1905 und 1911) selbst ins Abseits manövriert.
Zusammengefasst kann man also sagen, dass die von Treitschke entworfene Weltmachtpolitik mit einer gewissen Zwangsläufigkeit zum Krieg führen musste.

4. Die drei wichtigsten Imperialismustheorien sind:
- Die ökonomische Imperialismustheorie, die den Imperialismus als Frucht der wirtschaftlichen Bedingungen in den europäischen Industrieländern erklärt; bei einem gesättigten inländischen Markt strebe das Kapital ins Ausland und suche dort nach neuen Märkten, günstigen Rohstoffquellen und lukrativen Investitionsmöglichkeiten. Diese Imperialismustheorie wurde von Lenin in die marxistische Lehre integriert, indem er den Imperialismus als notwendige Folge des übersteigerten Kapitalismus analysierte.
- Die vor allem am deutschen Beispiel gewonnene sozialimperialistische Theorie, die den Imperialismus aus den gesellschaftlichen Krisen im Innern herleitet; er diene primär dazu, durch politischen Prestigegewinn in der Weltpolitik von den inneren Problemen abzulenken, vor allem die aufrührerische Arbeiterschaft ruhigzustellen und so das gefährdete Herrschaftssystem zu stabilisieren.
- Die peripherieorientierte Imperialismustheorie, die den Imperialismus aus einem Zusammenwirken der europäischen Mächte mit den Völkern und Herrschaftssystemen an der Peripherie erklärt; auf der einen Seite stehen die ökonomischen und machtpolitischen Interessen der Imperialmächte, auf der anderen Seite die Bereitschaft zur Kooperation oder zum Widerstand in den Gebieten Asiens und Afrikas.

Bei von Treitschke finden sich Anklänge vor allem an die ökonomische, verdeckt aber auch an die sozialimperialistische Theorie. Er betont ausdrücklich die wirtschaftlichen Vorteile des Kolonialerwerbs für das Mutterland (Ackerbaukolonien zur Erweiterung der Nahrungsbasis, Bergbaukolonien zur Erschließung neuer Rohstoffquellen und Handelskolonien zum Absatz in Deutschland

produzierter Waren). Indirekt klingt auch die Sozialimperialismustheorie an, wenn er von der Vermeidung von Auswanderungsströmen durch die Erschließung von Siedlungskolonien spricht. Zahlreiche Deutsche verließen damals gerade wegen der ökonomischen und gesellschaftlichen Probleme das Land. Diese Auswanderungsbewegungen und der damit verbundene volkswirtschaftliche Verlust könnten durch die Erschließung von Siedlungsland in den Kolonien vermieden werden. Von Treitschke hat dabei sicher auch daran gedacht, dass die Unzufriedenheit, die die Auswanderung ausgelöst hat, so gleichzeitig in sinnvolle Bahnen gelenkt und ihr damit der Boden entzogen werden kann.
Bei Rhodes finden sich keine Gedanken, die auf die drei vorgestellten Imperialismustheorien zutreffen. Das muss nicht heißen, dass z. B. ökonomische Überlegungen bei Rhodes keine Rolle gespielt hätten. Im vorliegenden Textauszug entwickelt er jedoch fast ausschließlich ideologische Argumentationsmuster, die das britische imperialistische Vorgehen legitimieren sollten.

Klausur 4

1. Im Zentrum der Rede steht die Beschwörung der Volksgemeinschaft. Hitler leugnet Klassenunterschiede und sich daraus möglicherweise ergebende Forderungen nach einem Klassenkampf. Er postuliert dagegen eine prinzipielle Gleichwertigkeit der Arbeit jeglicher Art zum Wohl des Volksganzen. Es gebe zwar unterschiedliche Berufe und Stände, aber keine antagonistischen Klassen. Eine derartige Aufspaltung sei künstlich und wer sie vertrete, sei „vom Standesdünkel und Klassenwahnsinn befallen“. Insofern sei die Feier des 1. Mai in den vergangenen Jahrzehnten missbraucht worden. Den Nationalsozialisten dagegen sei es gelungen, diesem Tag seinen wahren Sinn zu geben und die deutsche „Volksgemeinschaft“ unter dem Motto der gemeinsamen Arbeit zusammenzuführen. Bemerkenswert ist die Hervorhebung der Handarbeit, die vermutlich der Vorbereitung der geplanten „Arbeitsdienstpflicht“ dienen soll.
Daraus ergeben sich folgende Konsequenzen: Das Prinzip der Volksgemeinschaft grenzt gleichzeitig alle diejenigen aus, die diese Grundsätze nicht teilen („Das deutsche Volk ist zu sich gekommen. Es wird Menschen, die nicht für Deutschland sind, nicht mehr unter sich dulden.“). Das Konzept „Volksgemeinschaft“ impliziert zweitens die rassistisch motivierte Ausgrenzung und die Vorstellung einer biologischen Auslese sowie das Führerprinzip (Ablehnung von Mehrheitsbeschlüssen), widerspricht also demokratischen Vorstellungen.
Für die Sprache der Rede sind beschwörende, appellartige Formulierungen kennzeichnend; die religiösen Sprachformen am Schluss dienen zweifellos propagandistischen und rechtfertigenden Zwecken. Damit sollen den Ausführungen Hitlers eine gleichsam religiöse Weihe verliehen werden.

2. Die zentralen Elemente der NS-Ideologie kann man in wenigen Schlagworten zusammenfassen. Die wesentlichen Punkte sind Rassismus und Sozialdarwinismus verbunden mit Antisemitismus sowie die Volksgemeinschaftsideologie und das Führerprinzip. Die sich im 19. Jahrhundert entwickelnde Vorstellung vom Sozialdarwinismus fußt auf einer – von Darwin so nicht gewollten – Übertragung der Erkenntnisse seiner Evolutionstheorie (Entstehung und Erhaltung der Arten durch Auslese der biologisch Stärkeren) auf die Gesellschaft bzw. auf „Rassen“. Typisch war die von dem Engländer Herbert Spencer geprägte Formel vom „survival of the fittest“ von Individuen und von Völkern. Nur die Besten sollten sich durchsetzen und überleben. Grundprinzip war das Recht des Stärkeren.
Eng damit verbunden war der Rassismus, dessen Kern eine scheinbar biologisch begründete Geschichts- und Kulturtheorie bildet, die auf der Ungleichheit der Rassen beruht. Die weiße Rasse wurde als höherwertig, alle anderen Rassen als minderwertig betrachtet. Durch Vermischung der Rassen komme es zu Degenerationserscheinungen. Die rassistisch-sozialdarwinistischen Vorstellungen wiederum wurden ebenfalls schon im 19. Jahrhundert mit dem jahrhundertealten europäischen Antisemitismus verknüpft. Die traditionelle religiös oder sozialökonomisch begründete Judenfeindschaft wandelte sich dabei zu einem rassistischen Antisemitismus. Man bezeichnete das Judentum als minderwertige Rasse, die es darauf anlege, die weißen Völker durch Rassenvermischung und durch Eindringen in wichtige Positionen von Wirtschaft und Gesellschaft von innen heraus zu verderben.
Die Idee einer Volksgemeinschaft steht im Gegensatz zu einer differenzierten, von sozialen und ökonomischen Konflikten geprägten Gesellschaft. Das gemeinsame Kennzeichen eines Volkes ist die Rasse und eine gemeinsame Gesinnung. Insofern ist die Vorstellung einer organischen Volksgemeinschaft ähnlich wie der Antisemitismus eng mit der rassistisch-sozialdarwinistischen Ideologie verknüpft.
Die NS-Ideologie lehnte die moderne Gesellschaft und mit ihr deren grundlegende Werte Individualität, Freiheit, Gleichheit und Demokratie ab. Die Demokratie, so hieß es, berücksichtige nicht die unterschiedliche Wertigkeit und Leistungsfähigkeit der einzelnen Mitglieder eines Volkes. Dort herrsche nur das Gesetz der zahlenmäßigen Mehrheit. In einer Volksgemeinschaft dagegen seien die besten und tüchtigsten Mitglieder eines Volkes berufen, es zu führen, ihr entspreche das Führerprinzip. Eine Volksgemeinschaft ist hierarchisch organisiert, die Einsetzung von Funktionsträgern erfolgt von oben nach unten und nicht – wie in der Demokra-

tie – durch Wahl von unten nach oben. Akklamation und Akzeptanz des Volkes legitimieren den Führer, der einen quasireligiösen Personenkult pflegt und vom Volk entsprechend verehrt wird.
In Hitlers Rede wird deutlich, dass er sich durchgehend auf die Volksgemeinschaftsideologie beruft. Insofern distanziert er sich deutlich von der Demokratie der Weimarer Republik. Traditionen der Arbeiterbewegung (1. Mai) werden aufgegriffen, aber im Sinne nationalsozialistischer Ideologie umgedeutet. Darüber hinaus werden das Führerprinzip (Ablehnung „majoritativer Beschlüsse“) und sozialdarwinistische Vorstellungen angedeutet („Es wird Menschen, die nicht für Deutschland sind, nicht mehr unter sich dulden.“). Hinweise auf den Antisemitismus und Rassismus finden sich nicht explizit, können aber aus dem eben zitierten Satz herausgelesen werden.

3. Die Rede Hitlers steht im Zusammenhang mit der Auflösung der Gewerkschaften am 3. Mai 1933 und der Gründung der Deutschen Arbeitsfront (DAF). Die Einrichtung des Maifeiertages und die Propagierung der Volksgemeinschaft sollen sowohl die organisierte als auch die nicht organisierte Arbeiterschaft für die NS-Bewegung gewinnen. Dem gleichen Ziel dient die Betonung der Handarbeit in der Rede. Die Vorgänge um den 1. Mai 1933 sind Teil des Prozesses der sogenannten Gleichschaltung, durch die nach der Machtübernahme der Nationalsozialisten am 30. Januar 1933 alle rivalisierenden politischen und gesellschaftlichen Organisationen aufgelöst bzw. nationalsozialistisch umgeformt wurden.

Die scheinrechtliche Basis aller Maßnahmen der Nationalsozialisten zum Ausbau ihrer Macht und zur Erlangung der Kontrolle über möglichst alle wichtigen gesellschaftlichen Bereiche waren die sogenannte Reichstagsbrandverordnung vom 28. Februar 1933, durch die wesentliche Grundrechtsartikel der Weimarer Verfassung außer Kraft gesetzt wurden, und das sogenannte Ermächtigungsgesetz vom 23. März 1933, durch das das Gesetzgebungsrecht des Parlaments auf die Regierung übertragen wurde, ohne dass dabei die Verfassung beachtet werden musste.
Wesentliche Elemente dieses politischen und gesellschaftlichen Gleichschaltungsprozesses waren:
- die Gleichschaltung und schließlich die Auflösung der Länder;
- die im Zusammenhang mit der zitierten Hitlerrede stehende Auflösung der Gewerkschaften und die Bildung der „Deutschen Arbeitsfront“ (DAF);
- das Verbot bzw. die Selbstauflösung aller politischen Parteien außer der NSDAP;
- die Gleichschaltung von Beamtenapparat und Justiz;
- die Kontrolle der Medien durch Joseph Goebbels' „Ministerium für Volksaufklärung und Propaganda“;
- die Erfassung der Jugend durch HJ und BDM;
- die Organisierung von Berufsgruppen (z. B. von Ärzten oder Rechtsanwälten) in nationalsozialistischen Verbänden;
- die Bildung von NS-Verbänden für die Bauern, die Frauen, die Studenten usw.

4. Die von Hitler bzw. den Nationalsozialisten propagierten Vorstellungen der Volksgemeinschaft und des Leistungs- und Führerprinzips stehen in krassem Widerspruch zu den Prinzipien des Grundgesetzes, wie sie vor allem in den ersten 21 Artikeln festgeschrieben worden sind: Betonung der Würde des Menschen und der Rechte des Einzelnen, Schutz vor staatlicher Willkür und Schutz der Menschen- und Grundrechte, Wertbindung des Grundgesetzes durch die unveränderliche Gültigkeit der zentralen Grundrechts- und Verfassungsartikel, demokratisch-parlamentarische Prinzipien. Die politischen Grundsätze der NS-Ideologie dagegen missachten die Rechte der Einzelnen und grenzen Andersdenkende aus.

Klausur 5

1. Adenauer hält die Teilung Deutschlands bereits für gegeben. Die Trennung von Ost- und Westeuropa sei aufgrund des sowjetischen Vorgehens in Osteuropa und der sowjetisch besetzten Zone (SBZ) eine Tatsache. Die nicht von Russland besetzten Gebiete Deutschlands seien andererseits ein fester Teil Westeuropas. Eine weitere ökonomische und möglicherweise sogar politische Verflechtung der Westzonen mit den westeuropäischen Ländern hält Adenauer aus zwei Gründen für notwendig: Zum einen müsse dieses Gebiet wirtschaftlich gestärkt werden, damit es nicht (vermutlich durch das Vordringen der UdSSR) in Gefahr gerate. Zum anderen könne man durch eine Einbindung Westdeutschlands in eine „Union der westeuropäischen Staaten“ den Sicherheitsbedenken der westlichen Nachbarn in Frankreich und Belgien Rechnung tragen. Westdeutschland könnte in diesem Rahmen wieder den Rang eines Staates erlangen, der bundesstaatlich aufgebaut sei.
Auch für Schumacher stellt die Teilung Deutschlands nach Errichtung der Bizone 1947 ein Faktum dar. Sie gilt es mit Blick auf die wiederherzustellende Einheit allerdings durch eine politische Strategie zu beseitigen, deren Kern darin bestehe, die Westzonen ökonomisch und sozial so weit aufzubauen und vorwärtszubringen, dass sie eine starke Magnetwirkung auf die Menschen der SBZ entfalten, gegen die auch ein noch so starker politischer Druck nichts ausrichten könne. Schumacher ist bewusst, dass das nicht von heute auf morgen geht.

Anders als Adenauer hat er keine Westeuropa-Visionen, sondern hält an der Wiederverwirklichung der deutschen Einheit fest.
Jakob Kaiser vertritt demgegenüber eine dritte Position. Er ist weder bereit, die Einbindung der beiden Teile Deutschlands in die jeweiligen Lager und damit die Spaltung Deutschlands zu akzeptieren, noch sieht er die Zukunft Deutschlands darin, dass sich die SBZ den westlichen Zonen anschließt. Für ihn soll das zukünftige Deutschland, das in seiner staatlichen Einheit wiederhergestellt ist, eine Mittlerrolle zwischen Ost und West einnehmen. Konkret bedeutet das wohl ein mehr oder weniger neutrales Deutschland, das sich weder an den Westen noch an den Osten bindet. In diesem neuen Deutschland müssten soziale Belange stärker als bisher berücksichtigt werden. Dieser Staat könne dann zu einer sozialstaatlichen europäischen Gemeinschaft gehören.

2. Zu den Kennzeichen des Kalten Krieges gehören:
- dass es sich um eine umfassende Konfrontation von Staatenblöcken unter den Führungsmächten USA und UdSSR handelte, die Auswirkungen auf fast alle Länder und Gesellschaften der Welt hatte;
- dass diese Konfrontation militärisch zum Wettrüsten und zur Entwicklung von globalen Vernichtungspotenzialen führte;
- dass diese Konfrontation über die militärische Dimension hinausgehend eine politisch-weltanschauliche Dimension aufwies und zur Bildung von politisch, gesellschaftlich, kulturell und wirtschaftlich gegensätzlichen Systemen führte;
- dass der Kalte Krieg durch Feindbilder und gegenseitige Fehlwahrnehmungen charakterisiert war.

Folgende Entwicklungsphasen des Kalten Krieges lassen sich feststellen:
- Zerfall der Anti-Hitler-Koalition und Entstehung der Konfrontation in Europa und Deutschland;
- Formulierung der ideologisch-strategischen Grundpositionen: Truman-Doktrin (Eindämmung und „rollback“ der kommunistischen Expansion) aufseiten der USA; sozialistisch-antiimperialistischer Kampf und „Zweilagertheorie“ in der UdSSR;
- die Bildung und Absicherung der Blöcke in Ost und West bis zur Integration der BRD in die NATO bzw. der DDR in den Warschauer Pakt; Niederschlagung von Aufständen in der DDR (1953), Polen und Ungarn (1956) sowie der ČSSR (1968);
- erste Konfliktphase vom Beginn des Koreakriegs 1950 bis zum Berliner Mauerbau 1961 und zur Kubakrise 1962;
- Verlagerung der Systemauseinandersetzung in die Dritte Welt, Stellvertreterkriege in Korea, und Vietnam; direktes oder indirektes Engagement in politischen Konflikten oder kolonialen Befreiungskriegen in Afrika und Lateinamerika;
- Entspannung und Rüstungskontrolle ab 1963;
- erneute Konfrontation und Spannungen durch sowjetische Aufrüstung in Europa und Einmarsch in Afghanistan sowie durch US-Rüstungsexpansion (z. B. strategische Verteidigungsinitiative [SDI]);
- Ende des Kalten Krieges infolge der von Gorbatschow aufgrund der massiven wirtschaftlichen Probleme der UdSSR in Gang gesetzten Reformpolitik, auf die die rasche Auflösung des Ostblocks und der Zusammenbruch der UdSSR folgten.

3. Die vorliegenden Quellen gehören in die Phase der beginnenden Konfrontation zwischen Ost und West und die damit zusammenhängende Teilung Deutschlands. Deutschland war in vier Besatzungszonen unterteilt und einem Alliierten Kontrollrat unterstellt. In dem unterschiedlichen Vorgehen der Siegermächte in ihren Besatzungszonen machte sich schon früh die beginnende Konfrontation des Kalten Krieges bemerkbar. Während Amerikaner und Briten im Zuge der Eindämmung einer sowjetischen Expansion ihre Zone zusammenschlossen und mit ihrem wirtschaftlichen Wiederaufbau begannen (Marshallplan), formten die Sowjets ihre Zone durch eine Bodenreform und umfangreiche Enteignungen von Industriebetrieben ökonomisch radikal um. Außerdem demontierten sie in viel größerem Maße als die Westmächte Werksanlagen und verbrachten diese in die UdSSR. In dieser Phase der beginnenden deutschen Spaltung sind die Stellungnahmen verfasst, die die deutschlandpolitischen Positionen und Hoffnungen ihrer Autoren gut zum Ausdruck bringen.

4. Adenauer und Schumacher beziehen vor dem Hintergrund des Status quo in den Westzonen und der SBZ bzw. der sich zunehmend verhärtenden Haltung der Siegermächte in Ost und West eine eher realistische Position. Beide sind sich darüber im Klaren, dass eine deutsche Teilung zunächst einmal unvermeidlich ist. Schumacher entwickelt mit seiner Magnettheorie immerhin die Vorstellung einer künftigen Wiedervereinigung. Dabei bleibt er allerdings sehr optimistisch und übersieht, dass durch ein effektives politisches Kontrollsystem die Wirkung des „westlichen Magneten“ ausgeschaltet werden kann. Vom Mauerbau konnte er natürlich noch nichts wissen, aber dieser zeigt, wie weit die östlichen Machthaber zu gehen bereit waren, um ihren Herrschaftsbereich gegen die Sogwirkung des Westens zu sichern.
Adenauer dagegen sieht in der Westbindung auch die fernere Zukunft Westdeutschlands. Ostdeutschland hat er, so scheint es, zum damaligen Zeitpunkt bereits als zum sowjetischen Machtbereich gehörig abgeschrieben. Ihm ist es wichtiger, im Westen ein wirksames

Bollwerk gegen die „russische Gefahr“ aufzubauen. Dafür ist er bereit, die Einheit Deutschlands – zumindest für absehbare Zeit – zu opfern. Immerhin ist allerdings bemerkenswert, wie genau Adenauers Zukunftsvision eingetroffen ist.
Kaisers Strategie ist angesichts der konkreten Lage eher als idealistisch zu bezeichnen. Er unterschätzt den Willen der UdSSR, ihren Herrschaftsanspruch auch auf den Bereich ihrer deutschen Besatzungszone auszudehnen. Nach dem Vorgehen der Sowjets in ihrer Besatzungszone (z. B. wirtschaftliche Zwangsmaßnahmen wie Enteignungen und der Zwangszusammenschluss von KPD und SPD zur SED) sowie in den von ihnen kontrollierten osteuropäischen Staaten hätte Kaiser eigentlich nicht mehr davon träumen dürfen, dass sie einem vereinigten neutralen Gesamtdeutschland zustimmen würden. Zwar hat Stalin 1952 ein wiedervereinigtes Deutschland unter der Bedingung der Neutralität angeboten, um eine Wiederbewaffnung der BRD im Rahmen der „Europäischen Verteidigungsgemeinschaft“ zu verhindern, doch wie man heute nach Öffnung der sowjetischen Archive weiß, war das ein nicht ernst gemeinter Propagandacoup mit dem Ziel, dem Westen „Knüppel zwischen die Beine zu werfen“ und die „amerikanischen Kriegshetzer“ zu entlarven. Die UdSSR-Führung war nicht ernsthaft bereit, die DDR zu opfern, und sie war sich darüber im Klaren, dass ihr Angebot von den Westmächten auf keinen Fall in Erwägung gezogen werden würde.

Klausur 6

1. Egon Bahr rückt das Problem der deutschen Wiedervereinigung in seinen weltpolitischen Zusammenhang. Nach seiner Überzeugung ist die Wiedervereinigung keine innerdeutsche Angelegenheit, sondern kann nur dann verwirklicht werden, wenn die UdSSR damit einverstanden ist. Alles andere hält Bahr für illusionär.
Hier nun knüpft Bahr an den außenpolitischen Strategiewechsel im Kalten Krieg an, den US-Präsident Kennedy nach den Erfahrungen des atomaren Wettrüstens, des Berliner Mauerbaus und der Kubakrise vorgenommen hat: von der Konfrontation zur Koexistenz, statt Befreiung des Ostblocks vom „kommunistischen Joch“ eine weitgehende gegenseitige Öffnung und ein friedlicher Austausch in der Hoffnung bzw. Überzeugung, dass die westliche Welt sich im friedlichen Systemwettbewerb durchsetzen wird.
Wenn man dieses Konzept auf Deutschland übertrage, so Bahr, böten sich wegen der spezifischen Lage eines geteilten Landes und Volkes einzigartige Chancen. Statt einer „Politik des Alles-oder-Nichts“ solle man sich mit der Existenz der DDR zunächst einmal abfinden. Ein direkter Sturz des dortigen Regimes sei aufgrund der sowjetischen Interessenlage aussichtslos. Wenn man diese Erkenntnis beherzige, könne es gelingen, einen kleinschrittigen Annäherungsprozess in Gang zu setzen und die DDR nach und nach so zu transformieren, dass eine spätere Wiedervereinigung in den Bereich des Möglichen rücke. Gerade die besondere Situation in Deutschland biete zu dieser „Politik der kleinen Schritte“ viele Möglichkeiten: Intensivierung der Wirtschafts- und Handelsbeziehungen, Verbesserung der humanitären Lage und der Konsummöglichkeiten der Menschen in der DDR, Verbesserung der zwischenmenschlichen Beziehungen und eine „Auflockerung der Grenzen und der Mauer“ (gemeint sind wohl Reiseerleichterungen). All das müsse in „homöopathischen Dosen“ geschehen, damit die Unzufriedenheit in der DDR nicht zu groß werde. Sonst würde das Regime durch revolutionäre Unruhe in seiner Existenz gefährdet und ein Eingreifen der UdSSR könne dadurch provoziert werden. Zusammenfassend bezeichnet Bahr sein neues deutschlandpolitisches Konzept mit der Formel „Wandel durch Annäherung“. Dieses stehe im Einklang mit der von Kennedy konzipierten „Strategie des Friedens“.

2. Bahrs Überlegungen markieren eine Zäsur. Die Festigung der beiden Lager in Ost und West, die mit einer längeren kritischen Phase der Konfrontation endete, war abgeschlossen. Danach begann eine längere Periode der Entspannung.
Ein zentrales Merkmal der Jahre vor 1963 war zunächst ein atomares Wettrüsten, das in einem „Gleichgewicht des Schreckens“ endete und die beteiligten Volkswirtschaften immense Summen kostete. Nach der Entwicklung von Atom- und Wasserstoffbomben sowie den dazu gehörenden Trägersystemen (U-Boote, strategische Bomber, Mittelstrecken- und Interkontinentalraketen) drohte beim Ausbruch eines Krieges eine totale wechselseitige Zerstörung bzw. die Unbewohnbarkeit weiter Teile der betroffenen Territorien. Diese Tatsache schuf die Basis für ein Umdenken auf beiden Seiten. Weiter trugen dazu auch die gravierenden Krisen bei, die um 1960 die Welt in Atem hielten. Zunächst wäre hier die Krise um Berlin zu nennen, die mit dem Mauerbau endete. Im Jahre 1958 forderte die UdSSR die Entmilitarisierung Westberlins und die Umwandlung der Westsektoren in eine „freie Stadt“. Andernfalls, so drohte die UdSSR, werde sie mit der DDR einen separaten Friedensvertrag abschließen und die Kontrolle der Zufahrtswege nach Westberlin an die DDR übergeben. Die Westmächte lehnten dieses Ultimatum ab. Im Gegenzug verkündete Präsident Kennedy 1961 die „Three Essentials“ für Berlin: (1) Anwesenheit westlicher Truppen, (2) freie Zugangswege und (3) Garantie der Freiheit und Lebensfähigkeit der Stadt. Wenig später, am 13. August 1961, ließ die DDR-Führung wegen der drastisch gestiegenen Flüchtlingszahlen aus ihrem Staatsgebiet Westberlin durch eine Mauer abriegeln und die Grenze zur BRD befestigen. Die USA und die West-

mächte erneuerten zwar ihre Garantien für Westberlin, arrangierten sich aber mit dem so entstandenen Status quo. Dadurch beruhigte sich die Lage in Mitteleuropa, allerdings zulasten der DDR-Bevölkerung. Der ostdeutsche Staat dagegen war international aufgewertet.
Ein Jahr später, 1962, drohte eine weitere schwere Krise die Welt sogar in einen Atomkrieg zu stürzen. Die UdSSR hatte mit atomaren Sprengköpfen bestückte Mittelstreckenraketen auf der Karibikinsel Kuba stationiert, was in den USA als massive Bedrohung verstanden wurde. Als Präsident Kennedy eine Seeblockade über Kuba verhängte und den atomaren Alarmzustand auslöste, drohte die Situation zu eskalieren. Schließlich lenkten beide Seiten ein: Die UdSSR zog ihre Raketen aus Kuba zurück und die USA versprachen, ihre in der Türkei stationierten Mittelstreckenraketen ebenfalls abzuziehen. Dieser Schock einer drohenden atomaren Auseinandersetzung bewirkte ein Umdenken auf beiden Seiten. Man begann, sich im Rahmen einer friedlichen Koexistenz miteinander zu arrangieren.

3. Die Politik der BRD unter den Adenauer-Regierungen war vornehmlich durch die sogenannte Politik der Stärke charakterisiert. Man wollte, dass die andere Seite aufgrund der gezeigten politischen und militärischen Stärke irgendwann einmal nachgibt. Eine Wiedervereinigung stellte man sich so vor, dass die UdSSR durch militärischen Druck zu einer Aufgabe der DDR gezwungen würde, die sich dann der BRD sozusagen bedingungslos anschlösse. Bahr bezeichnet dieses Vorgehen als eine „Politik des Alles-oder-Nichts", die in die Sackgasse geführt habe.
Dieser „Politik der Stärke" entsprach auch der Alleinvertretungsanspruch der BRD. Die Adenauer-Regierung repräsentierte ihrer Meinung nach den einzig rechtmäßigen Nachfolger des untergegangenen Deutschen Reichs und beanspruchte auch nach außen, die einzig rechtmäßige Vertreterin Deutschlands zu sein. Die DDR dagegen sei nur ein „Gebilde" ohne eigene staatsrechtliche Legitimität, zumal sie auch nicht durch freie Wahlen demokratisch legitimiert sei. Sinnfälliger Ausdruck dieser Politik war die sogenannte Hallstein-Doktrin, die bis Ende der 1960er-Jahre die Außenpolitik der BRD bestimmte: Demnach durfte nur die BRD mit anderen Staaten diplomatische Beziehungen als Vertreterin Deutschlands unterhalten. Wenn Staaten mit der DDR diplomatische Beziehungen aufnahmen, brach die BRD in Konsequenz dieses Grundsatzes die Beziehungen zu diesem Land ab. Nur bei der UdSSR machte man diesbezüglich eine Ausnahme.

4. Nach der Regierungsübernahme der sozialliberalen Koalition setzte die Regierung Brandt/Scheel Bahrs Konzept vom „Wandel durch Annäherung" in die Tat um. Man bezeichnete diesen Strategiewechsel auch als „neue Ostpolitik". Ihr gemeinsames Kennzeichen war der Gewaltverzicht, die Aufgabe des Alleinvertretungsanpruchs und damit der Hallstein-Doktrin, die Anerkennung der DDR und der als Ergebnis des Zweiten Weltkrieges entstandenen Grenzen in Osteuropa.
Ihren konkreten Ausdruck fand diese Politik in den Anfang der 1970er-Jahre geschlossenen Ostverträgen, die gegen den starken Widerstand der CDU/CSU-Opposition durchgesetzt wurden: 1970 der Moskauer und der Warschauer Vertrag mit der UdSSR und Polen, wobei besonders Kanzler Brandts Kniefall am Mahnmal im ehemaligen Warschauer Getto Aufsehen erregte. Wenig später (1971/72) folgten deutsch-deutsche Verkehrsvereinbarungen, durch die in Übereinstimmung mit den vier Mächten die Zugangswege nach Berlin gesichert und Reiseerleichterungen im Transitverkehr eingeräumt wurden. Den Abschluss bildete der „Grundlagenvertrag" zwischen BRD und DDR mit der Aufgabe des Alleinvertretungsanspruchs der BRD, einer Grenzgarantie, der Vereinbarung intensiverer kultureller und sportlicher Kontakte und der Einrichtung zweier „Ständiger Vertretungen" als Ersatz für Botschaften.
Die neue Ostpolitik der BRD war ein wichtiger Teil der allgemeinen Entspannung im Kalten Krieg in den 1970er-Jahren. Die DDR gewann international an Prestige und auch ihre innere Lage beruhigte sich, da der Lebensstandard der Menschen sich deutlich verbesserte. Diese arrangierten sich allmählich mit ihrem Herrschaftssystem. Langfristig gesehen war die neue Ostpolitik sogar mehr als ein Element der Entspannung. Sie war, wie von Bahr erhofft, auch ein Element des Wandels und trug erheblich zur friedlichen Revolution in der DDR und der Wiedervereinigung bei.

Klausur 7

1. Der SPD-Vorsitzende Kurt Schumacher lehnt den Schuman-Plan aus vier verschiedenen Motivkomplexen ab, die zum Teil miteinander zusammenhängen.

- Ein wichtiger Kritikpunkt besteht darin, dass der geplante Zusammenschluss nicht sozialistisch ausgerichtet, sondern „kapitalistisch und kartelistisch" orientiert sei. Er diene den Interessen des Kapitals, nicht aber denen der Arbeiter. Das spiegele sich auch in der Zusammensetzung der „Hohen Behörde" wider, wo acht Kapitalmanager nur einem Gewerkschafter gegenüberstünden. Das sei ein erheblicher Rückfall gegenüber dem in der BRD geplanten Mitbestimmungsrecht in Montanbetrieben, das eine paritätische Beteiligung von Arbeitgeber- und Arbeitnehmervertretern vorsehe.
- Zudem zeichneten sich die beteiligten Länder durch einen „konservativ(en) und klerikal(en)" Charakter aus. Dadurch würde ein künftiger wahrhaft demokratischer Zusammenschluss Europas verhindert, weil die so geartete Montanunion faktisch anders-

geartete europäische Länder (gemeint sind wohl die sozialistischen Länder) ausschließe.
- Außerdem lehnt Schumacher die Montanunion ausdrücklich auch „als deutsche(r) Patriot(en)" ab. Damit meint er sicherlich, dass bei einer Verwirklichung dieser Pläne auch die deutsche Einheit gefährdet werde. Wenn sich die BRD in ein kapitalistisches Westeuropa integriere, sei kaum mehr eine Einigung mit einem sozialistischen Ostdeutschland möglich.
- Weiter kritisiert Schumacher die ungerechte Behandlung der BRD durch die Regelungen des Schuman-Plans: Zum einen sei die BRD durch die „von den Besatzungsmächten [...] geschaffenen Tatsachen" benachteiligt. Hierbei denkt Schumacher sicherlich an die Regelungen des Ruhrstatuts, durch die die Produktion und Verteilung der deutschen Kohle-, Eisen- und Stahlerzeugung einer internationalen Kontrollbehörde unterstellt wurden. Außerdem begünstige der Schuman-Plan die mit ERP-Mitteln ausgebaute Stahlindustrie in Frankreich, den Beneluxländern und Italien, indem die konkurrierende deutsche Montanindustrie ausgeschaltet und zusätzlich der „Zugriff auf die deutsche Kohle" ermöglicht werde. Diese ungerechte Behandlung spiegele sich auch in der geplanten Zusammensetzung der Gremien der Montanunion, wo die BRD nicht so repräsentiert sei, wie es dem „Produktions- und Umsatzwert" ihrer Montanindustrie entspreche.

2. Adenauer beurteilt den Schuman-Plan uneingeschränkt positiv. Für ihn hat dieser Plan eine zweifache Bedeutung. Zunächst einmal sei der Plan ein Schritt zur westeuropäischen Integration („europäische(n) Frage"), die Adenauer offensichtlich schon länger favorisiert. Die Idee der „Verflechtung der europäischen Schlüsselindustrien" sei von ihm schon länger vertreten worden. Und dadurch, dass andere europäische Länder dem deutsch-französischen Bündnis beitreten könnten, habe dieses eine europäische Perspektive. Positiv findet Adenauer auch die Gleichberechtigung der Partner. Zum Zweiten sei der Plan für das deutsch-französische Verhältnis äußerst positiv. Er bahne einem friedlichen Zusammenleben dieser beiden Staaten den Weg, die sich lange Jahrzehnte feindlich gegenübergestanden haben. Und außerdem räume er einen wichtigen Teil der noch bestehenden Entfremdung zwischen Deutschland und Frankreich aus dem Weg, wenn die Schwerindustrie des damals noch unter französischer Verwaltung stehenden Saargebiets einer deutsch-französischen Kontrolle unterstellt würde. Adenauer bejaht anders als Schumacher den französischen Plan, weil er offensichtlich – zunächst zumindest – die westeuropäische Integration der Verwirklichung der deutschen Einheit vorzieht. Adenauer war zum damaligen Zeitpunkt davon überzeugt, dass die deutsche Spaltung nicht schnell überwunden werden könnte, und setzte auf eine Stärkung des westlichen Lagers, in das die BRD militärisch und ökonomisch eingebunden werden sollte. Aus dieser Position der Stärke heraus wollte er dann die Sowjets gemeinsam mit den Westmächten zur Herausgabe der DDR zwingen.

3. Der vom französischen Außenminister Robert Schuman präsentierte Plan sah vor, die deutsche und französische Kohle- und Stahlproduktion einer gemeinsamen Hohen Behörde zu unterstellen. Eine mögliche Beteiligung weiterer Staaten war vorgesehen. Diese Hohe Behörde sollte
- die Modernisierung der Produktion und die Verbesserung der Qualität vorantreiben,
- die Lieferbedingungen für Kohle und Stahl bei den beteiligten Ländern vereinheitlichen,
- gemeinsame Regelungen für die Ausfuhr von Montanprodukten in andere Länder beschließen und
- darauf hinarbeiten, die Lebensbedingungen der Industriearbeiterschaft zu verbessern und anzugleichen.

Aus französischer Sicht sollte die Integration der deutsch-französischen Montanindustrie primär dazu dienen, die westdeutsche Schwerindustrie, die ja auch den Grundstock und die Basis einer Rüstungsindustrie bilden konnte, unter Kontrolle zu behalten. Im Rahmen der Verschärfung des Kalten Kriegs Anfang der 1950er-Jahre (Koreakrieg) drängten Briten und Amerikaner auf einen deutschen Wehrbeitrag. Im Zusammenhang damit waren auch eine wachsende Souveränität der BRD und eine Lockerung oder gar Aufhebung des Ruhrstatuts zu erwarten. Im Rahmen der geplanten EGKS konnte Frankreich also noch eine gewisse Kontrolle über die westdeutsche Montanindustrie behalten und erhielt zudem Zugriff auf die westdeutschen Kohlevorkommen.

4. Der europäische Integrationsprozess verlief auf zwei Ebenen, der militärischen und der ökonomischen. Die militärische Integration stand im engen Zusammenhang mit dem Ost-West-Konflikt und die ökonomische Integration hing mit den Erfordernissen des Wiederaufbaus nach dem Kriege und der Stärkung des europäischen Marktes zwischen kapitalistischer US-Wirtschaft und sozialistischer Planwirtschaft im Osten zusammen. Weitere Motive wie z. B. die Kontrolle und Einbindung der westdeutschen Industrie kamen hinzu. Ein wichtiger Schritt zur militärischen Integration war zunächst die Gründung der NATO 1949, an der sich viele europäische Länder beteiligten und in die 1955 auch die BRD aufgenommen wurde. Die Pläne zu einer eigenständigen Europäischen Verteidigungsgemein-

schaft (EVG) waren kurz zuvor am Widerstand Frankreichs gescheitert. Dazu kam 1954 das Verteidigungsbündnis der „Westeuropäischen Union" (WEU), das in seiner Bedeutung aber lange von der NATO überschattet wurde. In Zukunft kann es wieder wichtig werden, wenn die Pläne zu einer „Gemeinsamen Außen- und Sicherheitspolitik" der EU konkreter werden sollten. Wesentlich wichtiger und für die Menschen Europas spürbarer war die ökonomische Integration. Die 1951 gegründete „Montanunion" (Europäische Gemeinschaft für Kohle und Stahl, EGKS) stellte die Keimzelle sowie die Initialzündung des europäischen Integrationsprozesses dar. 1957 kamen mit den „Römischen Verträgen" die „Europäische Wirtschaftsgemeinschaft" (EWG) und die „Europäische Gemeinschaft für Atomenergie" (EURATOM) hinzu. Die ersten Schritte für einen gemeinsamen Binnenmarkt wurden in Gang gesetzt, so z. B. durch den Abbau von Zollschranken, die Verwirklichung eines freien Waren-, Dienstleistungs-, Personen- und Kapitalverkehrs und eine gemeinsame Agrarpolitik. Wichtige Institutionen wurden geschaffen wie das Europaparlament, der Ministerrat und die Europäische Kommission.
1967 schlossen sich EGKS, EWG und EURATOM zu den „Europäischen Gemeinschaften" (EG) zusammen. Ab 1973 kamen zu den sechs Gründungsmitgliedern (Frankreich, Beneluxstaaten, Italien, BRD) weitere Länder West-, Nord- und Südeuropas hinzu.
1992 erfolgte mit dem Vertrag von Maastricht die Umwandlung in die „Europäische Union". Diese ist durch drei Säulen geprägt, die „Europäischen Gemeinschaften" als Kernelement, die „Gemeinsame Außen- und Sicherheitspolitik" und eine engere „Zusammenarbeit in der Innen- und Rechtspolitik". Durch das „Schengener Abkommen" entfielen nach und nach die Personenkontrollen an den zwischenstaatlichen Grenzen. Mit der Einführung des Euro und der Gründung einer Europäischen Zentralbank wurde die Währungsunion verwirklicht.
Nach dem Zusammenbruch des Ostblocks wurde die EU erheblich erweitert, sodass ihr heute fast alle europäischen Staaten angehören.

5. Aus heutiger Sicht ist es natürlich leicht, Schumachers Einwände kritisch zu betrachten. Auf lange Sicht gesehen hat sich die Politik der Westintegration der BRD als richtig erwiesen; die Wiedervereinigung wurde trotzdem nicht verhindert. Damals allerdings konnte man das noch nicht voraussehen, vor allen Dingen war nicht zu erwarten, dass die UdSSR und mit ihr der Ostblock einmal zusammenbrechen würden.
Trotzdem aber erscheint Schumachers Position auch aus einer damaligen Betrachtungsweise nicht sehr überzeugend. Seine Argumente sind ziemlich heterogen. Einmal beklagt er den drohenden Verlust der deutschen Einheit, dann die Benachteiligung der BRD in der Montanunion, schließlich wiederum den kapitalistischen Charakter des geplanten Bündnisses. Dadurch dass er die Modalitäten der Montanunion (z. B. das Problem der angemessenen Vertretung) und die Benachteiligung der BRD kritisiert, akzeptiert er die Integration im Grunde implizit. Andererseits aber will er die Montanunion wieder nicht, weil sie die deutsche Einheit unmöglich mache. Das ist in sich widersprüchlich und nicht recht schlüssig. Außerdem war zum Zeitpunkt seiner Rede schon klar, dass das Ruhrstatut mit der EGKS beendet werden würde. Grundsätzlich war die Forderung des Vorrangs einer deutschen Wiedervereinigung vor einer Westintegration der BRD angesichts der weltpolitischen Verhältnisse damals ziemlich illusionär. Eine realistische Chance dazu war in der Tat nicht gegeben.

Register

Freundliche Abdruckgenehmigung wurde uns für folgende Titel erteilt:

- Adenauer, Konrad: Stellungnahme zum Schuman-Plan 1965 (Auszug). Zit. nach: Rolf Steininger (Hg.), Deutsche Geschichte 1945–1961, Bd. 2, Frankfurt am Main: Fischer TB 1983.
- Bahr, Egon: Rede am 15.07.1963 in der evangelischen Akademie in Tutzing (Auszug). Zit. nach: Irmgard Wilharm (Hg.), Deutsche Geschichte 1962–1983, Bd. 1, Frankfurt am Main: Fischer TB 1985.
- Bevin, Ernest: Rede vor dem britischen Unterhaus vom 22. Oktober 1946 (Auszug). Zit. nach: Ernst Deuerlein, Die Einheit Deutschlands, Bd. 1: Die Erörterungen und Entscheidungen der Kriegs- und Nachkriegskonferenzen 1941–1949, Frankfurt a.M.: Alfred Metzner Verlag 1961.
- Chruschtschow, Nikita: Schreiben an J.F. Kennedy vom 27. Oktober 1962 (Auszug). In: Europa. Dokumente zur Frage der europäischen Einigung, hrsg. vom Forschungsinstitut für Auswärtige Politik, Bd. 1 © 1962 R. Oldenbourg Verlag, München.
- Churchill, Winston: Telegramm vom 12.05.1945 (Auszug). Zit. nach: W. Churchill, Der Zweite Weltkrieg. © Scherz Verlag, Bern 1951. Alle Rechte vorbehalten S. Fischer Verlag GmbH, Frankfurt am Main.
- Churchill, Winston: Rede in Zürich, 1946 (Auszug). In: Europa. Dokumente zur Frage der europäischen Einigung, hrsg. vom Forschungsinstitut für Auswärtige Politik, Bd. 1 © 1962 R. Oldenbourg Verlag, München.
- Crowe, Eyre A.: Statement zur Julikrise (Auszug). Zit. nach: Erwin Hölzle (Hg.), Quellen zur Entstehung des Ersten Weltkrieges, Darmstadt: Wissenschaftliche Buchgesellschaft 1978.
- de Gaulle, Charles: Pressekonferenz am 14.01.1963. Zit. nach: Hans Stercken (Hg.), Vive la France – Vive l'Europe! Aus den Reden Charles de Gaulles 1958–1968, München: DTV 1969.
- Deutsche Arbeitsfront (DAF): „An alle schaffenden Deutschen", Aufruf vom 27.11.1933. Zit. nach: Wolfgang Michalka (Hg.), Das Dritte Reich, Bd. 1, München: Fischer Verlag 1985.
- Ebermayer, Erich: Denn heute gehört uns Deutschland ... Persönliches und politisches Tagebuch. Von der Machtergreifung bis zum 31. Dezember 1935. © Paul Zsolnay Verlag Wien 1959.
- Gerken, Lüder und Roman Herzog: „Europa entmachtet uns und unsere Vertreter. Zu Problemen der EU-Verfassung im Januar 2007", Welt Online, 13.01.2007.
- Hitler, Adolf: Mein Kampf (Auszug). Zit. nach der Erstauflage 1925, München.
- Hitler, Adolf: Rede zum 1. Mai 1933 (Auszug).
- Jefferson, Thomas: Unabhängigkeitserklärung der USA (Auszug). Zit. nach: Udo Sautter, Geschichte der Vereinigten Staaten von Amerika, Kröners Taschenausgabe, Band 443, Stuttgart: Alfred Kröner Verlag 2006.
- Kershaw, Ian: „Zum 75. Jahrestag der Machtergreifung Hitlers" (Auszug). Süddeutsche Zeitung, 14.2.2008. © 2008 Ian Kershaw. Reprinted by permission of The Wylie Agency (UK) Ltd.
- Kirkpatrick, Sir Ivone: Rede vor amerikanischen Offizieren am 11.10.1950 (Auszug). In: Europa Archiv. Zeitschrift für internationale Politik, Jahrgang 1950.
- Kossygin, Alexej: Beitrag in der Prawda, 1965. In: Loretta Napoleoni, Die Ökonomie des Terrors, München: Kunstmann 2004.
- Loth, Wilfried: Die Teilung der Welt. Geschichte des Kalten Krieges 1941–1955. © 1980, 2000 Deutscher Taschenbuch Verlag GmbH & Co. KG, München.
- Mayer, Hans: Ein Deutscher auf Widerruf. Erinnerungen I., © Frankfurt a.M.: Suhrkamp Verlag 1982.
- Nipperdey, Thomas: Deutsche Geschichte 1800–1866. München: Verlag C.H. Beck oHG 1983.
- Paine, Thomas: Common Sense (Auszug). Zit. nach: R. Hofstadter (Hg.), Great Issues in American History, Bd. 1, New York 1959.
- Rhodes, Cecil: Draft of Ideas (Auszug). Zit. nach: Wolfgang J. Mommsen, Imperialismus. Seine geistigen, politischen und wirtschaftlichen Grundlagen, Hamburg: Hoffmann & Campe 1977.
- Rüther, Günther: Politische Bildung und politische Kultur im vereinigten Deutschland. In: Aus Politik und Zeitgeschichte 34/1993, S. 3–12.
- Schieder, Wolfgang: Über die Gründe für das Scheitern der Revolution von 1848/49. Zit. nach: Carola Stern/Heinrich August Winkler (Hg.), Wendepunkte deutscher Geschichte, Frankfurt: Fischer TB 1979.
- Schumacher, Kurt: Rede auf der Konferenz der Sozialen Arbeitsgemeinschaften der SPD vom 24.5.1951 (Auszug). Zit. nach Rolf Steininger (Hg.), Deutsche Geschichte 1945–1961, Bd. 2, Frankfurt am Main: Fischer TB 1983, S. 369 f.
- Schuman, Robert: Über die Gründung einer „Montanunion" am 9. Mai 1950. Aus: http://europa.eu/abc/symbols/9-may/decl_de.htm, entnommen am 30.04.2008.
- Siebenpfeiffer, Philipp Jakob: Verteidigungsrede vor Gericht, 1834 (Auszug). Zit. nach: Hartwig Brandt (Hg.), Restauration und Frühliberalismus 1814–1840, Darmstadt: Wissenschaftliche Buchgesellschaft 1979.
- Smith, Adam: Der Wohlstand der Nationen, 1776. Hg. und übers. von Horst Claus Recktenwald, München: C.H. Beck 1974.
- Verein der deutschen Katholiken: An die Katholiken Deutschlands, Aufruf von 1872 (Auszug). Zit. nach: Hans Fenske (Hg.), Im Bismarckschen Reich 1871–1890. Darmstadt: Wissenschaftliche Buchgesellschaft 1978.
- Zweig, Stefan: Die Welt von gestern. Erinnerungen eines Europäers, Frankfurt a.M.: Fischer 1965.

Bildquellenverzeichnis:

Bildarchiv Preußischer Kulturbesitz, Berlin: S. 43, 74.
Historisches Museum/Horst Ziegenfusz, Frankfurt am Main: S. 25.
picture-alliance/dpa, Frankfurt am Main: S. 83.
ullstein bild/Archiv Gerstenberg, Berlin: S. 71.
Die Steigerung der Industrieproduktion 1860–1913. In: Fritz Sternberg, Kapitalismus und Sozialismus vor dem Weltgericht, Hamburg: Rowohlt 1951: S. 58.